高职高专旅游与酒店管理类教学改革系列规划教材

酒店客房
运营与管理

胡顺利　侯　荣　主　编

许爱云　朱青青　副主编

常德胜　主　审

HOTEL HOUSEKEEPING OPERATION AND MANAGEMENT

化学工业出版社

·北京·

本书是高职高专旅游与酒店管理类教学改革系列规划教材之一。全书主要包括客房部概述、客房设计思维、客房清洁和保养、客房对客服务、公共区域清洁和保养、洗涤和布草房运行、客房督导管理7个模块，编写时注重阐述酒店客房运营与管理中的基础内容、工作程序、服务技能、方法和标准等，又力求理论联系实践，具有较强的可操作性，在内容和形式上更突出能力本位和职业特色。因此，本书既可作为高职高专酒店管理及相关专业学生的教材，也可作为酒店员工的培训教材或酒店从业人员的自学读物。

图书在版编目（CIP）数据

酒店客房运营与管理 / 胡顺利，侯荣主编 . —北京：
化学工业出版社，2015.8（2022.7重印）
ISBN 978-7-122-24640-0

Ⅰ . ①酒… Ⅱ . ①胡… ②侯… Ⅲ . ①饭店 - 客房 - 运营管理
Ⅳ . ① F719.2

中国版本图书馆 CIP 数据核字（2015）第 161349 号

责任编辑：王可 蔡洪伟 于卉
责任校对：宋玮 装帧设计：张辉

出版发行：化学工业出版社（北京市东城区青年湖南街 13 号 邮政编码 100011）
印 刷：北京云浩印刷有限责任公司
装 订：三河市振勇印装有限公司
787mm×1092mm 1/16 印张 16 字数 390 千字 2022 年 7 月北京第 1 版第 6 次印刷

购书咨询：010-64518888 售后服务：010-64518899
网 址：http://www.cip.com.cn
凡购买本书，如有缺损质量问题，本社销售中心负责调换。

定 价：35.00 元 版权所有 违者必究

前　言

当今，旅游和酒店业随着社会经济水平的提高已得到了蓬勃的发展，我国及国际酒店业不论在服务和管理理论上，还是运营模式方面都发生了大的变化，这就对酒店的整体接待、服务和管理提出了更高的要求。同时，也积极地促进了我国酒店职业化教育的快速发展。随着国家"十三五规划"的号角响起，高等职业教育已经发展到内涵建设的新阶段，抛弃学科性教育，培养职业能力和职业素养，强调"工学结合、教学做一体化、以能力为本"的教育理念，已经成为今天高职教育的新趋势。因此，打造与当前高职教育相适应的优质、创新的教材，也就成了目前我们迫切需要做的工作。

《酒店客房运营与管理》是酒店管理专业主干教材之一。本书摒弃了原有旅游、酒店专业课程教材的编写思路和习惯，根据教高［2006］16号文件关于"高等职业院校要积极与行业企业合作开发课程，根据技术领域和职业岗位（群）的任职要求，参照相关的职业资格标准，改革课程体系和教学内容，建立突出职业能力培养的课程标准，规范课程教学的基本要求，提高课程教学质量"的要求，以提高学生专业实际操作能力和就业能力为宗旨，按"模块、项目、任务"的模式进行编写。在保证学生理论够用的基础上，在专业技能培养环节，特别是"教、学、做一体化"方面有所突破，确保优质教材进课堂。本教材编写既注重阐述酒店客房运营与管理中的基础内容、工作程序、服务技能、方法和标准等，又力求理论联系实践，具有较强的可操作性，在内容和形式上更突出能力本位和职业特色，以满足客房部门职业岗位需求。因此，本书既可作为高职高专酒店管理及相关专业学生的教材，也可作为酒店员工的培训教材或酒店从业人员的自学读物。

本教材由天津海运职业学院国际邮轮乘务和旅游管理系教研室主任胡顺利和天津城市职业学院酒店管理专业带头人侯荣主编；厦门南洋职业技术学院酒店管理教研室主任许爱云和苏州卫生职业技术学院酒店专业带头人朱青青副主编；天津海运职业学院国际邮轮乘务和旅游管理系张颖衍和王雪菲、天津海河假日酒店客房部经理曹鸿举、天津喜来登大酒店客房部经理支赞萍参与编写。章节内容编写的具体分工为：朱青青、支赞萍编写模块一；胡顺利编写模块二、模块三；许爱云、张颖衍编写模块四；侯荣、曹鸿举编写模块五；侯荣、朱青青编写模块六；许爱云、王雪菲编写模块七，附录部分由张颖衍负责编写整理。为增强教材的实用性，特邀请天津市饭店协会会长暨天津酒店业专家、酒店高级职业经理人常德胜担任本教材的主审。全书最后由胡顺利统稿。

本教材在编写过程中，得到了天津市饭店协会、天津海河假日酒店、天津喜来登大酒店、北京华彬费尔蒙酒店的大力支持。另外，书中大部分人物图片采用了天津海运职业学院历届酒店管理专业毕业学生的工作场景照，在拍照过程中得到了刘洪涛、张嘉伟等同学的积极配合。在此，对上述参与人士深表谢意！

由于时间仓促、能力水平有限，本书在编写过程中疏漏之处在所难免，敬请广大业内同行和读者们不吝赐教。

编　者
2015年6月

目　录

模块五　公共区域清洁和保养
Module Five　Public Areas Cleaning and Maintenance ··························· 130

模块一
客房部概述
Module One　Housekeeping Overview

学习目的
Learning Objectives

（1）对酒店客房部有初步了解；

（2）了解客房部在酒店中的地位；

（3）了解客房部的组织机构。

知识与技能掌握
Knowledge & Skills Required

（1）掌握客房部对酒店经营的重要意义；

（2）熟知客房部的业务范围、机构设置、各岗位的职责和要求；

（3）了解客房部人员素质的要求以及与其他部门间的关系等。

　　酒店客房部又称为管家部（Housekeeping Department），是酒店重要的职能部门，在很大程度上体现了酒店的整体形象。客房的装修、装饰以及设施设备情况，决定着酒店的整体档次；客房服务水平的高低，直接影响宾客对酒店产品的满意度。其建筑部分占据了酒店整体建筑的主体部分，主要承担着宾客住宿的重要任务。客房的收支情况也会直接影响酒店整体的经济效益。

新员工疑惑
New Staff Doubt

　　作为一名客房部的新员工，为什么要了解和学习"客房部概述"呢？对客房部的描述、职责、标准的了解，对自身的工作能起到什么作用呢？

　　此模块将详细地介绍和阐述客房部的概况，为你解开此困惑。

项目一　了解客房部在酒店中的地位
Task One Housekeeping Department in a Hotel

客房部是酒店经营管理的关键部门之一，负责管理酒店所有的客房事务，为宾客提供舒适、清洁的房间以及优良的服务产品。在酒店繁忙的日常工作中，客房部不但扮演着重要的角色，而且也是宾客们的"家外之家"（Home Away From Home），在酒店经营管理中也起着非常重要的作用。

任务一　了解客房部对酒店经营的重要意义

客房是酒店、宾馆、旅店、度假村、邮轮等的基本设施，是供宾客离家后投宿、休息、会客、洽谈业务的主要场所，是能够按照宾客的要求以时间为单位向其提供配有餐饮及相关服务的住宿部门，并为住宿宾客提供各种有偿服务项目，同时还承担着房间内、公共区域的卫生清洁；客房内设施设备的维修和保养以及宾客住宿期间的安全等工作。

客房的硬件设施，会视其市场需求、发展规模、市场定位、星级标准以及在当地的影响等方面有所不同。但其作为特殊的商品，具有重要的经济性。

一、客房是酒店经营中最主要的产品之一

酒店的主体是客房。客房也是酒店存在的重要基础，是满足宾客休息、睡眠、梳洗、会客和工作等需要的场所。宾客在酒店的大部分时间都是在客房中度过的。因此，客房是酒店最重要的产品之一。任何一家酒店或旅馆如果没有客房的服务和管理，都将无法生存和发展下去。

二、客房收入是酒店整体收入的重要来源之一

一般酒店都会通过为宾客提供住宿、饮食、娱乐、交通、洗衣、购物以及通信等服务项目而获得一定的经济收入。从整体范围来看，客房的租金收入通常占酒店营业收入的50%以上。在我国，酒店业还处于发展阶段，经营项目较为单一，缺少综合性的服务，再加上个别区域的人们消费能力和生产水平有限，使得一些酒店难以依靠当地居民的消费来提高餐饮的收入。在这种情况下，客房收入在酒店整体的营业总收入中所占的比例就会更高，一般情况下为70%左右，有的甚至超过了80%，这也更加反映出客房部在整个酒店经营中所占的重要地位。产生这样的结论，主要体现在以下两个方面：一是客房的收入占整体酒店经济收入的比例较高；二是客房的利润率在酒店整体收入中也很高。

三、客房服务质量是酒店整体服务水准的重要保证

酒店客房服务质量的优劣直接影响着酒店的声誉。客房是宾客在下榻酒店中逗留时间最长的地方，宾客对客房的要求也会很高，都希望有"家"的感觉。因此，客房的清洁、服务人员的服务态度、服务项目等，都会对宾客有着直接的影响，是宾客衡量酒店产品"价"与"值"是否相符的主要依据。客房服务质量的优劣是衡量整体酒店服务质量的重要标志之一，也是维护酒店在社会和宾客心目中最美好声誉的重要标志之一。

酒店的设备和服务也是宾客衡量酒店等级水平的主要依据。酒店的设备无论是外观、数量还是使用，最常在客房中体现。因为，宾客在客房逗留的时间是最长的，对设备的完善与否感受最直观。因而，客房的整体水平常常被宾客们作为衡量一个酒店等级和水平高低的标准。客房水平一般包括两个方面：一是客房的设施和设备，包括房间、家具、地面和墙壁的装饰以及客房内的电器设备和卫生间设备等；二是客房服务水平，一般是指客房服务员的服务技巧、方法和工作态度等。

四、客房是带动酒店整体经济活动的枢纽

作为一种现代化的食、宿和购物的场所，酒店只有在客房入住率高的情况下，一切设施才能发挥其相应的作用，一切组织机构才能正常的运转，才能带动整体酒店的经营和管理。宾客只有住进了客房，前厅部才会发挥其应有的功能；餐饮部才会将其特色美食或宴会厅、会议服务等向每位宾客进行提供；健身、娱乐和购物等消费也会

随之被带动起来，也会带动起酒店整体的综合服务。因而，客房是带动酒店整体经济活动的重要枢纽。

想一想
Think It

通过上面知识的学习，你如何看待客房部在酒店经营中的重要性呢？

任务二　熟悉客房部的业务范围

客房部作为酒店营运中的一个重要的核心部门，其主要的工作任务是为宾客提供一个干净、舒适、优雅、安全的住宿环境，并针对宾客的习惯和特点做好细致、便捷、周到、热诚的对客服务。根据其特殊的工作环境与工作方式，客房部的业务范围如下。

一、负责客房和公共区域的清洁保养

清洁保养工作的好坏，直接影响到客房的出售质量和宾客的满意程度。为宾客提供整洁、舒适、温馨的环境，是赢得宾客信赖的重要保证，也体现出酒店商品使用价值和服务质量的优劣，在酒店整体经营和管理中起到重要的作用。

二、对宾客提供各项服务

客房部为宾客所提供的服务较多，除正常的房间清洁服务外，还为宾客提供：洗衣服务、夜床服务、客房送餐服务、访客服务、擦鞋服务、托婴服务、叫醒服务等，这些服务的质量是否过硬，水准是否优劣，直接对客房部的服务产生很大的影响，也直接关系着酒店整体的利益。因此，客房部各项服务质量标准和服务水平的不断提高，是客房部赢得宾客满意度的重要保证。

三、为酒店增收节支、降低经营成本

酒店市场的竞争和经营规模的不断扩大，要求客房部对人、财、物方面进行严格的控制和管理。客房部是酒店的重要经营部门之一，经营效果的优劣，将反映出酒店整体的管理水平，所以提高客房效率和增收节支是客房部的一项重要任务。酒店要获得良好的经济效益，就要对客房部的人员费用、物品消耗的控制及管理、客房设备维护和保养等方面采取科学合理的方法降低成本、减少浪费。这也是客房部的主要任务。

四、提供客衣服务、员工制服、布草洗涤与保管

凡是客房部设有洗衣房岗位的，将会为宾客提供客衣的洗涤服务，也为其他部门提供

布草的洗涤、保管、缝补，工服的制作，客房及其他布草的洗熨等服务。工作虽然分散，但其责任很重大，直接影响到酒店的整体声誉和经济利益。

五、客房部设备的维护与保养

客房部在做好客房清洁与服务、公共场所清洁与服务等工作外，还担负着客房部设施和设备的维护与保养的任务，使其保持良好的运行状态，在对客服务的过程中发挥最大的效用。这就要求客房部在日常的工作中时刻要与工程部密切的合作，为设施设备维护与保养制订出更为详尽的方案，使其有效地贯彻和执行。

六、保障客房和宾客的安全

保障客房、宾客以及酒店员工的生命与财产安全是客房部的一项重要工作。这项工作需要强大的责任心，是绝对不可掉以轻心的。如果安全工作没有做好，那么客房清洁卫生与服务都将会失去全部意义。客房的安全工作要从严、从细抓起，要求客房部每位员工都要做到严格按照客房部所制定的安全操作和消防制度、钥匙和房卡的管理制度、来访宾客制度等进行工作。例如，在平日的工作中遇到了陌生的人员要细心的询问、发现紧急或不良事件时要及时报告、房间钥匙或房卡要随身携带、为宾客开门时要准确的核对其身份等，要从多种的渠道来杜绝和防止一些不安全的因素发生。只有做到有效地保证宾客及酒店员工的人身和财产的安全，酒店整体才会正常的运营，才会提高和促进酒店的经济效益。

议一议
Discuss It

请大家议一议：你们觉得客房部除了上述的几项内容外，还有其他的业务范围？

项目二　客房部组织机构认知
Task Two　Organization for Housekeeping Department

任务一　掌握客房部机构设置的基本要求

科学的建立组织机构，是确保客房部正常、高效、顺利地开展工作的前提。建立合理、严密的组织机构，是客房部搞好管理、运转、服务等各项工作的重要条件和保证。客房部的组织机构应根据酒店的实际情况进行设计或调整。组织机构的建立，一般情况下，可遵循以下的原则。

一、风格独特、量体裁衣

客房部组织机构的设置应该体现自己创新的管理模式。不要以模仿为主，生搬硬套，应当从酒店的规模、档次、设施设备、管理思想、接待对象、经营思维、人员成本及服务项目等实际出发、量体裁衣。

二、精兵简政、突出高效

组织结构设置要特别注意精简，杜绝机构臃肿和人浮于事的现象，也应注意机构的过分简单化而带来的职能空缺，影响服务质量。做到合理设置、因事设岗，可采取竞聘上岗，充分发挥员工的主动性、积极性，从而进一步提高工作效率。

三、明确分工

客房组织机构应是一个统一指挥，岗位、分工、职责、层次分明，沟通顺畅的有机整体。每个岗位人员的职责、任务，上下级隶属关系及信息传达的渠道和途径应明确。分工明确能够提高效率，协作有效更能体现组织机构建立合理。

四、组织机构扁平化

与传统组织机构相比，扁平化具有显著的优越性，主要体现在三个方面。一是有利于决策和管理效率的提高。扁平机构的组织，高层领导和管理人员指导与沟通相对紧密，上层视野比较宽广、直观，使管理决策快速准确。二是有利于调动员工的积极性。组织层次减少，一般管理人员的业务权限和责任必然放大，可以调动下属的工作积极性、主动性和创造性，增强使命感和责任感。三是有利于节约管理开支费用。扁平机构的组织人员精减，可以大幅减少办公费及管理费。在酒店中推行扁平机构形态需要一个长期的过程，也需要一些客观条件的改善，如酒店人员素质的提高，但仍然是酒店组织机构建设发展的方向。

议一议
Discuss It

如今的酒店在经营中，组织机构的建立都采用"扁平式"的机构设置，你认为这样做是有利还是有弊呢?

任务二 了解客房部组织机构设置的形态

客房部组织机构，一般情况下根据酒店规模大小、业务范围、经营管理特点、服务档次等的不同而设置。管理者的管理意图不同，客房部组织机构设置也会有所区别。

一、管理层次设置

大中型酒店管理层次多，主要有经理、经理助理、主管、领班、服务员五个层次(图1-1)，小型酒店管理层次少，基本有经理、领班、服务员三个层次。

目前，酒店的发展趋势是优化组织机构，尽可能地减少管理层次，提高沟通和管理效率，降低管理成本。

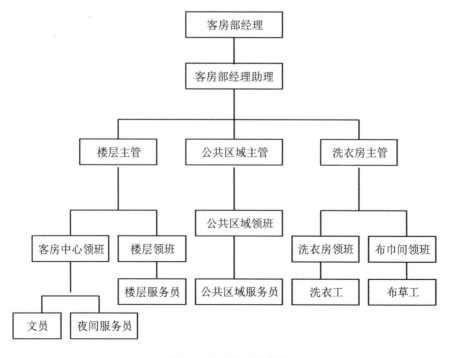

图 1-1 客房部组织架构图

二、业务分工设置

根据酒店组织机构和岗位设置情况，有的设有楼层服务台、客房服务中心，也有的两者兼而有之；大中型酒店客房部设有洗衣房、花房，小型酒店则没有。

大中型酒店客房部一般分为楼层、公共区域和洗衣房，有的将客房中心和棉织品房（布草房或布巾间）单列。

小型酒店客房部一般隶属于房务部，不设洗衣房和客房中心，酒店需洗涤的物品由社会上的专业洗涤公司承担。客房中心的对客服务电话由总台服务员承担，其他的工作将由客房部经理安排或划分给其他的岗位进行。

三、组织机构设置

（1）清洁范围。

（2）选择服务模式。

（3）洗衣房的归属。

（4）洗衣房与棉织品房（布草房或布巾间）的关系。

（5）楼层服务与清扫岗位的分与合等。

做一做
Do It

任何一家酒店，在开业前期都需要对部门的人员架构进行一个合理化的安排。只有规划出一个合理、简单、明了、顺畅的组织架构图出来，才会对工作的进行和管理起到积极的保障作用。

请你设计一个较为合理化的客房部"组织架构图"。

任务三　了解客房部各机构设置及职责

合理的岗位设置是客房部提高质量有效运行的保障。现按客房中心及棉织品房（布草房或布巾间）单列的情况，将客房部机构设置为五部分，如图 1-2 所示。

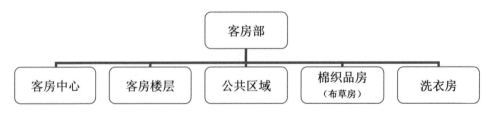

图 1-2　客房部机构设置

一、客房中心

中 / 外合资的酒店或由外方直接管理的酒店, 通常都设有客房中心, 也有的酒店称为"客房服务中心"。它一般位于客房部办公室, 基本职能如下。

1. 传递信息

客房中心是客房部部门内部及与其他部门交流信息的中心, 又是对客服务中心。对客服务及管理信息都汇集于此, 中心肩负着大量信息传递任务。

2. 协调工作

负责统一调度对客服务工作, 掌握和控制客房状况, 与相关部门联络, 协调各部门间的工作。

3. 出勤管理

监督员工出勤, 并进行统计和管理。

4. 分配清扫房间

客房中心按照入住情况, 为当班的清扫工分配好要清洁的房间。

5. 钥匙管理

负责钥匙的发放、回收与保管。

6. 其他任务

负责失物招领、管理遗留物品、发放客房用品、管理资料等。

二、客房楼层

客房楼层由各种类型的客房组成, 是宾客休息的场所。每一层楼都设有供服务员使用的工作间, 其任务包括以下三点。

(1) 管理客房及管理楼层的设施、设备以及简易维修和保养等。

(2) 负责客房及辖区的清洁卫生, 客房内用品的替换。

(3) 为宾客提供礼貌、周到的服务。

三、公共区域

公共区域一般称为 PA 组, 其任务包括以下四点。

(1) 负责酒店各部门办公室、餐厅、公共洗手间、衣帽间、大堂、电梯厅、各通道、楼梯、花园和门窗等公共区域的清洁卫生工作。

(2) 负责楼层地毯、软面家具的定期清洁和保养。

(3) 负责酒店的园林绿化。

(4) 为宾客提供公用卫生间的服务。

四、棉织品房（布草房或布巾间）

(1) 负责酒店所有工作人员的制服以及餐厅和客房所有布草的收发、分类和保管工作。

(2) 对有损坏的制服和布草及时修补, 条件允许可进行加工制作。

(3) 储备足够的制服和布草以供周转使用。

(4) 棉织品的报废。

五、洗衣房

(1) 负责收洗客衣，洗涤员工制服和对客服务的所有布草。

(2) 对外服务，负责为住宿宾客提供洗衣服务，有条件的可提供对社会服务。

(3) 对内服务，负责员工制服的洗涤。

(4) 洗涤全酒店对客服务的所有棉织品。

 想一想
Think It

在酒店中，部门之间、机构（岗位）之间都各尽其责并相互联系，请你想一想：为什么部门各机构都要设立相应的职责呢？

任务四　了解客房部岗位设置及职责

客房部分工复杂、人员繁多，岗位职责是对各岗位员工进行合理评估的依据，也是招聘员工的参照标准，由于各酒店客房部规模不同，岗位设置各有特色，这里有选择地简单介绍一下客房部主要岗位的职责。

一、客房部经理

上级领导：总经理、副总经理。

管理对象：客房部主管、领班、部门文员。

职责：全面经营管理客房部，对上级领导负责。

即通过计划、指挥、执行和监督部门工作，为宾客提供优质的服务，为宾客和酒店员工提供清洁、怡人的公共区域和绿化，以最低的客房支出，赢取最高的客服标准和经济效益，以工作成效对上级总经理负责。

(1) 根据单位总体目标，制订客房部年度工作计划、财务预算，保证客房部的经营目标符合单位总体质量标准，并有效组织实施。

(2) 负责制订客房部岗位职责、工作程序、运行制度；建立客房部完整的工作体系。

(3) 制订用人、培训计划，合理安排、调度、使用员工；对员工进行鉴定、考核，决策、执行相关人事规定。定期评估、调整组织机构。

(4) 履行业务管理职能，为宾客提供规范化、程序化、个性化的优质服务。

(5) 对客房部物资、设备进行管理和控制，降低成本。提出客房陈设布置方案及装修、更新、改进意见。

(6) 探访病人、拜访长住宾客；有效处理宾客投诉；深入了解宾客对客房部的需求，采取相应措施。

（7）负责客房部的安全工作，保证宾客和员工的人身和财产安全。

（8）督促、检查下属工作，并按操作规程进行规范操作，防止各种违规事故的发生。

（9）与其他部门建立良好合作关系，协调部门之间的工作，不断改进工作，提高效率。

（10）学习先进的管理方法，不断改进和提高客房的管理工作水平。

二、楼层主管

上级领导：客房部经理。

管理对象：楼层领班。

职责：负责楼层经营管理，对客房部经理负责。

（1）服从客房部经理的指挥，贯彻执行客房部的规章制度及工作程序、质量标准要求。制订客房及楼层所辖区域工作计划，并主持、督导各领班和服务员的工作。

（2）通过参加会议、听取汇报等对员工的有效管理和监督，完成业务、行政治安及日常事务工作，保证客房及楼层所辖区域的最佳服务状态。

（3）不定期对员工进行思想教育、业务操作培训，提高员工职业修养、业务水平、操作技能。

（4）负责辖区财务预算，负责楼层物资的管理与控制，确保设备的完好，督导各部门物资发放制度的执行，定期核算清洁用具等各种物品的消耗量，控制损耗，减少浪费。

（5）及时与前厅、工程部、销售部等相关部门联系，随时核对客房情况，提供准确的房态。

（6）主持每日内部晨会，根据客源情况，调整人员和物资，检查、落实贵宾房及接待程序。

（7）监督、指导日常工作质量和服务效果，保持酒店标准，保持应有的清洁保养标准，坚持巡视楼层及各个负责点，抽查客房清洁保养质量，走访客房，为宾客提供优质的服务。

（8）负责楼层的安全工作，做好防火、防盗工作；监督员工执行各种操作规程，杜绝违规事故的发生。

（9）受理宾客投诉，协助解决员工投诉，处理违纪及突发事件。

（10）督导各部门领班工作成效和行为，协助领班工作，指导领班解决疑难，负责服务员的任务分配和工作评估，业绩考核。

（11）在客房部经理有事情不在的情况下，代行部门经理职责。

三、楼层领班

上级领导：楼层主管。

管理对象：楼层员工。

职责：负责楼层的经营管理，对楼层主管负责。

（1）服从楼层主管指挥，经常报告本班组工作情况，指导、培训员工熟悉业务、工作流程，熟练掌握客房整理的操作程序、服务技能、卫生标准，不断提高服务工作质量。

（2）安排所辖员工的每日工作和周期卫生计划，严格执行查房制度，检查所管辖员工的工作质量、卫生达标情况礼仪礼貌、行为规范。

（3）巡视所管辖区域，全面检查客房卫生、设备维修保养、安全设施和对客服务质量，确保达到规定的标准。

（4）填写领班工作日志，向主管报告房态、宾客特殊动向和客房、宾客物品损坏、遗失，房间报维修等情况。

（5）负责所辖楼层财产，楼层各类物品的存储、消耗、发放与统计，督导下属管理好楼层物资，并向部门汇报。

（6）负责班组的考勤管理，掌握当班情况，安排班次调整，做好每月员工考评。

（7）和主管及各部领班协调搞好关系，充分调动员工积极性，提高工作效率。

（8）注意宾客动态，接受并处理一般性的宾客投诉，有重大事故时须向部门主管、经理报告。

（9）督促、检查、落实安全工作，做好安全保卫工作。

（10）掌握所管辖客房的状况，以及客情、重点宾客的人数、标准、入住时间等，并亲自招待宾客，以示对贵宾的礼遇。对 VIP 房及重要宾客进行再查房。确保提供安全、舒适、清洁、高效的服务。

（11）不断攻关，开创新成果，并完成部门经理安排的其他工作。

四、客房服务员

上级领导：楼层领班。

职责：负责客房服务与管理，对楼层领班负责。

（1）服从楼层领班指挥，接受领班的检查、指导，执行单位各项制度，按工作流程、质量标准做事。

（2）负责服务区域内的清洁保养及房间的布置工作，及时整理、清洁、更换各种客房用品。

（3）熟练掌握礼仪礼节常识及各种业务技能，并灵活运用到日常服务工作中，热情待客，为贵宾、伤残、患病宾客提供有针对性的服务。

（4）及时向领班报告楼层情况，做好工作衔接和跟房工作，填写工作记录。

（5）管理房间钥匙及楼层物资，合理调配客用消耗品，做好日常设备、设施的使用及保养工作，发现问题及时上报维修，确保设备、设施的正常使用。

（6）负责宾客进店前的准备，结账时查看房间设备物品是否齐全和有无损坏，发现问题及时向领班和前台报告。

（7）负责洗衣房棉织品、宾客衣物的交接工作；提供临时整理、夜床服务。

（8）负责小酒吧消耗情况清点、开账单及调换、存放、补充。

（9）主动介绍服务项目、设施的使用方法和功能，回答宾客提出的问题，帮助宾客解决困难，无法解决的问题及时向领班报告。

（10）协助做好楼层安全工作，完成领班交办的其他工作。

五、客房中心服务员

上级领导：客房领班。

职责：负责客房中心服务与管理，对楼层领班负责。

（1）熟悉所有房型、设施与其他服务。认真阅读交接班记录及应注意事项。负责传递楼层及其他部门的信息和通知要求，并及时递交有关负责人。

（2）接听宾客电话，做好来电详细记录。

（3）受理宾客的服务要求，将宾客的要求、进店、离店、结账等信息准确、及时反馈给相应人员，保持与其他部门的密切联系，确保为宾客提供高效率的客房服务。发现异常情况时，须及时向部门主管上级反映。

（4）负责客房及其他部门所领用的钥匙登记保管工作，严格执行钥匙的领发制度。

（5）随时掌握房态，准确、及时、无误地将离店的房号和客房资料及时输入电脑，并与前台保持密切联系。遇有特殊事项，及时向上级报告。为客房部人力调配、安排工作提供依据。

（6）负责本部门员工考勤记录和假条的保存，客房中心档案及信息资料的保管，准确无误地做好交接班记录及各项登记工作，并向领班汇报交接记录内容。

（7）负责对外借物品的登记，并及时收回。做好宾客遗失物品接收、登记、保管、招领工作。

（8）做好维修记录，及时送工程部并跟进，负责客房维修的统计。及时更改和填写维修房情况和客房加床显示记录。

（9）统计客房酒吧的消耗量，填写、保存酒水补充报告单，按规定时间到前台收银处取反馈单，送交酒水消耗统计表。

（10）保管各种设备、用具、用品并编写建档，定期清点。负责整理楼层客用品的申领工作。

（11）接待宾客投诉，及时将宾客投诉报告领班和楼层主管，并做好记录。

（12）执行及有效完成上级安排的其他事务。

六、公共区域主管

上级领导：客房部经理。

管理对象：公共区域领班。

职责：负责公共区域的经营管理，对客房部经理负责。

（1）负责对所辖区域的清洁保养工作。制定并落实酒店公共区域清洁保养工作的计划。

（2）负责对下属的管理，掌握员工的思想和工作情况。负责员工的工作安排、培训和考核。

（3）负责酒店公共区域人员调配，巡视检查和督导下属的工作，确保他们按规范和要求工作并保证效率和质量。检查员工的仪容仪表是否符合规定，辖区是否整洁、美观，发现问题及时纠正、处理。

（4）负责酒店公共区域物资管理，对清洁设备、工具、用品等进行申购、控制、管理，检查辖区装饰品、公用设施设备是否完善，在保证质量的前提下努力控制成本费用。

（5）指导和检查地毯保养、虫害控制、外窗清洁等专业工作。

（6）了解和研究清洁保养的新技术、新产品，不断提高清洁保养工作的效率和质量。

（7）积极与相关部门沟通，做好有关场所及某些专项清洁工作。

（8）完成公共区域的工作日志。

（9）完成客房部经理交给的各项临时任务。

七、洗衣房主管

上级领导：客房部经理。

管理对象：洗衣服务员工。

职责：负责洗衣房的经营管理，对客房部经理负责。

（1）协助客房部经理制订洗衣房规章制度、岗位职责、工作程序及质量标准。

（2）负责对下属的管理，掌握员工的思想和工作情况。负责员工的工作安排、培训和考核。

（3）建立完善的洗涤、收发、计价、登记制度。

（4）制订洗衣房的工作计划，合理安排各部门、各类布草服装的洗涤时间，完成各项洗涤任务，保证布草符合卫生质量要求。

（5）计划、落实布草（制服）的盘点，控制成本费用，检查实物摆放、库容、账目登记是否符合要求。统计分析损耗，合理控制库存，并及时向上级汇报。

（6）管理设备用品，负责机器设备的日常使用、维修、保养的管理工作，保证其正常运转。

（7）接洽对外经营与协作，协助做好员工制服的管理及布草的报废、回收再利用工作。

（8）掌握洗涤技术，了解洗涤新产品，不断提高洗涤质量。

（9）负责洗衣房的安全工作。

（10）完成客房部经理交给的各项临时任务。

做一做
Do It

根据上述岗位职责的描述，请将你认为每个岗位中最重要的职责勾画出来，并说明一下为什么？

任务五　掌握客房部人员素质的要求

随着酒店业突飞猛进的发展，酒店的市场竞争越来越激烈。宾客们对酒店客房商品的要求也越来越高。高质量的服务已成为提高酒店市场占有率和竞争力必不可少的前提条件。而高质量的服务则有赖于高水平的管理和高素质的员工。

客房部的工作特点有别于其他部门。客房部以整洁、舒适、安全为前提，随时随地为宾客提供礼貌热情、真诚主动、准确高效、耐心周到的各项服务。客房部是宾客的"家外之家"（Home Away From Home）；是一个"静、净、敬"的部门；是一个工作服务琐碎和繁重的部门。客房工作的复杂性与随机性，以及面对面地直接对客的服务，都对客房部各岗位员工的素质提出了较高的要求。

作为一名合格、优秀的客房部员工，必须具备以下基本素质。

一、诚实、自律，品质好

客房部员工由于对客服务需要，须进入客房，有机会与宾客财产接触。因此，要求员工必须具有良好的职业道德和思想品质。诚实和自律是员工对宾客态度好的最直接表现形式，员工要实行感情服务，即以诚实、自律为基础的自然、亲切的服务，让宾客有"家"的感觉，放心住宿。

二、敬业、踏实，肯吃苦

客房部员工必须具备高度工作责任心和敬业爱岗精神，忠于职守，尽心尽力。客房部的服务是通过客房产品表现出来的，宾客通过床铺的整洁、地面的洁净以及方便程度等感受到员工的服务，许多岗位通常是单独的、每天重复做着大量琐碎的工作，有些工作做过同没做过没多大区别，因此员工必须有很强的敬业心、高度的责任感，敬重自己所从事的工作，认认真真、踏踏实实地做好每一件事，有自觉吃苦耐劳的精神，按照酒店的工作程序、标准，保质保量地完成工作。

三、稳重、周到，有耐心

客房是宾客休闲、休息的地方，必须要有一个安静的环境，因此客房环境要求员工具备稳重、能耐得住寂寞、甘于默默奉献而不张扬的性格。

宾客的多样性和服务工作多变性，要求员工经得起刁难、责备，任何情况下都要耐心，坚持以让宾客完全满意为服务宗旨，把关心、照顾、周到的服务做到实处。

四、主动、勤快，意识强

主动服务来源于细心，要把宾客当作自己的亲人或请来的知己朋友用心来为他们服务，勤动脑、勤动手，想在宾客开口前，急宾客之所需，特殊宾客还需要从肢体语言上和眼神上交流，体现出热情、大方，让宾客有宾至如归的感觉，进而提高服务质量。

五、礼貌、热情，气质佳

客房部员工外表整洁、端庄，待客礼貌、热情、自然得体。员工仪容、仪表直接体现着酒店的形象，仪容、仪表端庄大方，是每个员工应该具备的基本素质，称为与宾客友好交往的通行证。

六、身体健康，技术过硬

客房部许多岗位的工作繁重，身体健康、技术过硬是员工应该具备的基本条件，特别遇到住店高峰时还需要加班加点。因此，强壮的身体和过硬的技术能力是非常重要。

七、具备基本的设施、设备维修保养知识

酒店客房内有很多设施设备的维修，通常由酒店的工程人员负责，但对其日常保养则由客房部负责，客房员工必须有基本的设施设备维修的常识和保养知识，遇到一些换灯泡、插电源插座、换保险丝等，也应主动负责。

八、具有广博的知识面

为准确高效为宾客提供优质服务，要求员工有广博的知识。为方便国外宾客员工应掌握客房常用外语，能在对客服务中和国外宾客进行有效沟通；对音乐和美学常识有所了解，用于酒店背景音乐、客房及周边环境布置、客房用品的选择搭配等；对文学、历史、地理等有一定阅历，熟悉当地旅游景点、旅游线路，了解民风民俗，为宾客提供旅游建议和个性化服务。

想一想
Think It

酒店客房部都喜欢聘用忠厚老实、踏实肯干、气质俱佳的员工，你认为客房部这样做有必要吗？

任务六　了解客房部与其他部门间的关系

客房部作为酒店中的重要部门之一，只有与其他部门间密切的配合，才能很好地保证为宾客提供优质的服务，为酒店取得良好的经济效益。

一、客房部与人力资源部的关系

客房部要对其员工的录用和培训提出计划和要求，协助人事培训部做好员工的培训工作。
（1）制订员工需求计划。
（2）招聘员工。
（3）负责员工培训、岗位分配。
（4）负责客房员工制度的编制。

二、客房部与采购部的关系

客房部所需的一切清洁用品及客房供应品，由客房部提出采购计划，明确采购物品的规格、质量、数量，经核准后，由采购部负责办理，采购部和客房部之间要相互提供信息，密切配合，力求以较低的价格购入合适的物品。
（1）客房部提供所需物品的规格、数量、质量要求。
（2）采购部保证采购物品质量。
（3）采购部提供良好的市场信息。

（4）客房部做好反馈工作。

三、客房部与前厅部的关系

客房部与前厅部之间必须不断互相提供最新的房间状况信息，以提高客房的出租率。客房部要及时整理离店宾客的房间，以供前厅部出租。

客房部要从前厅部获取有关住客的资料和信息，以便做好针对性服务，并根据前厅部提供的客情预报安排客房的维修和定期清洁计划。客房部还须协助前厅行李员开门、收取或存放行李。

（1）前厅部做好客房商品销售工作。

（2）客房部提供优质客房商品。

（3）互通信息，保证客房状况的准确性。

（4）密切配合，做好对客服务。

四、客房部与餐饮部的关系

客房部负责所有餐厅的地面清洁、外窗清洁、餐巾桌布洗涤、员工制服洗熨及式样设计和更换，协助餐饮部收拾房间餐饮服务的餐具及餐车，还要与餐饮部密切配合清点客房小酒吧的饮料取用数量并及时补充。

（1）负责餐饮部清洁及员工制服的洗涤。

（2）配合餐饮部销售服务工作。

（3）餐饮部做好客房送餐服务。

五、客房部与工程部的关系

在客房设备设施、清洁工具发生故障时，客房部需要工程部派员工及时修理。客房部应配合工程部对客房的设备、设施进行定期维护和保养，并提供客情预报，以便工程部对客房进行大修理。

（1）工程部负责客房设施设备维修。

（2）客房部及时做好报修工作。

（3）提供准确信息，以便安排大检修。

（4）互通信息，保证客房正常运转。

六、客房部与保安部的关系

客房部应积极协助保安部对酒店公共区域及客房楼层进行检查，做好防火、防盗等安全工作，并向保安部提供必要的住客资料和信息。

（1）保安部保障客房安全。

（2）客房部提供必要的宾客资料。

（3）保安部做好宾客遗留物品的处理工作。

（4）保安部协助客房部制定安全计划和安全制度。

议一议
Discuss It

你觉得做为一名客房服务员与其他部门之间建立良好关系有必要吗？为什么？

思考与训练
Practice and Drills

思考问答
Review Questions

1. 简述客房部对酒店经营的重要意义。
2. 简述客房部的业务范围。
3. 客房部组织机构在设计时应考虑哪些问题？
4. 客房部员工应具备的基本素质有哪些？

单项选择
Individual Choice

复习本模块课程内容，请将正确答案的选项填写在横线上。

1._____是带动酒店整体经济活动的重要枢纽。

A. 餐饮　　　　B. 娱乐　　　　C. 客房　　　　D. 会议

2._____是确保客房部正常、高效、顺利地开展工作的前提。

A. 增加员工的配置　　　　　　B. 科学地建立组织机构

C. 缩减员工的编制　　　　　　D. 层级管理

3. 做为一名合格、高素质的客房部员工，最重要的前提是_____。

A. 高雅　　　B. 风度　　　C. 诚实　　　D. 亲和力

4. 客房部的_____，主要负责客房服务员与宾客之间的联络协调事宜。

A. 经理室　　　B. 客房中心　　　C. 客房楼层　　　D. 公共区域

案例分析
Case Study

在挑剔的宾客面前

一位来自香港的宾客入住某市一家酒店。行李员帮他把行李送进客房刚刚退出，客房服务员小金即拿着一盘水果走进房间，她面带微笑，把水果轻轻放在茶几上，主动询问宾客："先生，您有什么事需要我做吗？"这位香港宾客说："小姐，请给我一条毛巾。""好的。"小金满口答应，马上出去。一会儿便用托盘端着两条干净的毛巾来到宾客面前，用夹子夹住毛巾递给宾客说："先生，请用。"没想到宾客却很不高兴，责备道："我不要旧的，我要没有用过的新毛巾！"小金心里一愣，却不动声色，即对宾客表示："对不起，我给您拿错了。"说完便出去换了一条新毛巾来，宾客这才满意。

香港宾客自己泡上一杯咖啡（由于他喜欢喝浓咖啡，就用两袋黑咖啡泡了一杯），打开电视，一边喝咖啡，一边看电视。咖啡喝过后再加水味道稍淡些，他又把剩下的两袋普通咖啡泡了一下。当他觉得咖啡味道又不够时，发现房间内的咖啡已经没有了。于是，宾客打电话给客房服务中心，要求服务员再送一些咖啡来。小金很快就拿了几包同样的咖啡进来送给宾客，没想到他大为不满地抱怨"我不要这种普通咖啡，我要喝浓一点的黑咖啡！"这时小金心里很感委屈，但她丝毫没有流露,再次向宾客道歉说:"对不起,我又给您拿错了。"接着又去换了几包黑咖啡来送给宾客。

此刻，宾客很受感动，他发觉自己刚才两次对服务员发火太过分了，不由连声地向小金道谢："小姐，谢谢你！"脸上露出愧疚的神色。

讨论：

1. 宾客哪些地方做的有问题？
2. 你赞同小金的服务做法吗？

分析：

以上实例中的宾客显然是错了，因为他既没有说清楚要用新毛巾，也没有明确交代要换黑咖啡。而小金对宾客的服务并没有错。小金主动向宾客认"错"，说明她对"宾客永远是对的"这句酒店服务的"座右铭"有着正确的认识，并具有服务员出色的素质和修养，值得称赞。具体表现在两个方面。

第一，从换毛巾到调咖啡，可以看出这位香港宾客是一个爱挑剔的宾客。然而，小金却周到、妥帖地"侍候"好了这位爱挑剔的宾客，表现了充分的忍耐心、足够的心理承受能力和无可挑剔的服务质量，这是服务员一种很高的素质和修养，难能可贵。

第二，无论是新、旧毛巾之别，还是普通或黑咖啡之分，宾客一次又一次地无端指责小金，这对小金确实是非常不公的，而小金却能自觉地承受委屈，用自己的委屈换取宾客的满意，这正是服务员应努力达到的一种高尚的境界。我们十分赞成国内一些酒店的服务中开展"委屈奖"的评比活动，小金如果获得"委屈奖"是当之无愧的。

实训练习
Training Exercises

项目名称： 星级酒店客房部标准操作流程 SOP。

练习目的： 使学生详细了解客房部的业务范围、组织结构、员工职责及素质要求等。

实训内容： 通过学习、阅读和分析一家星级酒店客房部的 SOP 文件，充分掌握实际酒店客房工作中的各项标准和要求的内容。

测试考核： 在学习完客房 SOP 后，写一篇 300 字左右的学习心得。

客房 VOD 系统有哪些功能

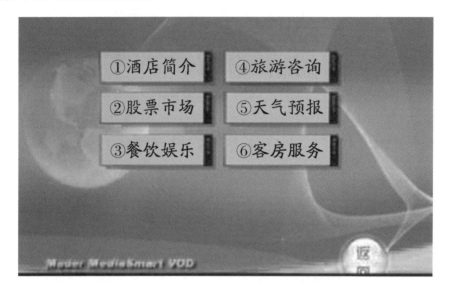

1．开机时出现欢迎画面

出现"××酒店欢迎×××下榻"的欢迎词，背景一般为酒店的图片。

2．可以直接查询酒店的信息

宾客通过此系统，可以直接查询酒店的对客服务信息。

3．可以进行"个性化留言"

如房内宾客外出时有访客来找，访客可以直接进行留言。等房内宾客回来后，打开电视屏幕中的"留言箱"就可以直接查看；如宾客入住期间正逢生日，酒店可以通过留言祝生日快乐等。

4．酒店"个性化宣传空间"

可以根据酒店的经营特色、营业部门、对客服务项目、天气预报、旅游咨询等方面进行独特的宣传。也可以为酒店做一个电视网站，展现酒店自身的风采。

5．消费查询

宾客可以通过系统提示，随时查看在酒店各个营业场所的消费情况和账单情况等。

6．点餐

可以直接进行点餐服务。选择完成后，系统自然生成，客房送餐员会按照所点的种类直接送到客房内。

7．酒店自办电视电影台

轮换播放一些酒店自己开办的频道。

8．外部频道纳入 VOD 系统收费

一般将境外台直接转换成酒店 VOD 收费台。

模块二
客房设计思维
Module Two Guest Room Design

学习目的
Learning Objectives

（1）具备对酒店客房的基本常识；

（2）了解客房产品的知识；

（3）了解客房设备与用品的知识；

（4）了解客房设计理念与原则以及客房空间设计的布局；

（5）了解客房装饰知识与发展趋势。

知识与技能掌握
Knowledge & Skills Required

（1）掌握客房的类型、功能布局和客房的种类；

（2）熟知客房家具、电器、卫生间设备和客房内的用品等；

（3）熟知客房设计理念和设计的因素与原则；

（4）掌握客房整体空间和室内功能空间的布局；

（5）掌握客房设计中色彩方面、照明方面的知识；

（6）熟知客房设备配置和设计装饰的发展趋势。

　　当前酒店经营管理者们已越来越注重对酒店客房产品的设计与更新改造，其目的就是让住店的宾客有一种常住常新的感觉。因此，经营管理者必须具备客房产品设计先进、科学的理念，懂得并掌握客房产品设计的基本原则，了解目前客房产品的发展趋势。客房产品的设计不仅要满足宾客卫生、安全、舒适等生理功能的需要，还要满足宾客的心理文化需求，包括宾客至上的服务理念的体现、客房档次的确立、酒店文化氛围的营造、客房设施设备用品及室内环境的设计与选择等。

　　客房作为一种特殊的酒店商品，具有其特定的外形和内涵特征，在外形上具有有一定的空间（房间）、特定的时间（居住期）和设施设备（客房家具、用品）等性质，其内涵要通过员工提供的服务来实现，例如：微笑服务、礼仪礼貌、清洁服务以及技能操作等。同时，酒店也会根据不同客人的住宿需求，将客房的类型、功能、特色和种类进行划分，从而满足不同宾客的需求。

新员工疑惑
New Staff Doubt

酒店客房都为宾客提供什么产品呢？客房设备与用品都有哪些呢？为什么客房的布局要遵循设计原则？如今的客房装饰与发展的趋势又是如何呢？

此模块将详细地介绍和阐述客房设计的思维，为你解开此困惑。

项目一　客房产品认知
Task One　Guest Room Types

客房产品与其他产品不同，其具有空间大小、设施设备配置、运行规格、用品配置与补充标准以及卫生、安全和综合服务等方面的要求，只有这些方面的要求都达到，客房产品才算合格。否则就不可以向宾客出售。因此，客房的布置就要高雅美观，设备和用品要耐用、安全，卫生要清洁到位，服务项目要全面周到等。总之，客房产品是为客人提供清洁、美观、舒适、安全的暂住空间。

任务一　掌握客房的类型

按照不同酒店各自的设计风格和建设规模，客房分类也多种多样。主要方法有：按类型分、按房型分、按经济等级分、按设计风格分、按用途分等。最常见的分类方法为按房型分类。

一、按房间内"床位"的设置划分

1. 单人房（Single Room）

有一张 1.2/1.35m×2.0m 或 1.5m×2.0m 的床及配备一份相应的用品。

2. 双人房（Twin-Bed or Standard Room）

也叫标准间，有两张 1.2m×2.0m 或 1.5m×2.0m 的床及配备两份相应的用品。如图 2-1 所示。

3. 大床房（Kingsize Bed/ Double Room）

有一张 1.8m×2.0m 或 2.0m×2.0m 的大床，有的房间还配置 2.2m×2.0m 的大床，还要配备两份相应的用品。如图 2-2 所示。

4. 三人房 (Triple Room)

也叫家庭房（Family Flat）。有三张 1.2m×2.0m 或 1.5m×2.0m 的床及配备三份相应的用品。还有在房间内放置一双、一单两张床供三口之家使用。

5. 多人房（Many Room）

有些度假型酒店、快捷型酒店或青年旅社，根据需要设置多人床位，配备相应用品。一般情况下，星级酒店多人房的房型较少。

图 2-1　双人房

图 2-2　大床房

二. 按房间"等级"划分

1. 单间客房（Single Room）

只有一间客房带一间卫生间（图2-3），如单人间、标准间、豪华房（Deluxe Room，图2-4），豪华房面积比标准间大些。有的酒店还有无浴室单人间（Single Room without Bath）、只带淋浴单人间（Single Room with Shower）。

2. 套房（Suite Room）

有两间或两间以上客房带一间卫生间及其他设施组成的客房，如图 2-5、图 2-6 所示，常见的有以下几种。

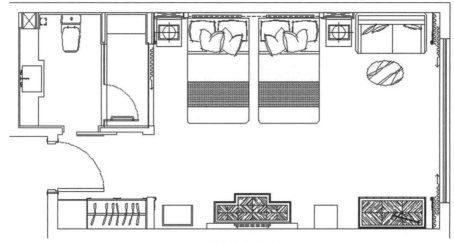

图 2-3　单间客房平面图

（1）普通套房（Junior Suite）　也叫标准套房（Standard Suite），由连通的两间客房组成，一间是卧房，一间兼作起居室（Living Room）、小型会议室、会客室，适合接待朋友来访、会务组、小型会议、聊天或商谈等。

（2）豪华套房（Deluxe Suite）　装饰比较华丽的客房，房间设计豪华气派，风格独特，注重房间氛围和试品的配备，以及用品的配套。

图 2-4　豪华客房

图 2-5　套房

（3）总统套房（Presidential Suite）　也叫特使套房，由 5 间或以上多个房间组成，包括多个卧房（男、女主人卧房、随从卧房）、多个卫生间以及厨房、餐室、起居室、书房、会议室、健身房等多种功能的房间，面积较大，装饰设计讲究，设施豪华，一般较高星级酒店做为等级、档次的象征，设置此类套房，标志酒店已具备接待总统级人物的条件，并以总统套房的装饰布局展示酒店的档次、豪华程度，显示酒店的风格。

（4）商务套房（Executive Suite）　专为商务活动准备、布置的套房，一间为卧房，一间为起居室。客房充分考虑商务活动需要，配备直通电话、传真、上网等服务项目。

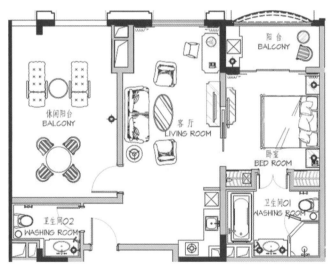

图 2-6　套房平面图

三、按房间"位置"划分

1. 内景房（Inside Room）

从客房窗户能直接看到酒店内的庭院、花园等。像中式天井建筑(内侧)观看的感觉一样，一般价格较为便宜。如图 2-7 所示。

2. 外景房（Outside Room）

从客房窗户能看到外部美丽的景观，视野开阔。可以观看到如：河流、公园、街道、山峦、湖泊、景区和景点等景观，价格比内景房要较高一些，如图 2-8 所示。

3. 角房（Corner Room）

一般设计在位于楼层的走廊、过道尽头或拐角处的客房。此房形状特殊，装饰各异，不循规蹈矩，常受一些年轻人的喜爱。一般价格较为便宜，也有时用作打折房或赠送房等。

4. 连通房（Connecting Room）

两间相邻的客房，中间由只限各自内侧开启的"门"相连接，不必经过走廊。可便于同行的客人、或一家人的房间相通；也可以适应客人的需要变为套房使用。如图 2-9 所示。

图 2-7　内景房

图 2-8　外景房

图 2-9　连通房

想一想
Think It

　　除对上面知识的学习外，想一想，你还知道有哪些不同风格、类型的客房呢？

任务二 了解特色客房的种类

酒店根据一些不同需求的客人，在拥有基本类型房间以外，还配置了一些特殊的房型。各种各样的特殊房型的出现，也表明酒店客房产品是适应市场需求而发展的。

一、商务房 (Executive Room)

商务房，设计时主要考虑方便从事公务或商务活动的客人。一般配有标准的办公设备，有的根据客人需要配备电脑、打印机、电脑宽带接口、传真机等办公设备。商务房面积比标准间要稍大一些，近年来随着商务活动的增加，商务房的需求量也不断增多，一些高星级酒店还开辟了商务楼层，长期专供商务人员办公，有的还设有专门的服务台，有针对性地为入住商务客房的客人提供服务。

二、时权客房（Time-share Condo）

消费单位或消费者与酒店定有协议，指定酒店客房特定年限内或某一时段的使用权，并成为协议单位，享有协议单位优惠价格。被指定的客房即为时权客房。典型的时权酒店类似于公寓，除提供办公设备外，还提供客人住宿所需的餐饮、健身、娱乐、休闲等设施，以及相应的服务与管理。

三、概念性客房（Conceptual Room）

随着酒店产品的发展，为了满足不同客人的需求，酒店开发、设计出很多个性化、概念性客房，各地的风俗、文化、环境、风景等充斥在客房周围。新的概念性客房不断涌出，时尚客房、足球客房、海底世界客房、汽车客房、健身客房、太空客房等逐渐成为消费者的新宠，成为酒店招揽顾客的亮点。如图 2-10 所示。

四、新兴科技客房（Hi-tech Room）

客房的科技成分越来越被消费者看重，酒店对客房内的科技设备配置也越来越重视，很多酒店客房具备了网络浏览、远程登录、E-mail 收发、FTP 文件下载、激光打印、扫描、网络游戏、多媒体信息服务等功能。也有一些酒店在客房方便、舒适上特别留意，电视采用可旋转的液晶显示屏，遥控音响设备、电脑采用触摸屏，配备电器化设备，甚至芳香理疗仪器、运动、保健器材等。越来越多的酒店朝着数字化、信息化、智能化的方向而努力。

五、无烟客房（No Smoking Room）

随着人们对健康的重视，很多客人选择无烟客房。酒店为客人提供严格的无烟环境的客房，有的酒店还专门设有无烟楼层，无烟楼层的客房里没有烟灰缸，并且楼层有明显的无烟标志的警示牌，进入该楼层的客人和工作人员均是非吸烟者；当客人在进入该楼层或房间吸烟时会被礼貌地劝阻，因为非吸烟人士对烟味是非常敏感的。近几年来新、马、泰和欧美等周边国家以及我国香港、台湾的游客大都选择无烟的楼层。因此，很多酒店都进行无烟客房的设计尝试。如图 2-11 所示。

图 2-10　概念性客房（海底世界）

图 2-11　无烟客房

六、残疾人（无障碍）客房　(Room for Disabled)

为了方便残疾人入住，酒店在客房设计时，也会考虑到为残疾人提供特有的客房。房间内的一切设施设备都以方便客人使用、休息、活动和出行为目的。如图 2-12 所示。

客房的选择尽量为一层或离电梯口较近的位置；门的宽度不小于 0.9m，为的是客人出入无障碍；在门的不同高度分别安装窥视器；安装帮助召唤的电子铃等。房内床的两侧装有短的扶手，方便起卧；窗帘、电视、空调等也都采用电动遥控的装置；房内设施、家具一般不高于 1.2m。

卫生间要求出入无障碍，厕位间与门的距离要大于1.05m，方便轮椅自由进出；浴缸和恭桶两侧必须装有栏杆或扶手，并能承受100kg 以上的不同方向的压力或拉力。

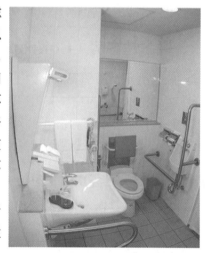

图 2-12　残疾人（无障碍）客房

七、老年人客房 (Room for Seniors)

随着社会老龄化，老年人客房的发展越来越受到重视，"银发市场"的竞争也使老年人客房发展迅速。老年人入住酒店一般停留时间较长，消费较高，要求的舒适度、安全性也较高，因此老年人客房的设计、装饰也成为各酒店特色之一。

接待老年人的酒店一般在前厅有轮椅、电梯留有坐椅，沿墙有扶手，位置以阳面房间为主。卫生间有防滑地面、把手等设施，把手、开关位置安装多个召唤铃，老年人可以随时得到别人的帮助，床是可调节的，坐卧两用，方便、健康、关怀、照顾是老年人客房考虑的重点。

八、女士客房 (Lady Room)

酒店专门设置几间女士客房，也有设置女士楼层，使女性更有安全感。随着社会旅游业的发展，女性客人越来越多。专门为女性客人特别设计的客房将成为趋势。女士客房的建设满足了女性宾客的要求。

图 2-13　女士客房

女士客房的室内装饰设计温馨雅致，富有浪漫情调，充分考虑女士的审美观、习惯爱好以及女性的心理特点，为女士提供适合的房间内用品，如充满女性气息的拖鞋、浴袍、床上用品，各类杂志以及小食品等。卫生、舒适是女士客房考虑的重点。如图 2-13 所示。

九、绿色客房（Green Room）

随着社会对环境保护的重视，服务业更应注重"绿色"服务。"绿色客房"将是热爱自然、绿色保护者的向往。

绿色客房是指无建筑、装修、噪声污染，室内环境符合人体健康要求的禁烟房间。房间内所有物品、用具及对它们的使用都应符合 4R 原则，即减量化原则（Reducing）、再使用原则（Reusing）、再循环原则（Recycling）、替代原则（Replacing）。如客房内减少一次性用品和多余外包装，使用可洗涤的用品，改塑料袋为再使用棉布袋、纸质袋；对中水、污水进行处理再使用；客房常用品做到能回收、可降解，并配有环保告示牌、宣传品等。

在社会的发展和现代酒店建设过程中，管理者对客人需求的调研越来越深入，个性化服务的种类越来越丰富。因此，现代酒店经营特殊客房是市场发展的必然趋势。

议一议
Discuss It

你们觉得酒店客房设计出不同特色的客房，有这个必要吗？如果你是客人，你喜欢哪种特色的客房呢？

项目二 客房设备与用品
Task Two Room Supplies and Amenities

客房用品配置设计的重点是让宾客感到舒适和方便。每一件客房内的用品都应充分发挥它们的效用，不能因浪费或过剩的现象造成宾客或酒店的损失，造成社会资源的浪费。因酒店等级与客房价位的不同，配备用品的种类多少、质量均有显著的差别。高星级酒店客房内物品配置的档次均能显示出其华丽和名贵；价位较低的酒店客房物品的配备则较为简单，只求达到卫生和方便的标准即可。不同星级或档次的酒店，可依据《星级酒店客房用品质量与配备》的要求来进行配置。

一般情况下，客房设备与用品包括：家具、电器、卫生间设施、安全设备和客房内其他小件用品等。

任务一 熟悉客房家具

一、床

床是供客人休息的主要设备，是旅客在旅途生活中不可少的既能消除疲劳又能恢复精神，既能调节身心又能怡情安逸的必要家具。酒店客房内床的种类较多，除在前面讲过的单人床、双人床等之外，还有沙发床、隐蔽床、单双两便床、充气床、水床等特殊类型的床，床垫及床头板要和床配套使用。

一般酒店使用的床通常为西式床型（即上面是弹簧垫，下面是床屉），床的数量与规格不仅影响其他功能区域的面积大小与构成，还体现了客房的等级与规格。其类型通常有以下几种。

1．基本类型

（1）单人床 (Single Bed) 1.0/1.2/1.35m×1.9m，如图 2-14 所示。

（2）双人床（Double Bed） 1.2/1.5/1.8m×1.9/2.0m，如图 2-15 所示。

（3）大号双人床 也叫皇后床 (Queen-size Bed)，1.8/2.0m×2.0m。

（4）特大号双人床 也叫帝王床 (King-size Bed)，2.0/2.2m×2.0m。

（5）折叠床（Rollaway Bed） 1.0/1.2m×1.9m

图 2-14　单人床

图 2-15　双人床

2．特殊类型

（1）水床（Water Bed）　如图 2-16 所示。

（2）圆床 (Round Bed)　如图 2-17 所示。

（3）婴儿床 (baby cot)　如图 2-18 所示。

（4）好莱坞床（Hollywood Bed）

（5）沙发床（Sofa Bed）

（6）隐蔽床 (Murphy Bed)　如图 2-19 所示

我国星级酒店客房用床的行业标准规定，单人床一、二星级不低于 100cm×190cm；三星级不低于 110cm/120cm×190cm；四、五星级不低于 120/150cm×200cm。各酒店可根据自己的客房空间面积来定床的尺寸，以上尺寸为规定常用尺寸，仅供参考。通常，床越宽越舒适，档次也就越高。另外，床的高度，考虑到美观、协调及便于服务员操作等因素，一般应在 40～60cm 之间。

图 2-16　水床

图 2-17　圆床

图 2-18　婴儿床

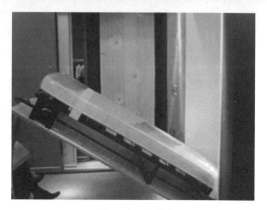
图 2-19　隐蔽床

二、床头柜

标准间床头柜放在两床之间，一般为 60cm×48cm×55cm，除了供客人摆放小件物品外，还放置有电话、小便笺和"请勿吸烟"提示卡。控制面板上装有灯具、电视、音响、时钟等的开关旋钮。下面的空间通常摆放一次性拖鞋、擦鞋纸（布）、电话簿等。

三、咖啡桌

咖啡桌放在窗户前的两把圈椅（扶手椅）中间，一般规格为 65cm×65cm，数量为一张，供客人喝茶及少量用餐用，上面放置水壶、托盘、茶杯、水杯、茶叶等。

四、圈椅

大多数圈椅是用布蒙制的软椅，数量两把，一般规格尺寸为 65cm×65cm×40cm，供客人休息、接待访客用。

五、写字台

写字台也叫梳妆台，供客人书写或化妆用，一般规格尺寸为 120cm×70cm×15cm，数量为一张，上面放有台灯及服务指南、烟灰缸、花瓶等物品，桌子抽屉内放有礼品袋、洗衣袋、洗衣单等。台上方有大块梳妆镜，尺寸是 70cm×100cm，并有镜前灯，供客人化妆或着装时使用。

六、琴凳

琴凳也叫梳妆凳，放置于书桌下方，以不露出桌边的垂直线为准，摆放正中，客人使用时才拖出，尺寸为 50cm×40cm×40cm，数量为一个。但现代酒店多把它加长，以便入住高身材客人时接在床尾，增加床的长度。

七、电视柜

电视柜摆放电视用（有的酒店直接将电视放在书桌上），一般尺寸为 120cm×55cm×65cm，上面放置一个电视机转盘，可以将电视机向不同方向转动，方便客人在不同方向观看电视，数量为一个。柜子的下部可放棉被，也可放置小冰箱。有的酒店将此柜做成组合柜，可放电视、冰箱、咖啡杯具、洋酒、冰桶等。

八、行李柜（或行李架）

行李柜用于放置客人行李，下面空格板可放客人皮鞋或开夜床时放床罩用。一般尺寸为 100cm×55cm×60cm，台面布有防滑条。

九、衣柜

衣柜内有挂衣杆、普通衣架、西装架、裙架等，供客人挂放衣服用，一般规格为 200cm×120cm×55cm，通常放在门道的侧面。有些酒店将酒柜和衣柜连在一起。

以上是标准间常用的家具，如图 2-20 所示。当然不同的酒店根据自身客房空间及设计需要，也会适当增减一些家具。

（a）床 / 圈椅 / 茶几 / 电视柜

（b）壁柜内（熨衣板、衣架、浴袍）　　（c）行李架

图 2-20　标准间常用家具

 想一想
Think It

想一下，不同星级，不同性质的酒店，在客房家具配置上的差异有哪些呢？

任务二 熟悉客房电器

一、门铃

门铃装在客房门内的侧面墙上或衣柜上方隐蔽的地方，供客人来访时呼叫用。现在越来越多的酒店都采用可视门铃，客人在房内可看到来访者，以确定开不开门，具有较高的安全性。如图 2-21 所示。

二、"请勿打扰"（DND）指示灯

该指示灯安装在门铃的下方，显示客人是否希望有人来访或清洁打扫。当红灯亮起时，禁忌去敲房门询问服务项目，一般只有到下午 2:00 以后，才可以通知客服中心或大堂打电话询问或上楼检查"DND"房。如图 2-21 所示。

三、取电器

在进房门后，走廊的左边或右边墙上设有一个像小盒子的物品即取电器，进房后将房卡插入，房内的电源和电器就可以接通上。如图 2-22 所示。

四、电视机

电视机的尺寸和品牌根据酒店的档次来配备，通常标准间电视机的尺寸是 21in。如今酒店大部分都配置液晶电视。

五、冰箱

标准间的冰箱放在酒柜内，一般选用容量为 50L 的小冰箱。套房的冰箱容量在 150L 以上，内放饮料、小食品等，饮料一般为 8 种共 16 听。

六、电话

电话两部，一部放置于床头柜上，一部挂在卫生间恭桶与浴缸之间的墙壁上方，以方便客人在卫生间接听电话。如图 2-23 所示。

七、灯具

客房内灯具较多，数量视客房的大小而定。为了满足客房整体照明与局部照明的需要，就标准间来说，一般有以下品种：顶灯一盏，安装在房间天花板顶部位置；台灯一盏，放在书桌上，可调节明暗；落地灯一盏，置于咖啡桌后方或窗户旁的墙角处，可调节明暗；镜前灯两盏，一盏在客房梳妆镜（书桌）上方，一盏在卫生间洗漱镜上方；床头灯两盏，在床头的侧上方，可调节明暗；房间通道灯一盏，筒灯；夜灯一盏，在床头柜下方；射灯两盏，在酒柜上方；地灯一盏，在进门走廊的左下方或右下方；卫生间筒灯（防雾灯）一盏，日光灯一盏。

八、空调

空调在房间过道上方，隐藏在墙内，只留出风口和吸风口，一般都是中央空调，部分酒店安装独立空调，有冷热开关，可调节风力、温度。

九、换气扇

换气扇安装在卫生间顶部，抽出湿气，输入新鲜空气。

十、吹风机

吹风机装在卫生间的浴镜旁，挂箱式，取下时会自动吹风，挂上后自动断电。也有传统手提式的，安装在云石台下的抽屉内。如图 2-24 所示。

图 2-21 门铃和"请勿打扰"指示灯

图 2-22 取电器

图 2-23 电话

图 2-24 吹风机

 想一想
Think It

想一下，不同星级、不同性质的酒店，在客房电器配置上的差异有哪些呢？

任务三　了解客房内卫生间设备

一、浴缸

浴缸配备一个，一般安装在卫生间门后方，供客人盆浴使用。如图 2-25 所示。

二、面盆

面盆安装在云石台面上，规格为标准尺寸，配备一个，供客人洗脸和漱口使用。如图 2-26 所示。

三、恭桶（马桶）

恭桶配备一个，规格为标准尺寸，安装在卫生间内。如图 2-27 所示。

四、清洁器

清洁器安装在卫生间，供客人便后冲洗下身用。分为脚踏式和自动冲水（感应）两种，每间房一个，大多数酒店的套房才配置，规格为标准尺寸。随着卫生间功能的多样化，越来越多的酒店都在标准间安装了独立淋浴房和卫生清洁器。

五、云石台

云石台安装在卫生间浴镜（图 2-28）下方，用以托置面盆。上面放有为宾客提供的一次性卫生用品，如口杯、洗发水、沐浴露等。

六、浴帘

浴帘与浴帘杆一起安装在浴盆外上侧，白天拉开，开夜床时将浴帘拉至浴盆一半，并将下摆放入浴盆中，供客人淋浴时阻挡水外溅用。规格为 170cm×182cm。

七、浴巾架

浴巾架挂放浴巾用，每房一个，为不锈钢制品，一般规格为 63cm×20cm，安装在浴缸尾部墙壁上。

八、面巾架

面巾架挂面巾用，不锈钢制品，可根据装修风格选定圆形、三角形或直线形等，传统直线形的每房设一个。选用有造型的面巾架，根据房间面巾配备量来确定其数量。

九、厕纸架

厕纸架每房配备一个，装卫生纸用。

十、皂台

皂台为陶瓷制品，配备一个，镶嵌在浴盆侧墙上放香皂用。

十一、面巾纸盒

面巾纸盒为不锈钢件，镶嵌在云石台正侧或两旁任意一侧的墙壁上，摆放面巾纸。也有木制、藤制件等面巾纸盒，直接放在云石台面上。数量为一个，规格与标准纸巾盒相同。

十二、浴缸扶手

浴缸扶手安装在浴缸侧墙上，供客人扶拉用，以防滑倒。

十三、晾衣绳

晾衣绳安装在浴帘杆旁的墙壁上，将绳索拉出时，可供客人晾晒小件衣物。配置一个。如图 2-29 所示。

十四、洗手液盒

洗手液盒安装在云石台侧墙上，通过按钮压出洗手液供客人洗手。大多数三星级酒店都是在云石台上放一个瓷皂碟，放入小香皂来代替洗手液盒。

十五、体重秤

体重秤放在卫生间云石台下供客人称量体重用，健康秤应可称量 120kg 的体重。

十六、挂衣钩

挂衣钩为双耳式，两组，装在卫生间内门面上，供客人挂衣用。如图 2-30 所示。

图 2-25 浴缸

图 2-26 面盆

图 2-27 恭桶（马桶）

图 2-28 浴镜

图 2-29 晾衣绳

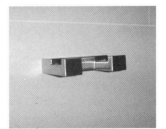
图 2-30 挂衣钩

做一做
Do It

通过上述知识的学习后，请你试着设计并画一下你认为更合理、更新颖的客房家具、电器和卫生间内的设备等图形。

任务四　了解安全设备的配置

为了确保宾客的财产和生命安全，预防火灾和其他安全事件，客房区域必须配置各种安全设备，如：房门窥镜、防盗扣（安全链）、安全指示图、烟雾感应器、自动喷淋、保险箱等装置。

一、门窥镜（猫眼）

安装在房门上，可让客人在门内通过窥视镜（猫眼）观看门外情况。如图 2-31 所示。

二、防盗扣（安全链）

装在房门后门锁旁。客人进入房后，将防盗扣挂上，开门时就能起到防护的作用。如图 2-32 所示。

三、安全指示图（走火图）

安装在房门后与眼睛平行的位置。用来提示客人安全通道和现在房间所处位置。如图 2-31 所示。

四、烟雾感应器

每房一个，安装在房间正中房顶。当房间空气中烟雾达到一定的浓度时自动报警，以便将火势控制在萌发状态，保障客人和客房的安全。如图 2-33 所示。

五、自动喷淋

每房一个，安装在房间顶部，当温度达 62 ～ 65℃时自动喷水灭火，喷水量约为 1t。如图 2-34 所示。

六、保险箱

安装在衣柜内，与柜体紧密相连，客人根据使用说明书自设密码后便可将贵重物品放入其中。如图 2-35 所示。

此外，客房楼道上也应配置安全设施如闭路电视监控装置、自动灭火器、安全指示灯、消防栓、自动报警器等。楼层消防设施如图 2-36 所示。

图 2-31 门窥镜、安全指示

图 2-32 防盗扣

图 2-33 烟雾感应器

图 2-34 自动喷淋

图 2-35 保险箱

图 2-36 楼层消防设施

议一议
Discuss It

请大家议一议：客房有了上面的安全设备就都安全吗？就可以 100% 的保证客房的安全了吗？

任务五 掌握客房内的用品

客房用品又分备用品和低值易耗品，主要指布草、低值易耗品及其他备用品。

一、客房布草

一般情况下，客房内的布草主要有以下几种。

1. 床罩

每房配置两套。

2. 床垫

每房配置两张，与床的平面尺寸一样，铺在席梦思上，上方再铺床单，起防滑和保护席梦思的作用。

3. 床单

一般三星级以下酒店每张床配两张单（垫单、盖单），四、五星级酒店要求配三张单（垫单、盖单、护单）。

4. 枕套

每张床配置两个。

5. 被套

装棉被用，每床配置一个。

6. 枕芯

枕芯为三维卷曲棉或羽绒，每床配备两个。

7. 棉被

棉被选用踏花被或羽绒被。每床一床棉被，尺寸根据床的大小来选择，一般宽在150cm以上。

8. 毛毯

毛毯是西式床的主要保暖设备，每床一条。一般选用纯羊毛，净色，不带图案。

9. 浴巾

浴巾供客人沐浴后用，每房配备两条。

10. 面巾

面巾供客人洗脸或沐浴用，配备量和浴巾相同。

11. 地巾

地巾平时放在浴缸边中央位置，开夜床时放在浴缸前方地上，供客人沐浴后踏脚用，有的酒店还在开夜床时放一条在床侧的地面上。每房配置一条。

12. 方巾

方巾供客人擦手、化妆使用，三星级酒店配备量与浴巾配备量相同，高星级酒店每客配两块。

13. 窗帘

窗帘要求透气性好，美观、大方，颜色以调和色为主，与家具、地毯颜色相协调，图案、颜色最好与床罩一致。质地优良，以棉、麻、丝为主，折皱比例为1:20。

14. 纱帘

白色，有垂感，以棉、麻、丝为主，通透性好，纱帘应常处于关闭状态，折皱比例为1:20。

15. 遮光帘

遮光帘在中间层，与窗帘粘在一块，同时关拉，以黑色或灰色为主。为了有利于客人睡眠，要求蔽光性好，起到遮挡阳光的作用，折皱比例为1:20。

16. 浴袍

浴袍供客人浴后或浴前使用。纯棉或丝绸制品，要求柔软舒适，保暖。

客房卧室摆设及床上用品如图2-37所示。

图 2-37 客房卧室摆设及床上用品

二、其他备用品

客房内的其他备用品,主要包括以下几种。

1．门牌

一个,安装在房门正上方,标注房间号。

2．挂画

根据房间大小来安排,可挂一至两幅。

3．冰桶

配置一个,盛放冰块用,配有冰夹,放在酒水柜里。

4．酒水篮

配置一个,摆放洋酒用,放在酒水柜上,并配有调酒棒和酒杯。

5．烟缸

烟缸为瓷制品或玻璃制品,个别酒店用大理石(云石)或其他防火材料。配备量一般为 3 个,分别放在书桌右上角、咖啡台、卫生间云石台上。

6．垃圾桶

一般选用塑料桶,也有外壁是木制,内壁是不锈钢或藤编的。数量为两个,卫生间一个、房间内书桌下侧一个。

7．服务指南

服务指南一本,介绍酒店各类服务项目,放于文件夹中。

8．文件夹

文件夹为仿皮或真皮制品,每房一本,放宣传单和服务指南等,摆在书桌上。也有的酒店用文件盒,放于抽屉内。

9．饮水器

饮水器一台,放在书桌上(台式)或圈椅旁(立式),可供纯净水或矿泉水。如果酒店没配饮水器,则应配一个暖壶和一个冷水壶,放在咖啡台上的托盘中。

10．茶杯

茶杯两个，白瓷净色为主，放在咖啡台上的托盘中。

11．茶盅

茶盅用来盛放茶叶，配置两个，一个放在茶杯前，另一个放在酒水柜的咖啡杯具前，放糖和咖啡伴侣。

12．果汁杯

果汁杯两个，玻璃制品，放在茶杯旁，供客人喝饮料用。

13．托盘

托盘两个，塑料制品或漆器、不锈钢、木制品。

14．花瓶

花瓶两个，一个放于书桌上，一个放在卫生间。插入鲜花或绿色水竹，供客人欣赏，向客人表示祝福。

15．咖啡杯具

咖啡杯两只、杯碟两只、咖啡匙两把，放于酒柜内。

16．衣架

平衣架4个，挂普通衣物；西装架4个；裤架（裙架）2至4个。放于衣柜内。

17．衣刷

衣刷一把，放在衣柜中，供客人刷衣灰用。

18．鞋拔

鞋拔一把，放在衣柜中。

19．小酒吧

小酒吧放置4至5种洋酒各两瓶、小瓶红葡萄酒两瓶、饮料8种各两瓶、小食品5种。客房起居室摆设及小酒吧用品如图2-38所示。

图2-38　客房起居室摆设及小酒吧用品

三、低值易耗品

低值易耗品，一般分为：卫生间和房间。卫生间低值易耗品一般有：香皂两块；牙具两套，内有牙刷、牙膏；浴帽两盒；洗发水、沐浴露、润肤露、护发素各两瓶；梳子两把；棉签一包；剃须刀一把（可视客人情况变动，两女客可不放，两男客就需加一把）；指甲锉两把；卷纸两卷，一卷安装在厕纸架上，一卷放在备纸架或备纸盒内；面巾纸一盒，放在面巾纸盒内；

卫生袋一盒放在恭桶水箱上，为不透明塑料制品或防水纸制品，供女宾装污物扔入垃圾桶，如男宾入住，则可临时撤去；也有的酒店用消毒袋4个套杯具用，即口杯两个，果汁杯两个；杯垫6个，用于放在杯具下方，即口杯下两个，果汁杯下两个，茶杯下两个，有的酒店用杯垫后可不用消毒袋；恭桶封条一张，恭桶清洁后放在恭桶盖上以示消毒情况，但一般高星级酒店已不使用，以示卫生质量达标，无须示意。

房间低值易耗品，一般有：拖鞋两双，酒店可根据客房档次选择无纺纸质布拖或棉拖，放在床头柜下方；擦鞋纸（布）两张，也有的酒店配亮鞋擦，放在拖鞋旁，供客人擦鞋用；茶叶6包，红茶、绿茶、花茶各两包，放在茶盅里；咖啡、伴侣、糖各两包；火柴一盒，放在茶儿上的烟灰缸里；针纸包一个，放在书桌抽屉内，配有线、纽扣和针；洗衣袋两个，放在衣柜或书桌抽屉中；礼品袋两个，放在书桌抽屉中；铅笔、圆珠笔各一支；便笺夹一个；洗衣单两份；电视节目单一份；宾客意见书两份；"清洁"指示牌一张；大信纸6张、小便笺一本、信封两个；赔偿价

图2-39　免费饮品、杯具、加热壶

目表（纪念品价目表）一张；"请勿吸烟"和"祝您晚安"指示牌各一张；明信片两张；"环保节能卡"一张及各类宣传印刷品等。免费饮品、杯具、加热壶如图2-39所示。

四、陈设物品的配置

客房的陈设品或艺术品的点缀，不仅能够增加客房的美感，还能从视觉效果上增加客房的立体空间感。客房艺术品陈设主要是以摆设品和挂件为主。

1. 摆设品

客房的摆设品主要分两类：一类是能够显现出客房档次和风格的艺术品摆件，如精美的雕刻等；另一类是能够突出客房生机、改善客房环境的摆件，最常见的是植物盆景。

对于艺术品摆件，在装饰设计时，要与客房的整体风格相适应。这里的相适应包括色彩的适应、造型的适应、风格的适应等。在植物选择时，不仅要选择造型优美的，而且还要选择能够净化室内空气、对人体安全无害的，如：佛肚竹、南洋衫、印度橡皮树等。在盆景选择时，切记应该选择无花的盆景。因为，有花的盆景可能会使一些客人过敏，效果适得其反。

2. 挂件

室内装饰艺术品有挂画、小型手工艺品等。挂画，最好选用原创的国画或油画。

想一想
Think It

各酒店客房内的用品配置都会各不相同，你认为客房内的用品除了上述的内容外，还可以有哪些呢？

项目三　客房设计理念与原则
Task Three Guest Room Design Concept and Principles

　　客房产品设计的目的是为住店宾客创造一个良好的住宿环境。作为客房管理人员除了掌握部门日常运营与管理的基本知识和技能之外，还必须树立正确的客房产品设计理念，把握好科学的设计原则。同时，及时了解客房产品的流行格局，研究客房装潢用料、家具及其他装饰品的创新趋势，只有这样，酒店才能规划设计出受顾客欢迎的客房产品。

　　客房产品设计内涵非常丰富，包括在产品设计中如何体现酒店宾客至上的服务理念，如何营造酒店的文化氛围、凸显酒店的特色，如何确立客房档次和风格，如何选择客房的设施设备和用品，如何设计客房的室内环境等。一般酒店客房产品的设计，主要是指客房硬件设施与装饰设计方面，具体包括客房功能设计、客房类型设计、客房设施设备及用品配置、客房室内设计与装饰等内容。

任务一　了解客房设计理念

一、体现个性特色

　　客房是酒店重要的部门，也是与客人联系最密切的部门之一。酒店如果脱离了客房，一切运作都将失去意义。可以说除了前厅以外，客房是酒店给客人留下第一印象的主要场所。随着社会的发展和科学技术的进步，酒店行业得到了快速的发展，酒店市场的竞争也越来越激烈。因此，如何根据自身的实际情况，通过对自有的特色进行创新，增强自身的市场竞争力，是酒店经营管理者们着重考虑的一个问题。特色和创新是客房产品生存和发展的必然趋势。客房产品的创新首先就应在规划设计阶段以"个性化"为导向，树立"人无我有，人有我新，人新我优，人优我变"的设计理念。

二、体现以人为本

　　对酒店来说，客房产品的各个方面都必须是尽善尽美的。为此，酒店在设计装修之初，在每一个环节上都应该注重"以人为本"，根据自身的情况，在宾客的舒适感受与使用方便方面下工夫，充分体现人性化，为客人营造一个舒适、温馨的"家外之家"。

三、有利于酒店服务与管理

客房设计具有完整、丰富、系统和细致的内容，客房设计并非只是设计师的工作，作为酒店管理者也必须参与进去，从酒店运营的规律和客房产品的质量要求出发分析问题、理解问题，只有这样才能营造出为客人提供至尊服务的客房产品。同时，随着时代与技术的进步，酒店面临着不断变革与创新的需求，因此在客房设计上也必须既体现创新与特色，又要有利于酒店服务与管理的原则。

议一议
Discuss It

酒店在对客房设计时，考虑的因素很多，请大家议一议：酒店除了考虑到"个性化、人性化和管理方面"外，还应考虑到哪些方面的内容？

任务二　掌握客房设计的因素与原则

一、影响客房设计的因素

客房产品设计是一项系统的、完整的工作，涉及许多方面的内容，同时也受到多种因素的制约。

1. 酒店定位

影响客房产品设计的主要因素是酒店的定位。酒店定位的内容包括酒店的类型、规模、档次和目标市场等方面。客房产品设计应针对酒店定位的需要，为顾客提供优质、卓越的现代化生活场所。比如：旅游度假型酒店，在客房产品设计上就要考虑到宾客的娱乐和休闲等方面的需求；商务型酒店，一般应具有便利的商务办公条件，以满足客人的商务需要。

2. 酒店的经营效益

酒店客房产品的设计，必须从酒店整体的经营管理角度出发。充分考虑"投入产出"的关系问题，为顾客设计出"价有所值"、"价超所值"的客房产品，同时为酒店经营者设计出别具特色和富有更高经济效率的客房产品。从而体现出酒店管理者和设计师之间的共同智慧。

3. 宾客需求

影响客房产品设计的关键因素是宾客需求。客人入住酒店后，在餐厅用餐的时间大约会有 2 ～ 3h；在休闲区域的健身、娱乐等方面的时间可能会有 3 ～ 4h；而在客房内逗留的时间会远远超过在其他场所逗留的时间，一般会在 8 ～ 12h。所以，客房的室内装修、装饰会直接对客人产生深远的影响和印象，同时也是客人是否选择再次入住的重要因素。

通过对上述影响酒店客房产品设计的因素的分析，可以得出优质的客房产品设计是吸引客人入住的先决条件。

二、客房产品设计的原则

1. 安全原则

安全性是"舒适、健康、效率"的前提。酒店客房的安全主要表现在治安、防火和保持客房的私密性等方面。

(1) 治安　酒店客房治安的重点是加强门窗的安全控制。在门窗设计时既要考虑酒店整体建筑风格、通风采光、客房节能减耗、保护客人隐私的需要，还必须考虑安全的需要。如窗户的设计要考虑大小尺寸、形状，并要配备合适的窗帘装饰；房门配备电子暗码锁及其相匹配的电子磁卡钥匙、房门闭合报警装置。同时客房应配备的其他各种安全设施必须进行周密的设计。

(2) 防火　根据资料统计，城市公共建筑中以酒店的火灾率最高，造成的死亡人数也很大。酒店火灾很大比例是由客人在床上吸烟引起的。客房空间小，失火易充满烟雾而使人窒息。因此，客房产品设计的安全原则首先要把重点放在预防火灾上。

(3) 客房私密性　酒店客房是客人住店期间的私人场所，要求安静，不受人干扰。因此，在设计时应采取一些手段增强客房的私密性，以提高宾客的心理安全感。如走廊上客房房门错开设计，也可采取葫芦型走廊的设计手法，拉大客房门之间的距离，使客房门前形成一个较安静的空间。

2. 舒适原则

客房是客人休息的场所，是客人在酒店停留时间最长的地方。因此，客房的舒适性也就成为酒店客房设计追求的主要目标。"舒适"由无数主观评价合成，不像声音、温度那样有具体的测定数据。来自不同国家、地区的客人，会因各自生活习惯、民族宗教习俗的不同，对客房的舒适性产生不同的主观评价。因此，在客房空间反映、家具与装修创造以及现代设备提供等方面的舒适感上，均需要根据住店客人的习惯进行设计。

3. 健康原则

环境是直接影响客人健康的。噪声公害危害人的听觉健康，照度不足影响人的视觉健康，生活在全空调环境内，会因新风不足、温湿度不当损害客人的健康。因此，客房产品的设计必须遵循健康原则，重视客房环境的隔音、照明及空调设计。另外，客房装修后建筑材料带来的污染问题也不能忽视。

(1) 隔音　客房常处于多种噪声之中，噪声的来源主要有客房内部与外部两个方面。客房内部主要是指在设施设备运行和使用过程中产生的各种噪声，如空调器、淋浴、上下水管流水及冰箱等；客房外部主要是指来自酒店内外部的各种噪声，如来自窗外的城市环境噪声，来自酒店空调机房、排风机房及其他公共活动用房的噪声，来自隔壁房间的声音，来自客房走廊如房门的开关、走廊里工作车的推动、吸尘器的声响以及客人及服务员谈话等。

上述可能出现的噪声，在客房设计时都应提前考虑并加以控制，以保证客人能得到良好的休息。

（2）照明　客房是客人在酒店逗留时间最长的私人空间。客房照明设计的主要出发点是要营造客房"家庭"般温馨的感觉，因而客房的照明要以宁静、温暖和亲切为基调。客房照明艺术以灯光处理为主，基本功能要求照度适当，使客人与服务员都能看得清，看得舒服不费劲，不刺激。

（3）温控　温控上要解决客房室内温度和新风供应等问题。能使人体的体温调节功能处于最低活动状态的环境，就是令人舒适、愉快的环境。现代酒店为了克服多变的气候带来的不舒适感，多数采用人工气候，即采用酒店空调系统来保持一定的温度、湿度和气压，以保证客人的健康。

空调温、湿度设计标准与室外气候有关，各国均有国家规范。我国旅游酒店星级划分与评定标准对此也有具体明确的规定。由于空调系统大量耗用电能、热能或冷能，因此，各酒店应根据我国国情及酒店的实际情况设计不同的空调参数。

新风量是空调设计中的另一个重要问题，实际上是解决二氧化碳浓度的问题，同时还可以减少建筑装修带来的污染。

4．功能和效益相结合原则

客房产品设计的好坏，不仅会影响客房服务质量，还会直接影响客人的心理感觉，并最终影响客人对整体服务质量的评价。因此，在进行客房设计时，应充分考虑建筑空间的处理，家具的制作、摆放，工艺品、电器的选择，以及照明的辐射范围等。但是客房的设施也不能盲目地追求功能上的豪华和完善，应该根据酒店的目标市场和档次，灵活地把客房的实用性和功能结合起来，兼顾酒店的实际的经济效益，努力做到经济实惠。

5．文化与时代精神相统一原则

中国是有着悠久历史文化的国家，不同的地区和民族都有着各自不同的历史、文化背景和独特的风土人情，同时也包括民族特色、地方风格、乡土气息等，往往一幅画、一幅剪纸、一个泥塑等都能体现出不同的文化内涵。如果客房产品的设计能适当的融入一些文化元素，那么酒店便会更加富有精神魅力，就更会体现出客房产品的文化底蕴和品质。当然，文化也不是一成不变的，它必须在发展中才更有其应有的意义和价值。如今科学技术迅猛发展，人们的生活观念、行为方式都发生了很大变化。酒店的客房产品设计必须把时代特征和文化特色相统一，才能更符合不同顾客的需求。

文化和时代精神是客房设计中对立统一的两个方面，过分强调或忽视任何方面都是不可取的。在当今旅游客源成分日益复杂和市场日趋大众化的情况下，创造具有中国特色和时代精神的客房产品设计就显得尤为重要。

想一想
Think It

　　酒店在客房设计中，始终都考虑和遵循着客房设计的因素与原则，你想一想，这样做有必要吗？是不是可以更加开放、大胆一些呢？

项目四　客房空间设计
Task Four Space Design for Guest Room

客房设计的好坏首先取决于对客房空间的设计和客房功能的设计。客房是客人住店期间的主要活动场所，客房产品的品质在一定程度上取决于其功能和空间的好坏，也直接关系着客人需求的满意程度。因此，客房设计应考虑到客房运营的要求及客人活动的规律，也要充分考虑其空间和功能的设计。

任务一　了解客房整体空间布局

客房设计的好坏首先取决于对客房空间的设计，即客房室内空间构图的科学性和有效性。所谓客房室内空间构图就是在建筑结构已经确定的条件下，采用不同的艺术处理手法创造出美好的空间形象，给客人提供舒适、美观、亲切的住宿环境。

一、客房空间的构图

高低、大小不同的空间，能给人以不同的精神感受，如大空间使人感到宏伟、开阔，低矮小巧的空间只要设计得好，也能使人感到温暖、亲切。人们对空间的主观印象，即对空间高低、大小的判断，主要是凭借对视野所及的墙面、天花板、地面所构成的内部空间形象的观感来体察的。基于酒店建筑空间使用效率的要求，除了高档豪华的酒店，一般酒店的客房空间都有一定的局限。因此，客房空间设计既要充分考虑客房功能方面的要求，还必须充分考虑客房的空间分割与构图布局，在客房设计中采用不同的艺术处理手法来丰富空间形象，通过对客房的设施设备、光线照明以及用品等科学的运用，既营造出良好的客房室内氛围，避免压抑感，又做到亲切、细腻。客房设计的艺术处理手法主要有以下几种。

1. 抑扬

"抑扬"的处理手法一般适用于室内空间构图的过渡。客房空间较小，为了给客人造成宽敞的感觉，可以为客房楼层过道设计较低矮的天花板，装上较暗淡的灯光。客人通过楼层过道进入客房后，会有一种突然变大、变亮的感觉，先抑后扬、由小变大、由暗变亮都能够在客人心理上产生一种积极的效果。

2. 延伸

"延伸"的处理手法可以使低矮空间的客房获得较为开阔的视野。客房一般可以利用窗户将室外景物和室内环境结合起来，不仅开阔了室内空间，而且能使客人在客房内欣赏到美妙的风景。近年来，新建的客房一般采用大玻璃窗户，原因就在这里。同时，还可以凭借墙面、天花板和地面的延伸感，改变室内空间的比例尺度。延伸的具体处理手法很多，其重点是尽量利用墙面、天花板、窗户，形成一个诱导视野的面，把室外的景致延伸至室内，使室内外景物互相延伸，丰富观赏层次，形成美好的空间构图形象。

3. 围隔

"围隔"的处理手法一般适用于双套、三套和多套间。客房室内空间比例尺度大，围隔的手法便多种多样。为了给客人造成一个典雅、舒适、亲切的空间构图形象，可以根据需要，采用折叠门、墙壁、镂空、垂幔，将卧室和会客室隔断。也可以用屏风、家具、花草、灯光等手法，营造一个独立的空间和氛围，以便于客人促膝谈心。双套间客房可以用家具、屏风将会客间和书房的某一局部空间围隔起来，使会客、读书写字的空间分隔。同时注意和墙面、天花板、地面的艺术处理手法结合起来，以形成一个温馨、舒适的空间。

4. 渗透

"渗透"的处理方法一般适用于单间客房和卫生间等小尺寸的空间。一般通过借用镜子的照射功能等手段，给人以空间扩大的错觉。如卫生间面积较小，室内空间有压抑感，可以在墙面安装大镜子，室内空间就似乎增加了一倍，给客人以开阔、舒适的感觉。标准间客房在写字台前安装较大的镜面，不仅方便客人梳妆，而且也将室内局部景物加以"渗透"，丰富了室内的空间构图。

二、客房空间的分区和均衡

客房室内空间设计可以根据功能的不同分为几组不同的活动区域，它们既有自己局部的艺术特色，又相互联系，成为一个完整的空间构图形象，这样既有利于提高内部空间使用效率，又可以使几个空间交隔布局。客房室内空间设计在分区的基础上要注意各个分区之间的均衡感。由于各个分区之间的面积较小，因此，空间均衡感的构成有赖于室内空间各个分区面积的分配，有赖于各个分区的设施设备和用品在其本身形体、重量、色彩等方面所表现出的均衡，也有赖于客房陈设布置是否适当，以及结构体系和整个风格的一致性。它们都以整体的存在作为自身存在的基础，同时又以本身的体量作为总体空间构图的一部分。也就是说，在功能分区之前，首先要根据客房面积的大小、分区功能的需要，从室内空间构图的整体形象出发，设计好各个分区所占用的面积、需要配备的设施设备、用品及陈设布置的艺术手法等。

三、客房的重点空间设计

在进行客房室内空间设计时，为了强调室内功能，常常要通过某些艺术处理手法突出重点空间，形成空间的特殊氛围。客房卧室空间设计的重点在客人的睡眠区和靠窗户的客人起居活动区。睡眠空间主要有床和床头柜，不仅要做到舒适，而且要均衡、美观，两个床位之间的通道尺度要合理。起居空间往往是客人休息、阅读、谈话的地方。因此，要留出一定的空间，摆上茶几、扶手椅，再配上落地灯，形成一个温馨、舒适的氛围。卫生间空间设计的重点在洗脸台。洗脸台设计要合理、美观，墙面安装大玻璃镜子，一方面方便客人梳洗化妆，另一方面也能使卫生间宽大、舒朗。

议一议
Discuss It

客房在对整体空间的构图、分区设计上，把重点的空间设计放在起居、睡眠和卫生间上，你觉得对吗？

任务二　熟悉客房室内功能空间设计

客人入住客房，一般都会有睡眠、盥洗、储存、书写、起居等方面的需求，因此，在客房室内功能设计与空间布局上，必须据此相应地划分出睡眠、盥洗、储存、书写、起居五个基本区域，使客房具备睡眠、盥洗、储存、办公、起居方面的功能，满足客人的需求。

一般酒店客房在设计时，都会考虑到今后客人在房间的居住或使用上的便捷和舒适。具体空间情况如下。

一、睡眠空间 (Room Space)

睡眠空间（图 2-40）是客房最基本的空间。最主要的家具是床。对于床的质量，一般要求是床垫与底座要合适并有弹性，而且要坚固，并可以方便移动。设计上要有优美的造型。一般酒店客房床的床头后侧都会设有床头软板，以增加舒适感。

在床的两边设有床头柜，可以让客人摆放一些小物品。现代酒店的床头柜可以满足客人在就寝期间的各种基本需要，床头柜上设有：床头灯、电视机开关、夜床灯、房间所有灯的开关、音响选频及音量调节开关、时钟和电话机等。

二、盥洗空间 (Toilet Space)

客房的卫生间也就是客人的盥洗空间。主要的卫生设备有座便器（马桶或带冲洗器）、洗脸盆、浴缸。浴缸应带有淋浴喷头及浴帘，底部采用光面毛面相间的防滑措施，上方墙上有浴巾架及晒衣绳盘，坐便器旁装要有卫生纸架。有的豪华房间里，在座便器旁设有下身冲洗器。洗脸盆设在大理石的台面里，并在墙面上配有大块的洗漱镜（有的酒店洗漱镜中间后部设置为热感处理，可以防止雾气的影响），有的酒店大镜面里镶嵌有放大镜，以供剃须使用。台面上可放置各种梳洗、化妆及卫生用品。在洗脸台侧面墙上，设有供应各种直流电的插座（一般为 110V 和 220V 两种），110V 一般是供客人使用电动剃须刀的。

卫生间应有通风换气位置，地面有泄水的地漏口。但是现代酒店为了防止地漏返臭味，逐渐出现取消地漏的趋势。如图 2-41 所示。

三、储存空间 (Storage Space)

储存空间是为客人提供存放私人物品、衣物、小件行李等物件的地方，如图 2-42 所示。这一空间的家具设备一般情况下主要有以下几种。

1. 壁橱

壁橱大多设在客房入口处的过道旁，也有的设在客房内的其他位置。壁橱的宽度应不小于 100 ～ 105cm，进深应不小于 50 ～ 55cm，挂衣杆离底面的高度不小于 165 ～ 170cm，上面应有不小于 7.5 ～ 8.0cm 的空间，橱门以推拉式为宜，橱内要有照明灯，橱内照明灯应能随橱门的开关而亮灭，既方便客人存取物品，又保证安全。壁橱内一般都有格架，用于存放客房的备用品，如被子、毛毯、枕头等。

2. 保险箱

高档次的酒店客房内部配有小型保险箱，供客人存放贵重物品。保险箱摆放的高度要适中，以避免客人存取物品时弯腰跪地，保险箱通常放置在壁橱内或其他隐秘处。

3. 行李架

行李架一般高 45cm，宽 65cm，长 75 ～ 90cm。行李架的设计应注意防止金属器件的损害，也应注意对客人行李的保护作用。

4. 酒柜

专用于摆放客房小酒吧（Minibar），向客人提供酒水、饮料等。

四、书写空间 (Writing Space)

书写空间是指客人书写、阅读及办公的区域。对于标准间来说，书写空间一般会设置在床的对面。沿墙摆放一组柜台，其中包括写字台兼做梳妆台，宽为 40 ～ 50cm，高为 70 ～ 75cm（或根据具体房型而议）。配备一张靠背椅或梳妆凳，在写字台对面的墙上安装一面梳妆镜。近年来许多酒店的做法是：不再使用长条组合柜台，取消床对面的墙上的镜子（这种做法不够大方，而且显得庸俗，有些客人忌讳将镜子对着床），而是用多功能的橱柜来摆放电视机、DVD 影碟机或其他物品，将写字台独立出来摆放在面前，这样客人使用起来更加方便和舒适。通过这种调整，整个房间显得更加美观、整齐，既改善了视觉效果，又增强了客房的方便性、实用性和舒适度。如图 2-43 所示。

五、起居空间 (Living Space)

一般的标准间的起居空间，通常设在房间内的窗前区，这里会放置圈椅、休闲椅和茶几，供客人会客或休息、饮食等使用。客人也可在此饮茶、吃水果及看杂志等。

酒店客房除了上述 5 个空间区域及配套家具设备外。客房内还有其他一些设备和装置，如：中央空调和消防报警装置。空调有中央空调和分体空调等，酒店大多使用中央空调。其用途是调节室内的温湿度，净化室内空气。消防报警装置有烟感器和温感器，烟感器的作用是当室内的烟雾浓度达到一定标准时能自动报警，温感器的使用是当室内温度达到一定标准时能自动报警。

随着科技的进步以及酒店业的蓬勃发展，酒店客房的布局及设备的配备方面也在不断地变化和革新。酒店客房不断提高设施设备的档次，更加人性化，更加能够满足不同客人的需要。如图 2-44 所示。

图 2-40 睡眠空间

图 2-41 盥洗空间

图 2-42 储存空间

图 2-43 书写空间

图 2-44 起居空间

 想一想
Think It

作为一名客房部员工，熟悉客房室内功能空间的设计情况，对自身的工作有帮助吗？为什么？

项目五 客房装饰知识与发展趋势
Task Five Guest Room Decoration and Trends

客房的装修、装饰会对客人产生深远的影响，是客人是否选择再次入住的重要因素。如今，酒店的经营者已越来越注重对酒店的更新改造，目的就是让住店宾客感觉常住常新。随着中国酒店业的腾飞和迅速发展，各种类型的酒店如雨后春笋般地落成。酒店装饰作为酒店不可分割的一部分也随之发展起来。如果留意一下近几年来新建或改建的酒店客房，就会发现酒店客房装修正在悄悄发生变化，客房的装修和设施向更能满足宾客的需求和实用以及人性化方向发展。

任务一 了解色彩知识

一、色彩的概念

在人们的视觉感知过程中，色彩是比形体更令人注意的现象，它不仅能影响人的情绪，更能够制造出氛围和情调。因此，如何创造生动而协调的酒店客房室内色彩效果，是酒店客房管理者必须研究的一个重要课题。

1．色彩的分类

色彩可以分为无彩色系和有彩色系两大类。无彩色系是指白色、黑色或由白黑色混合而成的各种深浅不同的灰色。无彩色系的颜色只有一种基本属性——明度，它们不具备色相和纯度。有彩色系又称彩色系，是指不同明度和纯度的红、橙、黄、绿、青、蓝、紫等颜色，即视觉能感受到的单色光特征的色彩都属于有彩色系。

2．色彩的三要素

有彩色系的色彩都具有三个基本要素，也叫三种属性，即色相、明度、彩度。

（1）色相　色相是色彩的相貌（或叫色别），是区别各类色彩的名称。一般来说，能确切地表示某种颜色色别的名称都代表着一种色相。自然界可以用肉眼辨别的颜色有许许多多种，但最基本的只有红、黄、蓝三色，色彩学称之为"三原色"。三原色之间按一定比例可以调配出各种不同的色彩，而其他色彩无法调配出原色。仅两种原色调出的色彩，称为间色，如红加黄产生橙色，红加蓝产生紫色，黄加蓝产生绿色。三种原色成分都包含的色彩称为复色，如棕色、土黄色、橄榄绿等，自然界中以复色居多。

(2) 明度　明度是指色彩的明暗程度，也称色的亮度、光度、深浅度。不同色相有明度区别，如光谱中黄最亮，明度最强；紫最暗，明度最低。同一色相也有明度区别，如同样是绿，深绿比浅绿明度低；同样是红，深红比浅红明度低。

(3) 彩度　彩度指色彩的饱和度，即纯净程度，因此也称为纯度。一种色彩越接近于某个标准色，越醒目，彩度也越高。标准色加白色，彩度降低而明度提高，标准色加黑色，彩度降低而明度也降低。过高的彩度，容易使人眼睛产生疲劳感。所以，一般只有标志或点缀物才采用高彩度的色彩。

3. 色调

色调即色彩的品名，色彩一般有红、橙、黄、绿、青、蓝、紫七色。色彩又可分为暖色与冷色两类。红、橙、黄之类称暖色。蓝、绿、紫之类称为冷色。冷色能给人带来宁静、遥远、轻快的心理效果；暖色能给人带来温暖、亲切、热烈、活跃的心理效果。

4. 色彩的协调

色彩的协调给人以舒适、愉快的感觉，反之则使人不满、烦闷与失望。色彩的协调有调和色的协调与对比色的协调两种。

(1) 调和色的协调　调和色是同种色调改变明度与彩度而得来的系列色。把这些色彩同时用于同室内很容易获得协调的效果。低彩度的、不同色调的色彩同时用于室内往往也能获得调和色的协调效果。

(2) 对比色的协调　对比色有红色与绿色、黄色与紫色等。"万绿丛中一点红"则是生活中对比色协调的例子，其原因在于对比色的运用必须有一定的面积差。在客房室内设计中，往往采用大面积的背景色彩，然后在局部地方采用小面积的强烈的对比色，可取得十分协调的效果。

5. 色彩的对比

两种颜色并列相映的效果之间所能看出的明显不同就是对比。在客房设计装饰时，色彩对比的运用主要有以下 3 个方面。

(1) 色相对比　色相对比就是未经混合的原色以最强烈的明亮度来表示。这种色彩运用的特点就是表现鲜明突出，色彩能够相互作用和相互影响。在实际运用中，如果让一种色相起主要作用，少量其他色相作为辅助，那么就会得到非常有趣的效果，着重使用一种色彩会提高它的表现力。

(2) 明暗对比　白昼与黑夜、光明与黑暗，这种规律在人类生活和自然界中具有普遍意义。黑色与白色是最强烈的明暗对比，它们的效果是对立的，在它们之间有着灰色和彩色的领域。如具有白色墙面、天棚和沙发的客房，配上暗色的茶几、门扇与黑白相间的挂画，构成明暗对比十分强烈的爽朗、明快的环境气氛。

(3) 冷、暖色的对比　色彩有冷、暖之分。很多试验证明，人们对冷、暖的主观感觉在冷暖色调下相差很大。如人们在蓝绿色的房间里工作，15℃ 时就感觉到寒冷，而在橙红色的房间里工作，11 ～ 13℃ 时才感到寒冷。因此，朝北的房间由于缺少阳光，一般需用明快的颜色，而朝南的客房则需要较冷的颜色。

二、客房色彩的设计与运用

客房装饰给人的舒适感主要来源于色彩的选择。因此，在客房设计时，应根据客房的不同功能空间设计不同的颜色，尽量给客人创造温馨舒适的空间。客房内色彩的构成因素繁多，一般有家具、纺织品、墙壁、地面、天花板等。为了平衡室内错综复杂的色彩关系、使色彩总体协调，可以从邻近色、同类色、对比色及有彩色系和无彩色系的协调配置方式上寻求其组合规律。由于客房室内空间的有限性，调和色彩的协调方式在客房色彩选择上往往使用较多。

1. 家具色彩

家具色彩是客房色彩环境中的主色调，常用的有两类：一类明度、纯度较高，其中有淡黄、浅橙等偏暖色彩，还有象牙白、乳白色等偏冷色彩，明快光亮、纯洁淡雅，使人领略到人为材料的"工艺美"。这些浅色家具体现了鲜明的时代风格，越来越为人们所欢迎。另一类明度、纯度较低，其中有表现贵重木材纹理色泽的柚木色（棕黄）、栗壳色（褐色）、红木色（暗红）和橡木色（土黄）等偏暖色彩，还有咸菜色（暗绿）等偏冷色彩。这些深色家具显示了华贵自然、古朴凝重、端庄大方的特点。

家具色彩力求单纯，最好选择一色或者两色，既强调本身造型的整体感，又易与客房室内色彩环境相协调。如果在家具的同一部位上采取对比强烈的不同色彩，可以用无彩色系中的黑、白或金银等光亮色作为间隔装饰，使家具过渡自然，对比协调，既醒目鲜艳，又柔和优雅。

2. 纺织品色彩

床罩、床裙、床巾（床旗）、沙发坐椅面层、窗帘等纺织品的色彩也是客房内色彩环境中重要的组成部分，一般采取明度、纯度较高的鲜艳色，以此渲染室内浓烈、明丽、活泼的情感气氛。在与家具等的色彩配合时，可以采用色相协调，如淡黄的家具、米黄的墙壁，配上橙黄的床罩、台布，构成温暖、艳丽的色调；也可以采用相距较远的邻近色作对比，起到点缀装饰的作用，获得绚丽悦目的效果。纺织品的色彩选择还应考虑到环境及季节等因素。对于光线充足的房间或是在夏季，宜采用蓝色系的窗帘；如在冬季或光线暗淡的房间，宜采用红色系的窗帘，写字台可铺冷色调装饰布，以减弱视觉疲劳和视觉干扰。

3. 墙壁、地面、天花色彩

墙壁、地面、天花色彩通常充当室内的背景色、基调色，以衬托家具等物的主色调。墙壁、屋顶的色彩一般采用一两个或几个淡色，有益于表现室内色彩环境的隐显关系、主从关系及空间的协调感、深远感、体积感、浮雕感和整体感。在客房室内配色中，一般房顶天花板的明度最强，墙面次之，地面明度最低。浅色能使房间显得大，而深色则相反。

任务二 了解照明知识

一般酒店的客房照明设计都会根据客房内不同的使用功能空间所需要的照度和照明质量以及所需要创造的室内空间气氛而设置。在尽可能节约用电的前提下，正确选用光源品种和灯具，确定合理的照明方式和布置方案，创造出良好的室内环境。

一、照明概述

1. 客房光源

光是创造室内视觉效果的必要条件，为了进一步创造良好的客房室内视觉效果，展现客房空间，增加客房内环境的舒适感，必须对酒店客房的光线进行设计。

（1）自然采光　光源的类型可分为自然采光和人工光源两类。自然光源是将自然光引进室内的采光方式。自然光除了给人亲切感、舒适感之外，最大优点是节能。室内自然采光一般有侧面光与顶面光两种方式。虽然顶部采光照度比侧面光照度高三倍，但由于客房的建筑格局多采用侧面光。客房门窗就是侧面光的主要通道。因此，在客房自然采光的设计中，一般都需要科学、有效地对客房门窗进行设计。

（2）人工光源　人工光源即人工照明，包括各种电源灯。现代照明光源几乎都是以电能作为能源。用于照明的电光源，按发光原理分为白炽灯和荧光灯两大类。白炽灯是通过灯内的钨丝升温而发光的，由于钨丝的长短、粗细不一而产生不同的光，其光色偏于红黄，属于暖色。荧光灯是靠低压汞蒸汽放电而产生紫外线，紫外线再刺激管壁的荧光物质而发光的。荧光灯的光色分为自然光色、白色和温白色三种。自然光色是直射阳光和蓝色空光的混合，其色偏蓝，给人以寒冷的感觉；白色的光色接近于直射阳光，温白色的光色接近于白炽灯。

2. 照明方式

照明方式是对照明灯具或光源进行布置的方式。不同的照明方式营造不同的照明效果，不同程度地提高和改善视觉功能。

（1）按灯具的散光方式，照明可分为直接照明、间接照明、散射照明和混合照明等多种方式。

（2）按灯具的布置方式，可分为一般照明、分区一般照明、混合照明和局部照明。

二、照明设计的基本原则

客房照明设计应遵循以下原则。

1. 安全性原则

安全性主要是指装饰照明设施的安全，包括维护和检修方便、运行安全可靠并能有效地防止火灾和电器事故的发生。

2．适用性原则

适用性主要是满足客房不同功能空间的使用要求。具体表现在照明的舒适感和艺术效果两个方面。

3．经济性原则

照明的经济性是指确定光源、照明灯具、照明设备时，应根据实际要求，以最小的投入获得最好的照明效果，同时在设计中应采用相应的措施来提高照明的节能水平。

4．先进性原则

技术先进是指选择的光源在额定电压和额定电流下工作具有最好的效果。即在额定的电流下所消耗的功率较少，发出的光量高、光色较好、使用的寿命长等。

5．艺术性原则

照明设计除了关注技术、适用、经济、安全等因素外，还应注重酒店客房空间的装饰及环境美化的作用。通过照明设计丰富空间层次，充分展示被照物的形式美、材质美，充分利用光色与空间色彩的搭配烘托客房氛围、美化空间环境，充分利用光影的变化，创造特有的室内意境，以增加客房的艺术感染力。

三、照明设计要点

照明设计包括：确定照明方式和照明种类，正确选择照度值；选择光源、灯具类型，并进行合理的布置；计算照度值，确定光源的安装功率；选择或设计灯光控制器等内容。具体讲，重点有以下几个方面。

1．照明方式、照明种类的选择

客房内照明一般有整体照明、局部照明和混合照明三种方式。整体照明是指对整个室内空间进行照明的一种方式，又称主体照明或一般照明。在选择主体照明时应注意，一间 $15m^2$ 的房间只需一只 60W 的白炽灯或一只 40W 的日光灯即可。面积不超过 $20m^2$ 的客房不宜采用较大的灯具。作为主体照明灯具一般选用吊灯或吸顶灯等。

客房内不同部位照明的要求也不同，局部照明就成为客房常用的照明方式，即局限于某个部位的固定的或移动的照明，它只照亮一个有限的工作区域。客房卧室一般在床头、写字台、衣柜、坐椅、过道、化妆镜和穿衣镜等处都设有局部照明的灯具。

混合照明是将整体照明与局部照明相结合的照明方式。现代客房对这两种照明方式的结合要求越来越高，也是普遍采用的形式。客人希望在主体照明下，把房间室内照亮的同时，又能根据客房空间使用的不同要求，利用台灯、壁灯、落地灯、筒灯等进行局部照明，同时利用射灯等对花、画、工艺品进行重点照明，使室内明暗层次丰富，产生多重空间效果。这样的灯饰布置，既满足了使用要求，又能渲染出一种宁静、高雅、神秘、含蓄的客房气氛。

2．灯具的选择与布置

灯具的选择，一要与客房空间环境的体量、形状协调，要考虑到客房空间的用途；二要注意灯具的利用效率，节能效果；三要与酒店的整体风格、特色协调，与客房室内装修风格相匹配；四要注意安全可靠，要方便日常清洁保养与维修；五要有助于提高酒店客房设计的艺术感染力。

灯具的布置就是确定灯具在酒店客房内的空间位置，它对照明质量有着重要的影响。光投方向、照度的均匀性、眩光、阴影等都直接与灯具的布置有关。灯具布置时也要注意灯具的间距、灯具的悬挂高度、灯具与墙的距离，还要注意灯具与顶棚的距离。

3. 照度的确定

照度是指物体单位面积上所获得光通量的多少，单位是勒克斯 (Lx)。客房照度包括房间照度和卫生间照度两方面。按照国际照明学会标准，客房照度一般为 100Lx，近年来推荐客房的照度标准为 50～100 Lx。客房的照度可低些，以体现懒散甚至静谧的特点，而卫生间的照度要求则越来越高。某些区域的局部照明则应该提供足够的照度，比如：梳妆镜前的照明、床头阅读照明等可取 300 Lx 的照度值；最被忽略的写字台书写照明的照度则要求200 Lx。目前有的酒店客房内还提供书写台灯（通常是用装饰性台灯代替）给客人。

4. 光色、色温设计

光色是指人眼观看光源所发出的颜色，通常指灯光的颜色。光色取决于光源的色温。不同的光源色温具有不同的环境气氛。低照度水平的白炽灯色温低，具有温馨、宁静、亲切的气氛；高照度的荧光灯色温高，具有凉爽活跃、振奋的感觉。人们对光色感觉的舒适程度还与照度水平有关，一般低色温高照度有闷热感而高色温低照度又有阴晦的气氛。因此，适宜的光色应根据客房空间的不同功能、所需创造的环境气氛进行选择。如客房色温一般要求在 3000K 左右；在卧室用 3500K 以下的光源；在卫生间用 3500K 以上的光源；而在卧室需要暖色调，在卫生间需要高色温。

议一议
Discuss It

　　酒店客房内的灯光在设计时，会充分考虑到客人的视觉感受。你觉得如果客房内灯光为"七彩颜色"的，这样的设计合理吗？客人的感受会怎样呢？

任务三　客房设备配置和设计装饰的发展趋势

一、客房设备配置的发展趋势

客房作为酒店出售的最重要的有形商品之一，设备设施是构成其使用价值的重要组成部分。科学技术的发展及宾客要求的日益提高促使酒店客房设备配置出现了一些新的变化趋势，这些变化趋势主要体现在人本化、家居化、智能化和安全性等几个方面。

1. 人本化趋势

作为现代化的酒店，在客房设备配置上应体现"以人为本"的原则。以人为本就是要从宾客角度出发，使客人在使用客房时感到更加方便，感受更加舒适。比如：传统的床头控制板正在面临淘汰，取而代之的是"一钮控制"的方式，也就是说，客人晚上睡觉时只需按一个按钮就可将室内所有需要关掉的电器、灯光关掉。又如，客房中的连体组合型家具不但使用起来不方便，而且使得酒店客房"千店一面"，而分体式单件家具可以使客房独具特色。住宿时间稍长的宾客还可按自己的爱好、生活习惯布置家居，岂不惬意？

2. 家居化趋势

酒店客房家居化趋势首先体现在客房、卫生间空间加大上，其次是通过客用物品的材料、色调等来增强家居感，比如多用棉织品、手工织品和天然纤维编织品，普遍放置电熨斗、烫衣板。越来越多的酒店在卫生间单独设立淋浴房，采用玻璃或有机玻璃箱体将浴缸和淋浴房分开，使用电脑控制水温的带冲洗功能的恭桶。另外，度假区酒店更是注重提供家庭环境，客房能适应家庭度假、几代人度假、单身度假的需要，儿童有自己的卧室，电视机与电子游戏机相连接等。

3. 智能化趋势

可以说智能化趋势的出现把人本化的理念体现得最为淋漓尽致。因为，在智能化的客房中，宾客可以体验如下美妙感受：客房内将为客人提供网上冲浪等服务，客人所需一切服务只要在客房的电视电脑中按键选择即可，客人更可以坐在屏幕前与商务伙伴或家人进行可视的面对面会议或交谈，宾客可以将窗户按自己的意愿转变为辽阔的大海、绿色的草原、美丽的沙滩，还可在虚拟的客房娱乐中心参加高尔夫球等任何自己喜爱的娱乐活动，房间内的光线、声音和温度都可根据客人个人喜好自动调节。

4. 安全性日益提高

安全的重要性是不言而喻的，但这需要更加完善的安全设施加以保障。比如客房楼道中的微型监控系统的应用、客房门上的磁卡门锁系统，将以客人指纹或视网膜鉴定客人的身份。客房中安装红外感应装置，使服务员不用敲门，只需在工作间通过感应装置即可知客人是否在房间但却不会显示客人在房间中的行为。另外，床头柜和卫生间中安装紧急呼叫按钮，以备在紧急情况下酒店服务人员与保安人员能及时赶到。这些设施大大增强了客房的安全性，同时不会过多打扰客人，使客人拥有更多的自由空间而又不必担心安全问题。

二、客房设计装饰的发展趋势

新建或改建的客房室内设计与装饰的发展趋势表现在以下几方面。

1. 扩大景观视野

窗台的下移，以增加视野及采光面，有的采用落地窗，外观上体现了现代建筑的风格。如图 2-45 所示。

2. 采用新型灯源

房内灯光向顶灯、槽灯方向发展，容易损坏的床头摇臂灯、占地空间大的落地灯越来越少被采用。房间内越来越多地采用节能光源，同时也有将壁橱灯移出、利用走道灯做衣柜照明的做法。

3. 方便客人

客房设计与装修越来越重视客人的方便性。如随着宾客使用电器的增多、便携电脑上网的普及，客人使用电脑、电话、电源等插座的概率越来越高，为了方便客人的使用，酒店在新建或改建过程中，往往将客房内的电源插座、电话插座等抬高，从原先安装在写字台下移到写字台上，同时增加插座的数量。

4．卫生间扩大，功能增加

卫生间以前只是洗澡及方便的地方，现在有的增加了淋浴房，有的通过透明玻璃隔断

图 2-45　扩大景观视野

图 2-46　卫生间扩大，功能增加

可以观看卧室内的电视，在卫生间听音乐也较流行。这些设计充分体现了现代人的享受主义观念。如图 2-46 所示。

5．采用绿色环保卫生洁具

卫生间的抽水马桶一般都采用了节水静音型产品，有的抽水马桶可根据需要分大、小水量冲洗，体现了当前环保节能的潮流，有的酒店还增设了抽水马桶冲洗器，满足了客人的卫生和享受需求。原有的卫生间木门也悄悄发生了变化，门下部的透气百叶栅格也被下部离地 2cm 的缝隙代替了，既降低了装修成本，又利于清洁工作，同时，也有利于卫生间的私密性。

6．客房用品更新换代

卫生间台板上香皂、洗发露等不见了，取而代之的是墙上的液体皂、沐浴露。客人要用多少取多少，这也体现了节约和绿色环保的功能。

总之，随着科技进步，新材料、新技术的不断涌现，酒店客房将会向更舒适、更节能环保、更人性化的方向而发展。

做一做
Do It

当今酒店客房的种类在不断地增加和变化中，设计出一个新颖、舒适、合理的客房来，会使客人体会到入住的温馨感。同时，也凸显出酒店的设计特色。

请你通过知识学习或网络查找，再试着设计几种"特殊类型"的客房。

思考与训练
Practice and Drills

 **思考问答** Review Questions

1. 描述客房可采取哪些绿色措施。
2. 简述按"房间位置"划分的客房类型。
3. 简述客房设计的原则。
4. 描述标准间客房物品的配置情况。
5. 试述卫生间设计的发展趋势。
6. 简述照明设计的原则。
7. 试述客房设备配置发展的趋势。

 **单项选择** Individual Choice

复习本模块课程内容，请将正确答案的选项填写在横线上。

1. 按照房间的"位置"来划分。从客房窗户能看到外部美丽的景观，视野开阔，这样的房间叫_____。

A. 角房　　　　B. 内景房　　　　C. 外景房　　　　D. 豪华房

2. 在客房空间设计中，_____是客房最基本的功能空间。

A. 起居空间　　B. 睡眠空间　　C. 盥洗空间　　D. 储存空间

3. 具有"冷光源"效果的灯具，一般在客房照明设计中会安装在_____。

A. 卫生间　　　B. 床头柜　　　C. 写字台　　　D. 卧室

4. _____的处理方法一般适用于单间客房和卫生间等小尺寸的空间。

A. 抑扬　　　　B. 渗透　　　　C. 延伸　　　　D. 围隔

 **案例分析** Case Study

给客人折扣中的学问

某市某外贸出口公司的昃经理到天津办事，在海运大酒店办理住店手续时，要求房间给予优惠。经请示经理同意打八折，并在住房单上写明。

第二天早晨客房服务员小金进客房后发现客人昃经理没有起床，经询问才知客人的老毛病肩周炎突然发作了，肩部疼痛，两手不能动弹。小金于是和另外的服务员小王商量以后，劝那位昃经理不要着急，并答应另外利用业余时间帮助他解决日常生活中的不便之处。昃经理在天津举目无亲，既然有人肯热心相助，他就安心在店内休息下来。

在昃经理住店一周期间，小金和小王几次送他去医院就诊，还帮他发邮件、打电话等。

戻经理心里很感动，屡次坚持要付给他俩小费以表谢意，但都被婉言谢绝。

当离店结账时，戻经理坚持取消八折优惠，要求改按全价支付住宿费，因为他觉得住在这样的酒店，得到如此的超值服务，支付全价完全值得而且是理应如此的。

讨论：

1. 戻经理为什么最后离店时，坚决要取消自己打折的要求？

2. 两位员工的举动，要是换做你，应如何去做呢？

分析：

酒店在房费等方面打折扣的做法，除了是市场促销的需要，还是酒店高层管理人员对某些客人表示的尊重。几乎所有的酒店都有这方面的内部规定。但应该注意的是：给予客人折扣以后决不能降低服务质量，同时切忌把给客人的优惠放在嘴巴上讲，否则客人听了会感到受了侮辱，产生不良的影响。

海运大酒店不少住客（包括上述案例中的戻经理在内）表示主动放弃优惠的原因在哪里呢？那是由于该店的员工广泛开展"对客人要有爱心，服务工作要精心、细心、耐心，处处让客人放心"的"五心"活动，并且把这一活动与评选"礼貌大使"、优秀员工、服务技能创新能手结合起来，还在前台设立了评选意见箱和意见簿，及时对客人提出的意见加以分析，研究改进措施，并对员工开展活动的情况定期进行检查评比。

难怪不少客人在第一次时要求给予优惠，但以后由于酒店服务质量高，他们对酒店产生好感后，有的在再一次前来住店时就不再要求给予折扣；有的在结账时主动提出按全价付房费。可见单纯用折扣优惠的办法来招徕客人是不可取的。因为，客人如果对酒店的服务有意见，那么尽管得到房费优惠，也还是会被气跑。

 **实训练习**
Training Exercises

项目名称： 参观不同星级、档次的酒店客房。

练习目的： 使学生身临其境，以实物、实景形式，详细了解和掌握现实酒店中的客房设计情况。

实训内容： 通过参观星级酒店客房的设计，充分掌握实际酒店客房中的各项设计标准、色彩、配置等方面的内容。

测试考核： 参观结束后，写一篇题目为"我心中的客房"的文章。

 **知识拓展**
Knowledge Development

威斯汀酒店客房的"天梦"系列设计

喜达屋酒店管理集团的威斯汀酒店"天梦之床"成功推出就横扫了全球。很快，几乎所有的主要酒店都开始效仿，打造自己的"品牌睡床"，这一趋势波及了全世界旅馆业的五百多万张睡床！

威斯汀全球品牌管理副总裁 Nancy London 介绍道，"我们非常骄傲，10 年前威斯汀的'天梦之床'永久改变了旅馆业的睡床。时至今日，威斯汀的睡床以及天梦家居系列品牌仍在茁壮成长。自天梦之床诞生伊始，我们就强调要在新的零售物品、服务项目中，多给客人们一些天堂感受。而这一回馈理念，也为威斯汀赢得了无数的信任与忠实的回头客。"

赢得了良好的住客反馈和无与伦比的媒体关注后，"天梦"很快成为威斯汀的同义词。之后 10 年间，威斯汀又推出数款天梦新品，包括 2000 年的天梦儿童床、2001 年的天梦淋浴喷头、2002 年的天梦狗狗床和 2008 年的天梦 SPA 品牌。

"改变一切"的睡床诞生之后，威斯汀仍继续寻找各种方式，承诺帮助客人达到身心健康，"让客人离开时感觉比到达时更好"。去年，威斯汀揭幕位于芝加哥 River North 的概念房，再次掀起一波关注热潮。这一概念客房其实是个客房实验室，旨在以一系列独家高科技设施将时差和睡眠干扰减小到最低。

模块三
客房清洁和保养
Module Three Room Cleaning and Maintenance

学习目的
Learning Objectives

（1）了解客房清洁前的准备工作；

（2）了解客房客房清洁程序与标准；

（3）了解客房服务员应具备的客房基本技能；

（4）了解客房计划卫生的相关内容。

知识与技能掌握
Knowledge & Skills Required

（1）熟知客房服务员着装仪表的要求和标准；

（2）熟知客房清洁前准备工作、房态、清洁整理的基本方法和注意事项；

（3）掌握不同房态的客房的清洁程序和标准；

（4）掌握客房"夜床服务"的程序和标准；

（5）客房清洁中常见问题的处理方法；

（6）掌握"中式铺床"的技能；

（7）熟知计划卫生的安排、项目、循环周期、种类以及注意事项等内容。

　　客房清洁是酒店客房部每天都要进行的一项工作。客人最为关心的问题之一就是客房的清洁程度，这也是影响客人是否选择酒店的标准之一。因此，客房服务员应严格按照有关的要求和标准，认真、细致地做好客房的清洁工作。

新员工疑惑
New Staff Doubt

　　作为一名客房部的员工，为什么要了解客房清洁程序与标准、掌握客房基本技能以及了解客房计划卫生等内容呢？这些会对客房工作起到什么帮助呢？

　　此模块将介绍和阐述客房清洁和保养方面的知识，为你解开此困惑。

项目一　清洁前的准备工作
Task One　Before Cleaning

客房清洁前的准备工作，一般情况下分为：首先，客房服务员必须要在上岗前自己检查一下仪表仪容；其次，签领客房钥匙（楼层"通卡"）并接受工作指令；然后，了解房间的房态，确定房间清扫的顺序；最后，将清洁器具和用品准备完善，准备开始进行工作。

任务一　检查着装仪表

客房服务员与酒店其他的服务员一样，来到酒店后首先必须到服务员指定的更衣室进行更衣，将私人物品存放在自己的更衣柜内，并按规定穿着好工装，佩戴好工牌，整理仪表仪容。仪表要整洁、干净，若女生是长发的，要按照酒店规定的方式绑起来；鞋子要干净，脚趾不要露出，工装整体要合身，以便于工作。

达到部门后，部门的当班经理或主管也要对服务员的仪表仪容再次进行检查。目前，在很多酒店流行的做法是由一名当班经理或主管在上、下班时间对服务员进行打招呼或问候，在问候的同时，实际上也是在对其进行检查，这种方法更容易被员工接受。如果服务员的仪表仪容不符合要求，是不可以进入到工作岗位中去的。

想一想
Think It

作为一名客房部员工，部门每天都会在员工上岗前对着装和仪表进行检查，你觉得这样做有必要吗？为什么？

任务二　了解客房清洁前的准备工作

客房服务员在房间清洁之前，有许多的工作要做，只有把这些工作做好后，才能更加顺利地将客房的清理工作做得有条不紊。

一、签到

客房部的工作地点在酒店中分布很广，经理要了解当日的员工出勤状况或安排一些临时性的工作，就必须在办公室内设置"签到表"，服务员须在上班前进行"签到"。

二、了解工作指示

客房部的工作范围广泛，人员会分散在酒店的各个角落，而且在酒店内的工作是全天候24小时的（采用轮班制），可能会有一些新的指示与通知不易传达，所以在办公室及工作地点一般都设有公布栏。另外，房务部门的主管也会利用适当时机召集所属员工召开会议，讨论一些员工在工作中遇到的问题，并传达上级的指示，安排工作事项，布置工作重点。所以，作为客房服务员每天都必须事先了解工作指示。

三、钥匙控制

酒店内所有钥匙应妥善保管，并于交接班时做好清点工作。一旦房间钥匙（房卡）不慎遗失，就会给酒店和住店的宾客造成不可估量的损失，也会有损客人的权益。

所以，客房服务员在对钥匙（房卡）的日常管理过程中，须注意以下几点。

（1）不经常使用的钥匙，必须存放在钥匙架上的固定位置。

（2）每天所使用的客房钥匙（房卡），必须要使用人在使用前进行"签领"，以示权责分明。

（3）钥匙架（箱）平时必须上锁，以保证安全。

（4）不得将钥匙（房卡）带出酒店。假如在工作时间内需离开酒店时，必须先将钥匙交回。

（5）钥匙（房卡）应不离身。如有人借用，可以帮助开启，但不可将钥匙（房卡）交给他人私自使用。

（6）所有的钥匙在用完后必须交回到客房部办公室。同时清点数量，如有不符或损坏时，应立即向当班的经理或主管进行报告。

（7）如服务员发现楼层的钥匙（房间通卡）遗失时，应立即联络当班的经理或主管，先对房门锁进行"锁房处理"或"密码修改处理"，然后，组织相关的人员进行寻找，直到找回为止。

（8）如若最终没有找到，应及时将其相关客房门锁全部换掉（电子锁的，需进行密码更改），从而保障住店客人的安全。

议一议
Discuss It

请大家议一议：你们觉得客房部的每日工作程序如果不按照上述程序进行，可以吗？

任务三　熟悉工作车的布置

工作车通常应于工作完毕后进行清洁和整理，并做备车工作，以便次日早上上班可以很快开始工作。如图 3-1 所示。

工作车的标准如下。

一、工作车的整理

(1) 取出使用过的床单、毛巾，放到工作车里，以便送洗。

(2) 取出垃圾袋，书包杂志、空瓶空罐应分类处理。

(3) 工作车里外要擦拭干净。

(4) 补充新垃圾袋。

(5) 补充客房及浴室备品（消耗品）。

(6) 补充床单、枕套、毛巾（非消耗品）。

(7) 将工作车推入规定位置。

二、工作车上摆放的物品

(1) 床上用品　单人床单、双人床单、枕头套、被罩、床褥。

(2) 卫浴用品　浴巾、手（方）巾、脚踏巾、防滑橡皮垫、香皂（大、小）、卫生纸。

(3) 其他客房用品　文具、火柴、烟灰缸、客房送餐的菜谱（日常菜、点心、开胃菜）、衣架、送洗衣物袋及洗衣单、"请勿打扰"和"清洁打扫"标志卡、人造纤维手巾、擦鞋布、已消毒的玻璃杯等物品。

 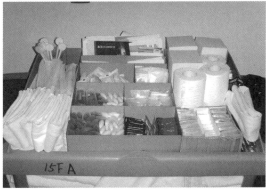

图 3-1　客房清扫工作车

 想一想
Think It

　　作为一名客房部员工，每天工作结束后都要按标准进行"备车"，准备次日工作所需的用品，这样做有必要吗？为什么？

任务四 掌握客房房态

作为客房服务员在每天对客房清洁前，必须认真、仔细地了解和熟记每间房间的现实状态。只有准确的了解房态，才能准确、有序地进行房间的清洁工作。

通常客房的房态，有以下几种。

（1）住客房（Occupied，简称为 OCC 或 O）　它表示正在租用、住宿中的客房。

（2）请勿打扰房（Do Not Disturb，简写为 DND）　表示该房间客人不愿被服务或被其他人员打扰。

（3）请即打扫房（Make Up Room，简写为 MUR）表示该客房的住客因会客或其他原因，需要服务员"立即"清扫客房。

（4）外宿房（Sleep Out，简写为 S/O）　表示该客房已被租用，但住客昨夜未归。为了防止逃账等意外情况，应将此种客房状况及时通知总台。

（5）轻便行李房（Light Baggage，简写为 L/B）　表示该客房的住客行李数量很少。为了防止逃账，应及时通知总台。

（6）无行李房（No Baggage，简写为 N/B）　表示该客房的住客无行李。同样应及时把这一情况通知总台，以防逃账的发生。

（7）贵宾房（Very Important Person，简写为 VIP）表示该客房的住客是酒店的重要客人。在酒店的接待服务过程中应优先于其他客人，给予特别关照。

（8）长住房（Long Staying Guest，简写为 LSG）　即长期由客人包租的客房，又称之为"长包房"（一般情况下，为住宿时间超过 30 天以上）。

（9）加床房（Extra Bed，简写为 E 或 EB）　表示该客房内有加床服务。

（10）走客房（Check Out，简写为 C/O）　客人已经办理完离店手续的房间。

（11）准备退房（Expected Departure，简写为 E/D）　表示该房住客应在当天中午 12:00 以前退房，但现在还未退得客房。这种客房应在客人退房前先进行简单的整理，等客人退房后再作彻底性的清洁。

（12）已清扫客房（Vacant Clean，简写为 VC）表示该客房已清扫完毕，可以重新出租。也有的酒店称之为"OK 房"。

（13）未清扫客房（Vacant Dirty，简写为 VD）　表示该房住客已退房结账，但房间的卫生服务员尚未进行清洁。

（14）空房（Vacant，简写为 V）　空房即指昨日暂时无人租用，现处于干净、待租状态的房间；也有的酒店称之为"IP 房"。

（15）酒店自用房（House Use，简写为 HU）　酒店内部自己使用的客房。一般情况下，为酒店的高级职员用房。

（16）维修房（Out Of Order，简写为 OOO）　维修房亦称待修房，表示该客房因设施、设备发生故障，暂时不能出租。

任务五　确定清扫顺序

　　房间清洁虽有常规性的先后顺序，但一般情况下，通常由当班的领班或主管来决定。假如已整理好的客房都已住满，而客人在等待入住客房时，应先清洁空的客房。通常早班有很多客房要清洁。当客人退房时，客服中心或领班、主管会告诉你需要入住空房的号码。若有没有退房的空客房时，就依照客人的要求来决定客房整理的优先顺序。假如发现客房有异样，要立刻向当班的领班、主管报告，客房中心文员要及时与前厅人员进行联系。

一、标准的清扫顺序（一般情况下）

　　(1) 第一优先：客人通知要求整理的（包括 VIP 房及套房）。

　　(2) 第二优先：客人自行挂"请即打扫"牌的（不包括 VIP 房及套房）。

　　(3) 第三优先：住客房。未通知的 VIP 房及套房，依房号顺序依次整理。

　　(4) 走客房 (Check-out)。

　　(5) 空房。

　　如果住客率很高或某一类型的房间供应不足时，C/O 房间（走客房）列为第一优先，以利于前厅部的排房工作。

二、特殊情况下的清扫顺序

　　1. 淡季

　　淡季时，应按以下顺序进行清扫。

　　(1) 前台指示要尽快清洁的房间。

　　(2) 门上挂有"请即打扫"牌的房间。

　　(3) 走客房 (Check-out)。

　　(4) VIP 房。

　　(5) 其他住客房。

　　(6) 空房。

　　2. 旺季

　　旺季时，应按以下顺序进行清扫。

　　(1) 空房。

　　(2) 前台指示要尽快清洁的房间。

（3）走客房 (Check-out)。

（4）门上挂有"请即打扫"牌的房间。

（5）VIP 房。

（6）其他住客房。

以上客房清扫顺序还应根据客人的活动规律加以调整。总之，客房的清洁应以不打扰客人或尽量少打扰客人为原则。因此，清扫工作应尽量安排在客人外出的时间段进行。

想一想
Think It

作为一名客房部员工，为什么一定要按照客房的清扫顺序清洁房间的卫生呢？这样做的好处是什么？

任务六　掌握客房清洁整理的基本方法

为避免客房清扫过程中的重复劳动，提高清洁效率，并防止意外事故的发生，客房服务员必须掌握客房的清扫基本方法。

1．从上到下

在清洗洗手间和房间抹尘时，应采用从上到下的方法进行。

2．从里到外

卧室地毯吸尘和擦拭洗手间地面时，应从里到外进行。

3．环形清洁

即在房间抹尘、检查房间和洗手间的设备用品时，应从房门口开始，按照顺时针或逆时针方向进行，这样可以避免出现卫生死角或重复整理，既省时省力，又能提高清洁卫生质量。

4．干湿分用

擦拭不同的家具设备及物品的抹布，应严格区别开，做到干湿分用。例如：房内的灯具、电视机屏幕、床头板、音控板等处只能用干抹布，不能用湿抹布，否则易发生危险或污染前面等。

5.先卧室，后卫生间

在清洁客房时，应先清洁卧室，再清洁卫生间。当然也可以根据房间的状态和具体情况而进行调整。

6.注意边角

边角是蜘蛛结网和灰尘积存之处，而边角又是客人较关注的地方，清扫客房时必须予以重视，不可遗漏。

作为一名客房部员工，在清洁房间卫生时，为什么要遵循"客房清扫方法"的标准，依次进行清洁呢？这样做的好处是什么？

任务七　了解客房清洁的注意事项

房间清洁整理工作一般是从打开房门进入到房间开始的。客房是客人入住后的"私人场所"，服务员在任何时候进入客人的房间，都必须遵守相应的规程。

一、服务员进入房间的程序

1. 观察门外情况

进房前要注意客房门把手上是否挂着"请勿打扰"牌或反锁标志，房门侧面的墙上是否亮着"请勿打扰"指示灯。如有此情况时，则不能敲门，而应轻轻地将工作车推走，离开此客房。客房标示门牌如图 3-2 所示。

（a）请即打扫　　　（b）请勿打扰

图 3-2 客房标示门牌

2. 敲门

用食指或中指第二骨节敲门或按门铃三下（每下之间应间隔 3 ～ 5s），不可用手拍门或用钥匙敲门。敲门应有节奏，轻重适度，然后通报"客房服务员"或英文"Housekeeping"。

3. 等候

站在门前适当的位置（侧身 45°），以方便房内客人观察。敲门后切勿立即开门或连续敲门，也不能通过门镜向房内窥视。此时，若房内客人有回应，服务员应再通报，并征求客人的意见。如客人不同意此时清扫客房，服务员应向客人道歉并轻轻地离开此房；或视情况征询客人何时清扫较方便，并把客人要求清扫客房的时间记录在"客房清扫日报表"上，以免遗忘；如客人允许，则在房门口等候客人开门。

4. 开门

若房内仍无动静，服务员可以开门进房。开门时，应先将房门打开15°，用手再次轻敲房门，同时通报身份，并注意观察房内情况，不要猛烈推门。若发现客人仍在睡觉，应马上退出，轻轻把门关上；若客人已醒但未起床或正在起床、应马上道歉后再退出，不要过多的解释，以免造成客人不便；若客人已经起床，则应询问客人是否现在可以清理客房或按照客人的意见去做。

5. 进房

如客人不在房内或已征得客人允许后进入房间时，服务员应将房门始终保持敞开状态进行客房清扫或服务。

议一议
Discuss It

请大家议一议：客房服务员在为客人清洁房间时，除了上述的清洁注意事项外，你认为还应注意哪些事宜？

任务八　了解客房清洁器具

客房清洁器具是客房服务员在清洁保养客房及房内设施设备时所必须使用的。客房服务人员在对房间进行清洁之前，必须掌握它们的使用方法。

一、清洁机器

客房的清洁机器为吸尘器。吸尘器主要用于地毯、板壁、软面家具及地面的吸尘。

(1) 使用吸尘器时，必须注意检查各部件的连接是否严密，如有漏风的地方要及时修理；检查有无漏电现象，防止发生危险。

(2) 使用吸尘器时，要避免吸入硬物或尖锐的东西，以免蓄尘袋破裂、吸管堵塞或机件失灵。

(3) 要防止吸入大片纸张、棉花团或布片等物，以防堵塞吸管和吸头。

(4) 将吸尘器电源插头拔下前，要先把吸尘器开关关掉；避免让吸尘器从电线上碾过。

(5) 吸尘器使用完毕后，要注意清理蓄尘袋，清洁刷子和吸尘器的外壳；否则，不仅不卫生，还会影响吸尘器正常的工作，严重的还会使吸尘器停止工作，甚至会烧掉电源。

(6) 使用"吸尘吸水"两用机器时，要注意经常清洁其过滤罩，每次使用完毕都要把脏物取尽，并检查电路和容器之间的密封装置。

二、清洁器具

客房清洁器具，包括扫帚、水桶、拖把、工作车等。

（1）扫帚　扫帚的作用就是从硬地板和弹性地板上扫走大颗粒的脏物和垃圾。好的扫帚有两排硬毛，前面一排硬毛是专扫大颗粒赃物和碎片的；第二排硬毛细一些、尖一些，可扫一些小的颗粒和碎片。好扫帚有钢制的环板，使用者可更换用旧了的刷子。

（2）水桶　打扫客房用的桶通常有电镀铁桶、不锈钢桶和泡沫塑料桶。用两个桶可节约人力，一个用于清洗，一个用于漂洗。

（3）拖把　高质量的拖把带有堵头布，拖得比较均匀，并能恢复原样。

每次使用完后要洗干净。不要用漂白粉洗拖布，因为漂白粉容易加速拖把布纤维的破损。尘拖主要用于日常除尘工作，可清除地板上的灰尘和小颗粒的破损物。每天应用尘拖清扫研磨性的小颗粒，这些小颗粒如不及时清除，极容易损坏地板保护层。尘拖拖布由棉或合成纤维制成，经化学品处理后，棉拖布一般能吸住灰尘；尘拖拖布不要用油处理，因为油会在石材地板或木地板上留下污渍；清扫完成之后需要处理拖把布，以便让拖把布变干；合成纤维拖布不必处理。

（4）客房工作车　客房工作车是酒店清洁保养工作中最常用的、不需要电机驱动的一般清洁设备。客房工作车是客房服务员清扫客房时用来运载物品的工具车，多为三层，其大小以能够存放一名服务员一天所负责打扫客房的全部所需物品和有关工具为宜。客房工作车配有用来存放客房替换下来的待洗布草的布件袋和用来存放垃圾的袋子，顶部的许多小格可装客房日耗品，这样可省去工作中送取用品的时间，从而减轻劳动强度，提高工作效率。工作车通常安装两只定向轮、两只万向轮，便于转向移动。为防止房务工作车进出时碰伤墙纸、门面或留下痕迹，边框一般都包有泡沫或橡胶条。另外，当房务工作车停在客房门口时，也可摆放"正在清扫房间"的标志。

客房工作车的布置应按酒店的规定进行，不能在车上随便堆放杂物。推拉房务工作车时应注意万向轮在前，定向轮在后，避免因硬拉而损坏客房工作车。客房工作车应装有缓冲器或其他弹性防护装置。推拉时应掌握进行方向，以免撞伤墙面或撞坏其他物件。客房工作车应该经常擦拭，保持清洁。同时，应定期对房务工作车车轮加油，进行润滑和消声处理。

想一想
Think It

　　作为一名客房部员工，在清洁工作前，为什么要掌握清洁工具的使用方法，这样做的好处是什么？

项目二　客房清洁程序与标准
Task Two Standards and Procedures of Guest Room Cleaning

　　客房清洁又称做房。它包括三方面的工作内容，即：清洁整理客房、更换添补物品、对设施设备检查和保养。客房状况不同，对清洁的要求和程度也有所不同。一般来说，对于暂时没人居住，但随时可供出租的空房（VC房），服务员每天只需要进行简单抹尘、放水即可；对于那些客人暂时离店的长住房和外宿房，需要进行一般性清洁；而对于住客房、走客房以及贵宾房则需要进行彻底性清洁。所以，客房服务员应根据不同的房间状态，严格按照清洁程序和要求来进行，使之达到酒店规定的质量标准。

任务一　了解不同房态客房的清洁

一、走客房（C/O）的清扫程序

　　1. 进入客房

　　按照进房程序进入客房，房门要一直敞开，直到清扫完毕。开门打扫卫生的目的是：一来表示该客房正在清扫；二有利于房间的通风换气；三防止意外事故的发生。开门后，将房卡插入取电盒，接上电源，关闭空调，熄灭多余的灯，如需要只保留清洁用灯，同时检查空调和灯具开关是否运作正常。拉开窗帘，打开窗户，其目的是使室内光线充足，调节室内空气。拉开窗帘时，应注意检查窗帘是否脱钩、有无损坏，窗户开关是否灵活、严密。如高层客房窗户不能打开时，应打开空调的新风系统，加大通风量，保证室内空气的清新。

　　2. 观察房内情况

　　主要检查房内是否有宾客的遗留物品、有无设备被宾客损坏、有无物品被宾客带走，如有应及时报告领班或主管。某些高星级酒店为了加快宾客结账离店速度、减少客人等候时间、提高宾客的满意度，已经取消了退房查房规定。因此，在清扫走客房时，客房员工应重点对房间设施设备、物品器具进行检查。

　　3. 整理器皿

　　如果客人在房内用过餐，应先将客人用过的餐具或餐车撤到指定地点；然后撤换脏的茶具、水杯、酒具等，倒空电热水壶。为了保证客房内水杯、酒具等的清洁，同时也为了加快客房清扫速度，所有的茶具、水杯、酒具等最好不要在客房内清洗，应将它们放在工作车上的指定位置，送到消毒间内集中清洗和消毒。

4．清理垃圾和杂物

将房内垃圾、果皮、大块纸团等集中收拾到垃圾桶中，把烟灰缸中的烟蒂、烟灰倒入垃圾桶内，再洗净擦干烟灰缸，绝不能把烟灰缸内的脏物直接倒进恭桶内，以免恭桶堵塞。倒烟灰缸时，要特别注意检查烟头是否熄灭，以防发生火灾。

清理垃圾时，还应注意对客房垃圾进行分类处理。凡是具有再利用价值的物品，应及时回收并加以合理利用，这样做既可以减少物品消耗，又可避免简单地将其作为垃圾处理，造成环境污染。如：香皂、牙刷、牙膏等，可以在清洁保养工作时使用；废旧报纸、杂志等可以卖给废品收购站。

5．撤走用过的床单和枕套

把撤下来的脏布草放进工作车内。

（1）在撤床单时要抖动几次，确认没有裹带客人衣物或其他物品。

（2）若发现床单、褥垫等有破损及受污染情况，应立即上报，并对其单独放置，及时通知洗衣房进行专门处理。

（3）注意不要把脏布草扔在家具、地毯或楼层走道上。以免造成布草的"二次污染"。

（4）收去脏布草的同时，带回相应数量的干净布草，放在规定的位置。

6．铺床

按铺床的程序进行床单、被套、枕套的整理。铺床的方法，由于各酒店要求不同，多少有些差异。传统的西式铺床是从欧美酒店业流传过来的，其铺床的方式已经不适应东方人的睡眠习惯。如今，我国国内绝大多数酒店客房都采用"中式铺床"方式，以体现中国酒店的特色，这种铺床方式已经被绝大多数客人接受。

7．卫生间清扫

卫生间是宾客最容易挑剔的地方，卫生要求最高，所以应对卫生间的清洁工作格外重视。一般情况下，具体的卫生间清扫程序如下。

（1）进入卫生间，开灯，打开换气扇，将清洁工具带入卫生间，放置在洗脸台下方的地面上。有的酒店则要求带块地毯，铺在卫生间门口，防止将水带到卧室地毯上。

（2）先在恭桶内倒入适量的清洁剂。注意不能直接倒在恭桶壁上，检查恭桶是否有堵塞或漏水现象，如有应及时报修。为减少酒店排污量，恭桶是否需要先放水冲一次不能一概而论，要视其具体情况而定。

（3）撤走卫生间内客人用过的毛巾，放入工作车的布草袋内。

（4）撤出垃圾。倒进工作车内的大垃圾袋中。

（5）清洗湿抹布。放在一边待用。

（6）将烟灰缸、皂碟清洗后，放回原处。

（7）清洗脸盆。用柔软的清洁工具，如百洁布或海绵，倒上或喷上多功能清洁剂进行洗刷。放水冲净，并用抹布擦干，同时也要对水龙头、毛巾架等不锈钢器件用干抹布擦干、擦亮。

（8）镜面清洁。可喷少许玻璃清洁剂，然后用干抹布擦亮。

（9）清洁浴缸。先将浴缸塞关闭，放少量热水和清洁剂，再用浴缸刷或海绵块，从墙面到浴缸内外依次清洗；洗刷后，用清水冲洗墙面和浴缸；用湿抹布擦干墙面、浴缸、浴帘，特别是墙面及浴缸的接缝处，以免发霉；再用干抹布擦净、擦亮金属器件（浴缸把手、出水龙头、下水阀）等。浴缸内若放橡胶防滑垫，也应刷洗和擦干；要注意，浴缸的外侧也要清洁干净。

（10）清洁恭桶。用长柄刷擦洗恭桶，尤其注意洗刷恭桶的出水孔和入水孔，用专用抹布、擦净恭桶内外、坐圈、盖板，也应注意恭桶底部及背面，擦净恭桶水箱，最后放水冲净。

（11）擦卫生间的门。用湿布擦净门的内外和门框。

（12）补充用品。按规定的物品摆放位置，放好毛巾、香皂、牙具、浴帽、洗发液、沐浴液、梳子、卫巾纸，摆放时物品名称应注意正面朝向客人，同时也应将有酒店店徽的一面朝向客人。

（13）洗刷地面。用专用抹布抹净地面和边角。要从里到外，边抹地，边退向卫生间门口，以保证地面"无毛发、无水迹"。

（14）全面检查。查看一下是否还有不妥之处，然后关灯、关换气扇。将卫生间的门半掩。

8．抹尘

（1）按环形线路依次把房间家具、设施表面抹干净。

（2）抹尘时注意抹布干湿分开、折叠使用。擦拭到位，特别是一些卫生死角如窗台、窗框。

（3）检查房内设施使用是否正常，房间用品是否齐全充足、摆放是否规范。如试写圆珠笔是否出水流利，翻阅服务指南是否完好，查看文具纸张数量以及洁净程度等，并记下所缺用品的项目和数量，以便准确补充。

抹尘具体的操作内容如下。

（1）房门　应从上到下，用湿抹布将门、门框抹净，并用干抹布擦房号牌及门锁；检查门锁是否灵活。"请勿打扰"、门牌、防火疏散图是否完好，有无破损或污迹。

（2）衣柜　用湿抹布擦拭衣柜时，应从上到下、从里到外擦拭，同时检查衣架种类、数量是否齐全，并按规定检查鞋篮是否清洁完好，篮内物品如拖鞋、擦鞋纸（布）是否齐全；洗衣袋和洗衣单等是否也齐全完好。

（3）小酒吧　擦净小酒吧区域内外各处；检查冰箱运转是否正常，接水盒是否溢满，温度是否适宜；检查烈性酒和软饮料的品种数量有无缺少，酒水单、酒杯、调酒棒、杯垫是否完好，有无破损；水杯、茶杯、电热水壶是否完好，并擦净表面浮尘和水迹。

（4）行李架　用干抹布擦行李架内外、表面和挡板，并摆放好位置，与写字台间隔5～10cm，与墙面间隔5～10cm。

（5）电视机　用干抹布擦净电视机外壳和底座的灰尘，必要时用专用抹布，如绒布擦净电视机屏幕，并检查电视是否完好，有无图像，频道是否正确；音响、色彩是否适度；检查电视节目单是否完好，摆放是否符合要求。

（6）写字台、化妆台　用湿抹布擦拭。镜灯、镜框、台灯用干抹布擦拭。同时，检查文件夹内是否缺少物品；用湿抹布擦拭抽屉，擦净椅子（注意椅子脚及桌脚的擦拭）。

（7）窗台。用湿抹布擦拭窗台内外、窗轨，及时关好窗户、拉上纱帘。

（8）沙发、茶几。沙发或扶手椅的软面可用干抹布掸去灰尘，用湿抹布擦拭扶手椅的木档；用湿抹布擦拭茶几。

（9）床头柜、床头板。用干抹布擦拭灯罩、灯泡、灯架和床头板，注意床头灯的位置。灯罩接缝朝后；用干抹布擦去电话机及话筒上的灰尘及污垢，同时检查电话是否正常，电话线按规定绕放。用湿抹布擦净床头柜表面，检查"请勿在床上吸烟"牌、便笺纸、铅笔、电视遥控器等物品是否齐全、有无污迹或破损、用品是否摆放整齐。

（10）空调开关　用干抹布擦去空调开关上的灰尘，将空调温度、风速调节至酒店规定的度数，并检查空调运行是否正常。

9．补充房间用品

房间用品的补充要根据酒店规定的品种、数量及摆放要求进行定量定位。补充时应注意不要有遗漏，物品摆放要整齐，商标要正面朝向客人。

10．吸尘

（1）先把吸尘器电线理顺，把吸尘器拿进房间后插上电源，再开机。

（2）从窗前区开始，从里到外吸尘（有阳台的房间从阳台开始吸尘）。

（3）吸地毯要按顺纹方向进行吸拭。

（4）吸边角位时，可直接用扁形吸管吸尘。

（5）吸卫生间地面时，要注意转换毛刷功能，使其适宜硬地面。地面有水的地方不能吸，防止漏电和电机的损伤。

11．自我检查

观察一下家具、物品是否摆放整齐，物品是否短缺，清洁工具是否有遗留在房内。如有不妥之处，自己可以及时处理。

12．关闭房门，填写客房清洁报告表

取出插在取电盒上的钥匙，轻轻关上房门。然后在客房清洁报告表上填写进出房间的时间、撤换和补充物品的数量以及记录房内维修项目的内容等。

房间清洁程序部分步骤如图 3-3 所示。

（1）准备清洁

（2）倒垃圾

（3）撤床单

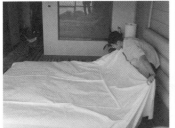
（4）铺床

（5）清洁恭桶

（6）洗刷浴缸

（7）擦镜子

（8）补充毛巾

（9）补充物品

（10）抹尘

（11）拉窗帘

（12）吸尘

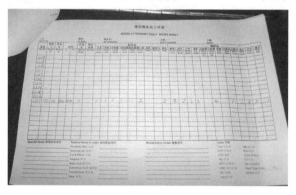
（13）填写楼层服务员工作表

图 3-3　房间清洁程序

二、住客房 (OCC 或 OC) 清扫程序

走客房清扫一般是先撤床，再清理卫生间，最后抹尘和补充房内用品。这样可以让席梦思有一定时间透气，达到保养的目的。而住客房清扫，一般要求先将房间内整体都清洁完毕后，最后再清理卫生间。这是因为住客可能会回来，甚至也会带来访客，所以应先将房间整理好，使房间外观整洁，给客人以舒适感，这时服务员再去清理卫生间，也不会有互相干扰之嫌。具体程序如下。

(1) 进入客房。

(2) 观察房内情况。

(3) 整理器皿。

(4) 清理垃圾。

(5) 整理床铺。

(6) 房间抹尘。

(7) 补充房内用品。

(8) 清理卫生间。

(9) 吸尘。

(10) 自我检查。

(11) 关闭房门，填写客房清扫报告表。

三、空房的清扫

客房服务员每天都要对空房进行简单的清洁保养以保持空房良好的清洁状况，保证随时可以接待入住客人。具体程序如下。

(1) 进房后首先检查房内所有电器设备，保证其运转良好。

(2) 每天用抹布擦拭家具上的浮尘，并检查家具的牢固程度。

(3) 每天对卫生间内的水龙头试放水，以免时间过久水质浑浊。

(4) 定期对空房进行通风和吸尘。

(5) 检查房间有无异常情况。

四、请勿打扰房的清扫

当住客房门外挂出"请勿打扰"牌或灯时，服务员应先做好记录，不要去打扰客人。到中午 12 时，若仍挂着"请勿打扰"牌或亮着灯，就要了解一下客人是否确实仍在房内，以防客人实际已外出而忘记将此牌收回或消除指示灯。若到 14：00 或 15：00 后，服务员仍未见客人外出，应及时报告领班或主管，并给客人房间内打电话，询问客人是否需要服务，同时做好相应的记录。

五、维修房的清扫

(1) 服务员接到报修通知后应立即到达指定客房。

(2) 先检查维修的设施设备是否已完好。如果故障仍未排除，应马上报告领班进行登记并再次报修。

(3) 按正常清扫程序进行整理。

(4) 整理完毕，应立即报告领班或主管，以便检查后及时出租。

六、贵宾房（VIP）的清扫

(1) 在日常清洁基础上，对客房设施设备进行全面、彻底的清洁保养。

(2) 铺床时，应选用新的或较新的床单、枕套、枕芯、被褥等，并使用面料较好的床裙，以显示接待规格高于其他普通的客房。

(3) 按照贵宾等级和接待规格的高低布置贵宾房，准备鲜花、果盘、糕点、欢迎信、总经理名片等礼仪物品。

(4) 按照酒店规定的品种、数量补充全新的卫生用品。

七、小整理服务的程序

小整理服务的内容大致与夜床服务相似，主要是清理客人午休后的房间，重新整理床铺，必要时补充茶叶、热水等用品，使房间恢复原状。有的酒店还规定对有午睡习惯的客人，在其去餐厅用餐时，应迅速给客人开床（窗帘一般不全部拉上），以便客人午休。

小整理服务一般是为贵宾（VIP 客人）提供的。是否需要提供小整理服务，以及小整理服务的次数等，各酒店都是根据自己的经营方针、房价的高低、客人身份的高低等做出相应的调整与规定。

议一议
Discuss It

请大家议一议：客房服务员在为客人提供不同情况的清洁服务时，都会按照相应的服务程序依次进行，你认为除了程序之外，还应注意哪些事宜？

任务二 熟悉夜床服务的程序和标准

夜晚服务又称"做夜床"或"晚间服务"（Turn-down Service），它包括做夜床、房间整理、卫生间整理三项内容。夜床服务是一种高雅、亲切的对客服务项目，主要作用是更方便客人休息，整理干净客房以使客人感到更舒适，也表示对客人的欢迎和礼遇规格。我国三星级及以上的酒店都会向客人提供夜床服务。一般酒店开夜床的时间是 18:00 ～ 21:00 之间。"开夜床"服务的具体程序

1．进房

（1）按进房程序进入客房。

（2）如客人在房内，需征得客人同意后方可进入，并礼貌地向客人道"晚上好"。如果客人不需要开夜床服务，服务员应在"夜床服务记录表"上做好登记。

（3）如发现房门挂横"请勿打扰"牌或房门反锁，服务员可以从门下方塞入"夜床服务卡"，告诉客人如需夜床服务，请致电客房中心。

2．开灯

打开所有照明设备，并检查是否正常。

3．拉上厚窗帘

注意窗帘的接口处是否闭合，窗帘挂钩是否完好。

4．房间整理

（1）更换已用过的茶杯、水杯，清洗烟灰缸。

（2）倒清垃圾桶内的垃圾。

（3）擦拭家具并检查设施设备，如空调、音响、电视、灯光等。

（4）按规定位置放好报纸或其他物品。

（5）检查小冰箱饮料消费情况并入账。

（6）检查房内物品是否备齐，如有短缺应及时补充。

（7）若房间地毯特别脏，则需吸尘，若有大块垃圾及时捡拾。

5．开床

（1）西式铺床将床罩拉来折叠整齐，放在规定的位置；若是中式铺床则将床旗折叠后放到指定地方。

（2）将靠近床头一边的被子（西式铺床则将毛毯连同盖单一起）向外翻，按酒店规定折成一定的角度，以方便客人就寝。

（3）放平枕头并将其摆正，如有睡衣应叠好置于枕头上或床尾。

（4）按酒店规定在床头或枕头上摆放鲜花、晚安卡、早餐牌及赠品等。

（5）在开床一侧地面上铺好垫脚巾，把拖鞋打开，放在垫脚巾上。

（6）标准间只住一位客人时，一般开邻近卫生间一侧的床，如果客人已经睡过了某张床，就开睡过的床，如果在某张床上放了较多东西就开没放东西的那一张。开床的方向都在床头柜方向。双人床睡两人时，两边分别开床；只睡一人时一般只开主床头柜一边即可。

6．卫生间整理

（1）更换客人要求换洗的水杯、面巾等。

（2）洗脸盆、浴缸如已使用过，应重新清洗擦净。

（3）将防滑垫放置于浴缸内适中位置。

（4）将地巾平放在浴缸的正前方。

（5）将浴帘下摆放入浴缸内，并拉出 1/3，避免客人淋浴时将水溅到地面，带来安全隐患。

（6）关灯，将卫生间门半掩。

7．检查一下房内还有无不妥之处

8．关灯、关门

（1）除床头灯和走廊灯外，熄灭其他的灯并关上房门。

（2）如果客人在房内，应向客人致歉并道晚安后，面向客人轻轻地将房门关上。

9．在夜床报表上做好工作记录

开完夜床后，应将未尽事宜或客人习性记录在"夜床服务记录表"或客史档案上。若发生重大事情时，应及时告知当班的经理或主管，切勿私自处理，以免造成服务的失误。最后，也要做好工作车及工作间的清洁和整理工作。

想一想
Think It

　　酒店客房部向住店客人每日都会提供"夜床服务"，作为服务员在提供服务时，还应注意哪些事宜呢？

任务三 掌握清洁中常见问题的处理

客房服务员在每天清洁客房的过程中，都会遇到一些不同的问题或情况。对于这些问题或情况，服务员应按照酒店的规章制度去进行处理。一般情况下，常见的问题有以下几项。

1. 客人在房间时

(1) 应向客人礼貌问好，询问客人现在是否方便清扫房间。

(2) 要求操作轻，动作敏捷，程序熟练，如客人有提问应礼貌应答，但不能与客人长谈。

(3) 若遇到有来访客人，应询问是否继续进行清扫工作。

(4) 清扫完毕向客人致歉，并询问是否有其他吩咐，然后向客人礼貌道别，退出房间，面向客人轻轻地关上房门。

2. 客人不在房间时

(1) 客人的文件、书报等不要随便合上，不要移动位置，更不准翻看。

(2) 不要触摸客人的手提电脑、钱包、手机以及手表、照相机等贵重物品。女客人的化妆品即使是用完了，也不得将空瓶或纸盒扔掉。整理住客房的一个基本原则是除放在垃圾桶内的垃圾，即使是仍在地上的废旧物品，也只能替客人做简单整理，千万不要自行处理。

(3) 抹衣柜、行李架时，注意不要将客人的衣物弄乱、弄脏，也不要挪动客人的行李，一般只要擦去大面积的灰尘即可。

(4) 查看客人是否有待洗衣物，并仔细核对洗衣单，确认无误后交送洗衣房。

(5) 客人放在椅子上或床上的衣服，外衣可以将其挂入衣柜内，客人的内衣、睡衣则不得轻易翻动或挪动，尤其是女士的衣物。

(6) 若发现房内有大量现金或贵重物品，服务员应及时通知领班或主管。大堂副理也会在保安人员及客房领班、主管的陪同下将房门反锁，等客人回来后由大堂副理开启房门并请客人清点现金物品，提醒客人使用保险箱。

(7) 对于客人所设定的空调温度、家具摆设等，应尊重客人需求不必重新调整到酒店规定温度或位置。

3. 客人中途回房

在清扫过程中，遇到客人中途回房时，应主动向客人打招呼问好、并请客人出示客房钥匙或房卡，确认无误是该房住客后，再向客人征求意见是否继续打扫房间。如未获允许应立即离开，待客人外出后继续进行清扫，离开时还应礼貌地向客人致歉。若客人同意，应迅速地把房间清扫好，退出房间时要面向客人轻轻地关上房门。

4. 房间电话铃响

为了尊重客人对房间的使用权，避免不必要的麻烦，在清洁房间过程中，即使房内电话铃响也不应该接听，酒店总机可以为客人提供留言服务。

5. 损坏或遗失客人的物品

进行住客房清扫时，服务员应该特别小心谨慎，客人的物品尽量不要移动，必要时应轻拿轻放、清扫完毕要放回原位。如万一不小心损坏或遗失客人的物品，应如实向领班、主管反映，并主动向客人道歉，根据具体情况，也可由客房部给予适当的赔偿。

6．更换布草、茶具等用品

（1）为减少洗涤、降低对环境的污染，住客房清扫房间卫生时一般不大换床上布草或毛巾，酒店多用环保卡的方式提醒客人重复使用，只要将床铺或毛巾整理复原即可。若是长住客，一般定期更换床上布草。如果客人有需要则应立即更换。

（2）客人用过的茶杯、茶碟、茶壶、水杯每天都要更换。更换茶具时，应尽可能使用托盘。但茶杯、水杯如有茶水、饮料等，最好不要更换，但需要用一个杯盖盖好，用来提示客人。

（3）客房摆放的水果盘、水果刀、糖盘等，应每天进行更换，保持清洁。在补充水果和茶包、咖啡时，应注意观察客人喜好，适量添加。

7．加床

如房内有加床，整理完毕后，应额外添一份客用品，不可遗漏。

议一议
Discuss It

请大家议一议：客房服务员在每天清洁客房的过程中都会遇到一些不同的问题或情况。你作为一名客房服务员，如果遇到上述问题的话，你会怎样有效处理呢？

项目三　客房基本技能
Task Three　Basic Skills of a Room Attendant

做为一名合格的客房服务员，除了要具备扎实的服务理论知识，更重要的还要熟练地掌握清洁技能。通常情况下，除了整理房内卫生、清洁洗刷卫生间的器具外，客房服务员的技能主要通过"铺床技能"来展现。铺床的技能，一般分为两种：一是西式铺床（如今一些高星级酒店的客房已不再采用此方法）；二是中式铺床。

任务一　了解西式铺床方法

西式铺床的程序如下。

（1）拉床。

（2）将床垫拉正放平。

（3）将第一张床单铺在床上。

第一张床单是用来垫床的，当褥单使用。在床的一侧居中位置或站在床头，将床单"正面"朝上，两手分开，用拇指和食指捏住第一层，其余三指托住后三层，将床单朝前方抖开，当床单降落时，利用空气浮力，将床单位置定好，使床单的中线居床的正中位置，均匀地留出四边，使之能包住床垫，四角要包成直角。

（4）将第二张床单铺在床上。铺第二张床单时，床单"反面"朝上，中线与第一张床单对齐，床单上端与床头对齐。

（5）铺毛毯。将毛毯铺在第二张床单上，中线与床单中线对齐，毛毯上端与床头距离30cm，商标须放在床头柜斜对的床尾。

（6）将长出毛毯30cm的床单沿毛毯反折作被头，两侧下垂部分掖入床垫后再将床尾下垂部分掖入床垫，并包好直角。

（7）套枕头。套枕头时要注意枕芯与枕套的四个角对齐。套好后把枕头放在床的正中，单人床将枕头套口反向床头柜，双人床放枕头时，将枕头套口正对，枕头的缝线对齐床头。

（8）盖床罩。盖床罩时先把床尾两角对好，床罩顶端与枕头平齐，多余部分压在枕头下面，枕线要理平整，床罩下摆不要着地。

（9）将床推回原处，并再检查一遍床铺是否整齐。

西式做床主要有 12 个环节，铺单掌握甩单、定位、包角三个环节；铺毯要掌握盖毯、包边、包角三个环节；铺床罩要掌握定位、塞边、罩枕袋三个环节；套枕头要掌握装芯、定位、整形三个环节。如图 3-4 所示。

图 3-4　西式铺床

想一想
Think It

如今，高星级酒店客房已不再使用"西式铺床"进行床上布置，请你想一想，这是为什么呢？"西式铺床"的优、缺点是什么？

任务二　掌握"中式铺床"技能

中式铺床的程序如下。

（1）拉床　为了操作方便，将床拉出约 60 cm。

（2）铺单　将折叠的床单正面向上，两手将床单打开。利用空气浮力定位，使床单的中线不偏离床垫的中心线，两头垂下部分相等。第一次甩单定位：准确，一次到位；不偏离中心线，正面向上。

（3）包边、包角　注意方向要一致、角度相等、紧密、不露巾角。第一次包角：四个角式样、角度一致；四个角均匀、紧密，床两侧塞进床垫部分不少于 15 cm；床头、床尾塞进床垫部分不小于 15 cm。

（4）套被套　将被芯平铺在床上。将被套外翻，把里层翻出。使被套里层的床头部分与被芯的床头部分固定。两手伸进被套里，紧握住被芯床头部分的两角，向内翻转，用力抖动，使被芯完全展开，被套四角饱满。将被套开口处封好。调整棉被位置，使棉被床头部分与床垫床头部分齐平，棉被的中线位于床垫的中心线。

（5）套枕套　将枕芯装入枕套，使枕套四角饱满，外形平整、挺括；枕芯不外露。与床两侧距离相等，枕头开口处反向于中间床头柜。

（6）推床还原　将铺好的床向前推进，与床头板吻合。

（7）铺床旗　将床旗均匀地铺在床尾处。

（8）铺床时间　按照职业资格鉴定考评标准，整个铺床的过程应在 3 min 内完成。

中式铺床的步骤如图 3-5 所示。

（1）拉床　　　　　　　　（2）检查床垫　　　　　　　（3）检查床单

（4）床单定位　　　　　　（5）打开床单　　　　　　　（6）包角 01

（7）包角 02　　　　　　　（8）包角 03　　　　　　　（9）包角成形

（10）打开被罩　　　　　　（11）套上被罩　　　　　　　（12）被罩铺平

（13）被头折叠

（14）整理被头

（15）套枕袋

（16）整理枕袋

（17）铺床旗

（18）铺床完毕

图 3-5 中式铺床步骤

做一做
Do It

通过学习客房中式铺床的步骤和技能方法，请你实际演练一下中式铺床的技能。（同时参照"国家职业资格鉴定标准"的要求进行演练）

提示：可以使用 1.20m × 1.90/2.00m 的床进行练习。

任务三 熟知客房"查房"的内容及标准

客房检查的内容一般包括 4 个方面：清洁卫生质量、物品摆放、设备状况和整体效果。日常查房的具体项目内容和标准如下。

1．房间的检查

（1）房门 无指印，锁完好，安全知识图、请勿打扰牌及餐牌完好齐全，安全链、窥视镜、把手等完好。

（2）墙面和天花板 无蜘蛛网、斑迹，无油漆脱落和墙纸起翘等。

（3）护墙板、地脚线 清洁完好。

（4）地毯 吸尘干净，无斑迹、烟迹，如需要则做洗涤、修补或更换的标记。

（5）床 铺法正确，床罩干净，床下无垃圾，床垫按期翻转。

（6）硬家具 干净明亮，无刮伤痕迹，位置正确。

（7）软家具　无尘无迹，如需要则做修补、洗涤标记。

（8）抽屉　干净，使用灵活自如，把手完好无损。

（9）电话机　无尘无迹，指示牌清晰完好，话筒无异味，功能正常。

（10）镜子与画框　框架无尘，镜面明亮、位置端正。

（11）灯具　灯泡清洁，功率正确，灯罩清洁，接缝墙面，使用正常。

（12）垃圾桶　状态完好而清洁，罩有塑料袋。

（13）电视与音响　接收正常，清洁无迹，位置正确，频道应设在播出时间最长的一档，音量调到最低。

（14）壁柜　衣架的品种、数量正确且干净，门、厨底、橱壁和格架清洁完好。

（15）窗帘　干净完好无破损，位置正确，操作自如，挂钩无脱落。

（16）玻璃窗　清洁明亮，窗台与窗柜干净完好，开启轻松自如。

（17）空调　滤网清洁，工作正常，温控符合要求。

（18）小酒吧　清洁无异味，物品齐全，温度开在低档。

（19）客用品　数量、品种正确，无涂抹、折皱，状态完好，摆放合格。

2．卫生间的检查

（1）门　正反面干净无划痕，把手洁亮，状态完好。

（2）墙面　清洁完好，无松动、破损。

（3）镜子　无破裂和水银发花，镜面干净无迹。

（4）天花板　无尘无迹、无水漏或小水泡，完好无损。

（5）地面　清洁无迹，无水、无毛发，接缝处完好无松动。

（6）浴缸　内外清洁，镀铬件干净明亮，皂缸干净，浴缸塞、淋浴器、排水阀和开关龙头等清洁完好、无滴漏，接缝干净无霉斑，浴帘干净完好，浴帘扣齐全，晾衣绳使用自如，冷热水压正常。

（7）脸盆及梳妆台　干净、镀铬件明亮，水阀使用正常，无水迹。

（8）座厕　里外均清洁，使用状态良好，无损坏，冲水流畅。

（9）吹风机　清洁，运转正常，噪声低，室内无异味。

（10）客用品　品种、数量齐全，状态完好，摆放符合规范。

3．楼面走廊的检查

（1）地毯　吸尘干净，无斑迹、烟痕、破损，地毯接缝处平整。

（2）墙面　干净无破损。

（3）照明及指示灯　使用正常，无尘迹。

（4）空调出风口　清洁无积灰。

（5）落地烟缸　位置摆放正确，清洁无尘迹。

（6）消防器材　安全指示灯正常完好，安全门开闭自如。

想一想
Think It

在对客房进行检查时，除上述内容外，还应注意哪些方位的检查？

项目四　客房计划卫生
Task Four　Guest Room Cleaning Schedule

任务一　了解客房计划卫生的安排

计划卫生，是指有计划性的、周期性的对某些区域和卫生死角进行彻底的清洁和保养。

客房日常工作量比较大，不可能每天将客房的每一处都彻底清扫干净，如高出的灯管、天花板、床槽、床底等。此外，一些区域和设备也没有必要每天都进行清扫，如空调出风口、马桶水箱内部以及金属器具的除锈保养、家具设备的打蜡等，这些区域和设备通常被列入客房计划卫生项目。重视并做好客房计划卫生工作，可以提高客房清洁保养的水准，保证客房设备设施处于良好的状态。

议一议
Discuss It

请大家议一议：为什么重视并做好客房计划卫生工作，可以提高客房清洁保养的水准，保证客房设备设施处于良好的状态？

任务二　熟悉计划卫生的项目

计划卫生管理的第一步就是要对计划卫生项目进行确定。就一间客房来说，究竟哪些区域应当计划卫生，哪些区域划分为日常卫生，首先应加以确定。在实际工作中，各酒店对计划卫生项目的确定并没有统一的标准，但大多数酒店对计划卫生的理解都比较接近。然而，也有一些酒店将部分计划卫生项目作为日常去做，如门框每天擦拭、床底每天吸尘等，导致客房清扫工作效率偏低，劳动成本增加。因此，合理确定计划卫生项目是非常必要的。在编制、确定计划卫生项目时，应从各个方面去考虑它的合理性和必要性，并以此作为确定计划卫生项目的依据，只有这样计划卫生才能有序地开展下去。

一、计划卫生的项目

一般情况下，计划卫生的项目确定，都会从以下六个方面来进行。

（1）日常卫生工作难以触及的区域和卫生死角，如人体触及不到的四壁、天花板、房顶吊灯以及护墙板、卫生间地漏除尘等。

（2）费时费工区域，如玻璃、窗、窗帘轨、电视机外壳散热孔除尘。

（3）需要移动大型家具设备方可进行清扫的区域，如床底、电冰箱、组合柜、控制柜底除尘等。

（4）金属用具的保养，包括水龙头、房号牌、门把手除尘除锈等。

（5）客用棉织品的清洗，如床裙、床罩、床垫、毛毯、窗帘的定期清洗等。

（6）软面饰材的清洁保养，如地毯、墙布的定期清洗。

当然，客房部还要考虑到酒店的清洁保养的要求、设备设施的配备情况和客房出租率情况等因素，来确定或进行客房计划卫生项目的实施。表3-1为某星级酒店客房的计划卫生项目及质量标准。

表3-1　客房计划卫生项目及质量标准

项　目	工　具	质量标准	注意事项
（1）吸房间边角位置	吸尘器、抹布、毛刷	地毯疏松、无污物	不能用扫把扫地毯
（2）清洁电话并消毒	洗涤剂、抹布、酒精棉球	清洁无污物、无异味	注意擦拭电话线
（3）擦窗户及窗台外	玻璃刮、抹布、毛刷	玻璃明亮、无水渍，窗台框无尘	不要站在窗台上擦拭玻璃，窗帘挂钩（珠）不能掉在地毯上
（4）除墙面天花板浮沉	除尘扫把、鸡毛掸	无尘、无蛛网	安全操作
（5）清洁冰箱	水桶、中性洗涤剂、海绵、抹布	干净、无异味	●先切断电源 ●走客房、空房应把开关拧到OFF"状态
（6）擦拭空调	干湿抹布	无黑灰	注意检查出风口
（7）翻床垫	—	定期翻转	四角编号，要有记录备查
（8）清洁电源插座	洗涤剂、抹布	洁白、无污渍	切断总电源，防潮
（9）擦拭床头灯及金属部分	抹布、铜水	光亮、无污迹	勿用湿抹布擦拭
（10）擦拭地脚线	抹布	干净、无尘	注意衣柜后及门后地脚线的擦拭
（11）擦抽风机	抹布、刷子	无尘、无污	先切断电源
（12）清洁坐便器	坐便器刷、洗涤剂、酸性洗涤剂	无水痕、无锈渍	●先关水掣，将水位降到最底部 ●清洗每层盖缝、坐便器外部和底座
（13）清洁浴缸	海绵、洗涤剂	无水渍、无污迹	空房也需清洁
（14）刷洗瓷砖墙面	牙刷，海绵，中、酸性洗涤剂，抹布	洁白、无污渍、无皂渍	注意瓷砖拼接缝
（15）清洁卫生地面	牙刷、洗涤剂、酸性洗涤剂	洁白、无污渍、无水渍	注意地漏、坐便器后地板和洗面台下的地面的清洁
（16）擦金属配件	擦铜水、抹布	光亮，无手印	包括窗帘杆、毛巾架、浴巾架、浴缸扶手、水龙头

 想一想
Think It

　　在对客房进行计划性清洁卫生时，除上述内容外，还应注意哪些方位的清洁？

任务三　了解计划卫生的循环周期

客房部管理人员要根据酒店的清洁保养的要求、设备设施的配备情况和客房出租率情况等因素，来确定客房计划卫生的周期。就一间房而言，一般计划卫生项目多达二三十项，这些计划卫生有的打扫起来比较复杂；有手到灰除的；有费工、耗时的；有的清洁周期较短的；也有清洁周期较长的。在日常卫生清扫过程中，为了科学、合理、有序地将计划卫生安排和落实下去，最好的办法就是先将计划卫生项目按清洁周期的长短进行分类，然后根据周期长短进行合理安排。

客房计划卫生项目较多，一般酒店都会根据循环周期的不同，将计划卫生划分为短期、中期和长期的计划卫生来行进。

议一议
Discuss It

请大家议一议：为什么客房部一个合理化的循环周期，会对客房整体卫生清洁和保养起到保障性的作用？

任务四　熟悉计划卫生的种类

计划卫生项目及清洁周期确定之后，余下最主要的工作就是如何将这些计划卫生有序地落实下去，并实现有效的质量控制。各酒店应当根据具体情况安排、落实计划卫生工作。

一、短期计划卫生的安排

短期计划卫生，是指循环周期为1个月以内的卫生，多数是一些日常不易清洁到的死角卫生。例如，房门边框、地脚线、地漏、床底、窗槽、坐便器水箱、排风扇、空调新风口、房间电线（包括电话线、电视线、电吹风及电脑线）清洁、电冰箱除尘、电视机机壳散热孔除尘等。

短期计划卫生可分周计划卫生和月计划卫生（表3-2、表3-3）。短期计划卫生的最大特点就是周期短、项目多，但操作简单，大多可由楼层服务员或清扫员来完成。这里列举几种酒店常见的编排方式。

1. 单项计划卫生的清洁方式

单项计划卫生的清洁方式，就是将所有短期计划卫生项目排列出来以后，规定每天对客房的某一部分或区域进行彻底打扫。除日常的清扫整理工作外，可规定客房服务员每天对客房的某一部分进行彻底清洁。这样，经过若干天对不同项目和区域的彻底清扫，即可完成全部房间的计划清洁。

2. 单间房间计划卫生方式

单间房间计划卫生方式，要求服务员每天大扫除1间客房。例如，某酒店客房部1名员工每天负责 13 ~ 16 间客房的清扫，要求该员工每天彻底打扫出其中 1 间客房，13 ~ 16 天即可对所负责的所有客房做一次计划卫生。单间房间计划卫生最好安排或选择在空房和轮休房，这样既不影响空房出租，也不影响正常的空房清扫。

3. 突击计划卫生方式

一般在两种情况下使用突击计划卫生：一是在特殊情况下，如遇到重要接待任务；二是旅游旺季常常会出现人手紧张的情况，正常的计划卫生工作都难以实现。针对这两种情况，酒店可采取突击计划卫生方式，即选择最有利的一天，动员包括部分行政人员在内的员工停止休息，对各项计划卫生项目进行突击清扫，速战速决。

表 3-2 客房周计划卫生安排表

星　期	项　目
一	
二	
三	
四	
五	
六	
日	

表 3-3 客房月计划卫生安排表

项目 ＼ 月份	1月	2月	3月	4月	5月	6月	7月	8月	9月	10月	11月	12月
擦套房铜器												
擦拭阳台玻璃												
清洁空调网												
房号牌擦铜												
擦梳妆镜铜耳												
清洁电话												
清洁墙纸												
清洁冰箱												
吸灯罩浮尘												
吸房间边角灰尘												
房间家具打蜡												
刷坐便器污渍												
洗浴缸墙壁												
洗阳台												
翻床垫												

项目 \ 月份	1月	2月	3月	4月	5月	6月	7月	8月	9月	10月	11月	12月
清洁出风口												
清洁电线板												
清洁浴缸污渍												
清洁卫生间地面												
表注：主管将计划完成的日期填在规定的格子里即可，注意保存和交谈												

二、中期计划卫生的安排

中期计划卫生，是指以1个月以上或半年以内为一个清洁周期的计划卫生项目。例如，软墙面的清洁，坐椅的坐垫、靠背的清洗，木制椅子扶手的打蜡，席梦思床垫的翻转，金属器具保养除锈，家具打蜡保养，空调新风口的除尘，地毯干洗，窗帘轨除尘，墙面和天花板的除尘等。

中期计划卫生的大多数项目是由客房服务员来完成，也有部分项目如地毯、墙布的清洗需要相应的技术设备与专业的技术人员才能完成，一般由PA组（公共区域小组）来完成。PA组必须根据整个酒店的客情变化，结合客房部的实际情况，灵活安排。比如，地毯和墙布的清洗，必要的情况下也可分片进行。

三、长期计划卫生的安排

长期计划卫生，通常是指循环周期在半年到一年的卫生项目。例如，厚窗帘、被子、床裙、褥垫的清洗，地毯的彻底性抽洗等。

长期计划卫生大多数是房内装饰棉织品、客用棉织品的洗涤，一般主要由洗衣厂承担。长期计划卫生由于时间跨度大，很难具体确定下来，可以根据具体情况灵活选择时间和方式。如，每年选择在入住率相对较低的月份进行；如果全年接待任务都非常紧张，也可以逐个楼层的进行安排。

四、季节性大扫除或年度大扫除

此类大扫除集中在淡季，对所有客房的家具、设备和床上用品进行全面清洁保养。因所需时间较长，需要前厅部配合，对所选楼层实行封闭，工程部维修人员利用此机会对设施设备进行全面检查和维修保养。

想一想
Think It

客房的计划性清洁卫生为什么分为很多种类，按照这些分类做好清洁和保养，有什么好处呢？

任务五　了解计划卫生的注意事项

酒店的计划卫生涉及的作业面范围较广，在实施时也需要注意一些问题。

一、准备好清洁用具

计划卫生设计的工具，包括：清洁剂、刷子、干湿擦布、安全带等。具体用具物品要根据日常安排的项目来确定。

二、注意安全

计划卫生工作，如：清洁天花板、门窗玻璃，均以高空作业为主，站在窗台上擦外层玻璃要系好安全带。清扫天花板墙角或灯管，要用人字梯或凳子。进行以上工作时，要注意安全，防止事故发生。

三、保证质量

客房某一部分的计划卫生间隔时间较长，清扫时必须保证质量。如，客房四角的墙围、门窗玻璃、外檐等处。

 想一想
Think It

通过学习,请你想一下,"客房计划性大清洁"还应注意哪些事项?计划清洁的方案是怎样的? 请列举一下。

任务六　熟悉客房消毒和灭虫工作

客房是客人主要的活动场所，由于宾客来自五湖四海、四面八方,各地的地理条件、气候、生活方式、风土人情以及卫生状况不同，会有各种疾病流行。客房消毒和灭虫害是清洁卫生工作的一项重要内容，既是客房清洁卫生标准的要求，又是预防各种疾病、保证宾客和员工健康的重要措施。

一、客房消毒工作

1. 客房消毒的要求

（1）房间　房间应定期进行预防性消毒，包括每天进行通风换气、日光照射以及每星期进行一次紫外线或其他化学消毒剂灭菌和灭虫害，以保持房间的卫生，防止传染病的传播。

（2）卫生间　卫生间的消毒工作非常重要，卫生间的设备和用具易被病菌感染。因此，卫生间必须做到天天彻底清扫，定期消毒，以保持卫生清洁，并做到每换一位旅客都要进行严格消毒。

(3) 客房工作人员　客房工作人员当班期间，应注重个人仪表仪容和个人卫生。

① 严格实行上下班换工作服制度，让工作服起到"隔离层"的作用。

② 清洁卫生间时，应戴好胶皮手套。

③ 每天下班用肥皂洗手，并用消毒剂对双手进行消毒。

④ 定期检查身体，防止疾病传染。

2．常用消毒方法

消毒的方法很多，大致可以分为：通风和日照法、物理消毒法和化学药剂消毒法三大类。下面分别介绍一些消毒的方法。

(1) 通风和日照法

① 室外日光消毒。室外阳光的紫外线可以杀死一些病菌。例如定期翻晒床垫、床罩、被褥，既可以起到杀菌消毒作用，又可使其松软舒适。

② 室内采光。室内采光是指让阳光通过门窗照射到房内，以杀死病菌。

③ 通风。通风不仅可以改善空气环境，而且可以防止细菌和螨虫，因此，改善房内通风和空调效果，是客房消毒常见的方法。

(2) 物理消毒法

① 高温消毒。有煮沸消毒和蒸汽消毒两种。

② 干热消毒。常见方法有干烤和紫外线消毒。

(3) 化学消毒剂消毒法

化学消毒剂能使微生物病菌体内的蛋白质变性，干扰微生物的新陈代谢，抑制其快速繁殖。但在选用消毒剂时要注意使用环保型消毒剂，尽可能避免对人体的伤害和对环境的破坏。具体又可分为浸泡消毒法、擦拭消毒法和喷洒消毒法。

总之，采用化学消毒剂消毒一定要注意安全。因为，化学消毒溶液对人体有一定的腐蚀作用，在进行消毒时要注意采取防护措施，如有接触应及时用清水冲洗。此外，还应注意选择对环境无污染的化学药品和消毒设备。

二、客房灭虫害工作

防治虫害是关系到客人和酒店员工身体健康的大事，是客房部不容忽视的一项工作。

1. 酒店常见虫害类别

(1) 昆虫类　如苍蝇、蚊子、蟑螂、臭虫、跳蚤、虱子、白蚁等。

(2) 啮齿类　如老鼠等。

(3) 菌类　如霉菌等。

2. 常见虫害的防治方法

虫害是在一定温度和一定湿度条件下生存发展的，另外，酒店周围环境不善也可导致虫害。要消灭、杜绝虫害，必须在专业人员的指导下，有针对性地采取防治措施，同时在灭虫害的过程中避免对环境造成破坏。

(1) 苍蝇　苍蝇活动范围广，食性杂，往返于污物和食物之间，不仅造成食物污染，还会传播疾病，如腹泻、胃肠炎、伤寒、痢疾、霍乱等。苍蝇飞入室内，会扰乱客人的心情，影响客人的休息。主要防治方法如下。

① 经常开启的窗户要安装纱窗。

② 及时处理残剩的食物。

③ 垃圾桶要盖严并经常彻底清理。

④ 经常喷洒杀虫剂。

⑤ 夏秋季要特别注意垃圾房、垃圾桶和饭店外围环境卫生，定期清洁消毒，消灭或破坏苍蝇的生存环境。

（2）蚊子　蚊子喜欢停留在阴暗、潮湿、不通风、无烟熏的地方，床下、框后也是其藏匿之所，它们不仅叮人吸血，扰人休息，还可以传播丝虫病、流行性乙型脑炎等疾病。主要防治方法如下。

① 保持室内外环境清洁，消灭蚊子滋生的死角。

② 安装纱门纱窗。

③ 定期喷洒杀虫剂。

④ 在室内外合适地点安置灭蚊灯。

（3）蟑螂　蟑螂通常是躲在盒子、食品或行李中进入客房的。喜欢温湿环境，如卫生间、厨房、水管附近等。它们不仅散发臭味，还会带来食物中毒和其他一些疾病。主要防治方法如下。

① 保持环境清洁，收藏好食物，死角要定期打扫。

② 向有蟑螂出没的地方喷洒专门的杀虫剂。

③ 请有经验的专家指导或委托专业公司布放药品、诱饵。

④ 老鼠　老鼠一般喜欢以松土、垃圾、废纸等建巢，会偷吃和污染食物，散布疾病，如食物中毒、流行性出血热及鼠疫等。主要防治方法如下。

① 堵塞所有可供其出入的洞口。

② 及时清除所有可供其做巢的废料、垃圾等。

③ 保持环境卫生，尤其厨房要对食物进行妥善存放。

④ 投放鼠药。

（5）霉菌　霉菌喜欢生活在潮湿环境中，造成菌害的主要原因是饭店施工时质量有问题，或维修保养不佳，如天花板漏水、墙壁渗水等。霉菌会造成墙纸变形或起翘，墙面涂料剥落或褪色，墙面上砖头或泥灰有盐花析出，物体长出绒毛状物来。防治的有效方法是降低酒店的湿度，尽量控制在规定的标准内。

议一议
Discuss It

请大家议一议：客房部定期都会对所管辖的区域进行"消杀"工作，你认为这样做有必要吗？为什么？

思考与训练
Practice and Drills

思考问答
Review Questions

1. 描述客房服务员的仪容仪表的标准。
2. 简述客房清扫的顺序。
3. 描述客房清洁整理的基本方法。
4. 简述"开夜床"的程序和标准。
5. 简述计划卫生的注意事项。
6. 简述客房消毒的方法以及灭虫害的范围。

单项选择
Individual Choice

复习本模块课程内容，请将正确答案的选项填写在横线上。

1. 下列不属于"客房清扫基本方法"的是_____。

A. 从上到下   B. 环形清理   C. 从外到里   D. 先卧室后卫生间

2. _____在清洁过程中，切忌不可用"湿抹布"进行擦拭。

A. 家具   B. 电器   C. 电镀器具   D. 玻璃器皿

3. 在清洁药液中，属于"酸性清洁剂"的是_____。

A. 地毯清洁剂   B. 玻璃清洁剂   C. 马桶清洁剂   D. 上光剂

4. 在客房"房态"中，_____是表示该客房已被租用，但住客昨夜未归。

A. L/B   B. S/O   C. O.O.O   D. N/B

案例分析
Case Study

不到位的服务

小王 21 点 38 分接到 2025 房间张先生来电，反映早上入住时发现枕头、床单上有多根头发要求更换床单，到晚上还未更换，引起了客人的不满。经过落实白班人员确实忘记更换，小王拿着干净的床单准备为客人更换，但几次敲门客人都未曾开门，小王只好打电话让客人开门，接通电话后客人生气地告诉小王，由于卫生间里没有卫生纸，他被困在卫生间里了，让小王快速送卫生纸。小王送了卫生纸、更换了床单，向客人道歉。

22 点小王又接到 2025 房间张先生来电，反映电视机没有图像，小王帮助客人调试电视机未果，只有请来电视机修理部门人员，经查是遥控器电池需更换所至。

第二天早上客人走了，留言簿上写下了客房的种种不是。

(1) 没有按承诺的每天换床上物品。

（2）没有卫生纸，让客人很尴尬。

（3）卫生间没有电话，很不方便。

（4）电视图像不清楚，遥控器没电。

讨论：

1. 客房部需要做哪些改进？

2. 客人想要什么？

分析：

上述出现的问题，首先是酒店在工作流程上出现漏洞，或是制度不健全，或是没有履行工作职责；其次是设施设备不完善，检查环节有漏洞。隐含着服务欠缺，服务质量缺乏监督保障机制。

客人住宿，需要一个干净、整洁的客房，安静的环境，舒适、方便的设施设备，像"家"一样。

实训练习
Training Exercises

项目名称：房间清洁技能。

练习目的：使学生通过训练后，能熟练、独立地完成一间客房的清洁服务，并达到客房清洁的标准和要求。

实训内容：清洁房内垃圾、中式铺床、卫生间清洁、房间抹尘、补充物品、地毯吸尘等。

测试考核：对每位实训学生按照"职业资格鉴定考核标准评分表"进行考核。

知识拓展
Knowledge Development

常见 20 种污渍的清洁方法

1. 油渍的处理

（1）产品在清洗时可用洗洁精直接洗擦油渍处，若非黑、红等深彩色面料可用洗衣粉轻刷。

（2）纯白面料可沾较稀的漂白水（1:10 稀释）直接用牙刷刷油渍处，即可除掉。

2. 汤渍的处理

用洗洁精浸泡 10min（每盆水中加放 6 滴洗洁精，搅拌均匀），再做常规处理。

3. 酱油的处理

（1）在清洗前先用牙刷沾取稀释后的草酸擦拭污染处，再进行常规处理。

（2）新迹应用冷水搓洗，然后再用洗涤剂洗除；陈渍应在洗涤剂溶液中加进适量氨水洗除，也可用 2% 硼砂溶液来洗。丝、毛织品可用 10% 柠檬酸来洗。

4. 发霉现象的处理

用 40° 的温热肥皂水浸泡 10min，再进行常规处理。对于纯白面料的产品可在用肥皂水浸泡后，将发霉处放在太阳下晾晒 10min，之后再进行常规处理。

5. 面料染奶茶渍的处理

在污渍处均匀涂上清洁剂，10 ～ 20min 后常规处理。效果：奶茶渍处理不再明显，但面料出现发白现象。

6. 圆珠笔字迹的清除方法

(1) 在清洗前，用清洁剂直接刷在字迹处，不可沾水，停放 5min 后常规处理。

(2) 先用肥皂洗，后再用酒精擦拭，以净水进行漂洗，在未洗净前，忌用汽油揩擦。

7. 墨汁的清除方法

用薄纸擦掉后，将纸沾醋再反复擦拭，亦可用次氯酸钠，但会损伤羊毛，所以还是多费点时间用醋擦拭。

8. 油漆的清洗方法

当产品染上油漆后，尽快用牙刷蘸酒精洗擦污染处，直到污渍变淡；然后将肥皂涂在污渍处，用牙刷顺布纹轻轻洗擦，再用净水浸泡 1h，再用净水漂洗干净即可。

9. 冰淇淋的清除方法

先用小刷子将干掉的部分刷掉，然后再用毛刷沾洗剂轻刷（小心勿刷起毛球），最后再将毛巾沾水绞干轻轻擦拭。

10. 口红、粉底的清除方法

先用薄纸采用"摘下"的方式，轻轻擦拭，再用洗剂擦拭。由于口红会愈擦愈大，要由外围往内小心轻擦。

11. 果汁的清除方法

刚沾到时，可用布沾水擦或温水擦拭，若仍残留污点，则以洗剂擦拭。

12. 酒、香水的清除方法

为防止扩散，先撒些盐在上面，再用柔软刷刷掉，后用抹布沾水或洗剂或酒精擦拭。

13. 血液的清除方法

刚沾到时，用纸擦拭后再沾双氧水擦，滞留过久的血迹，亦可擦掉。

14. 醋迹的清除方法

撒上少许白砂糖，用温水洗漂，必要时，再用加氨水的皂液或肥皂的酒精溶液搓洗。

15. 糖迹的清除方法

可用汽油或酒精擦洗。

16. 番茄酱迹的清除方法

浸水后，用温甘油浸润半小时，洗擦出水后，再用温皂液洗净。

17. 蟹黄迹的清除方法

从煮熟的蟹中取出白腮搓拭，再进冷水内，用肥皂洗涤。

18. 柿子迹的清除方法

用葡萄酒加浓盐水一起搓擦，用肥皂与水洗净。

19. 碘酒迹的清除方法

可将污渍浸进热水或酒精中，或放进 15% ~ 20% 大苏打溶液中 2h，使污物溶解。

20. 红药水渍的清除方法

先用温热水的洗涤剂溶液来洗，再分别作草酸、高锰酸钾处理，后用草酸溶液脱色，用水洗净。

模块四
客房对客服务

Module Four　Customer Service for Housekeeping

学习目的
Learning Objectives

（1）了解客房对客服务模式和特点；

（2）了解客房的迎送宾客服务和客人离店的送客服务；

（3）了解客人住店期间的服务；

（4）了解宾客类型和服务接待要求以及客人投诉的处理等。

知识与技能掌握
Knowledge & Skills Required

（1）熟知客房各种服务模式的状况、宾客类型与服务方式以及对客服务的特点；

（2）熟知客房的迎、送宾客的服务以及离店查房的事宜；

（3）掌握客人住店期间的清扫、洗衣、擦鞋、租借物品等方面的服务；

（4）掌握 VIP 客人和特殊客人服务的标准和要求；

（5）熟知客房服务中客人投诉的处理方法等内容。

 新员工疑惑
New Staff Doubt

　　作为一名客房部的员工，为什么要了解和掌握客房对客服务模式和特点、迎送宾客服务、客人住店期间的服务、宾客类型和服务接待要求以及客人投诉处理等相关知识呢？

　　此模块将介绍和阐述客房对客服务的知识，为你解开此困惑。

项目一　对客服务模式
Task One Housekeeping Guest Service Types

酒店客房在楼层设立的服务台称为楼层服务台或楼面服务台。同时配备专职人员对客提供服务，服务台后面一般设有供客房服务员使用的工作间。楼层服务台一般情况下都设在靠电梯较近的位置，为客人提供 24h 的服务。楼层服务台具有服务中心的功能，受客房部经理和楼面主管的直接管理。同时在业务上也受前台的指挥，与前台互通信息、核对房态等。这种模式是我国现今酒店客房服务中最基本、最传统的模式。

任务一　了解楼层服务台模式

在我国酒店业中，传统的客房服务模式是楼层服务台模式，即在客房区域各楼层设立服务台，配备专职的值台服务员，一天 18h 或 24h 都会有服务员值班，为住客提供服务。从某种意义上来说，它就相当于酒店前厅驻楼面的办事机构。从整个酒店的宏观管理上来看，楼层服务台已成为其他部门与客房直接沟通的桥梁。

楼层服务台模式设置的优点在于：一是能够及时地为客人提供较全面、针对性的服务；二是加强了与住店客人之间的交流；三是有利于酒店楼层的安全保卫工作；四是有利于及时、准确地了解客房房态的运营情况。此模式的设立也为前厅管理工作提供更准确、及时的信息。

但是，在如今高星级酒店中，楼层服务台模式已经慢慢地被淘汰了，主要原因是楼层服务台有诸多的缺点：一是楼层服务台投入的人力成本较大；二是管理点过于分散，不利于部门工作的统一管理；三是使客人有一种被监视的感觉。

想一想
Think It

你认为如今的高星级酒店中，楼层服务台模式已经慢慢地被淘汰，这样做对吗？

任务二　熟悉客房服务中心模式

现代酒店客房管理中，普遍推行的主导模式是客房服务中心模式。它是酒店客房管理的神经中枢。它一般设置在酒店员工更衣室与员工电梯之间的隐蔽处，主要通过电话的形式为酒店的住客提供周到的服务。一般情况下，客房服务中心应该具有同时接听两部以上电话的能力，大型酒店可以采用小型交换机来保证信息运量。在客房员工管理方面，一般酒店都会建立一个对讲机寻呼系统，以保证客房部员工信息沟通的及时和顺畅。

客房服务中心的模式的优点：一是减少了人员成本；二是保证了客房楼层区域内的安静；三是为客人提供了一个较为安宁和私密的空间；四是有助于人员的调度与控制；五是保证了客房管理信息的畅通；六是有助于加强对客房整体运作效果的把握。

但是，客房服务中心模式也有其相应的缺点：一是缺乏人情味，不利于与客人的沟通和交流；二是管理过于集中，对员工的工作动态很难掌控；三是楼层区域的安全隐患不易发现。

议一议
Discuss It

如今高星级酒店普遍采用"客房服务中心模式"，请大家议一议：你们觉得"客房服务中心模式"的优点会被客人们接受和认可吗？

任务三　了解前台直管模式

前台直管模式是基于现代酒店发展的类型增多而出现的一种新的客房服务模式。目前，在我国经济较发达城市的酒店中是一个重要的发展趋势，以往那种旧模式的招待所、旅社、家庭旅馆等小型社会宾馆开始逐渐向特色商务酒店方向发展。这种家庭式的商务酒店一般不大，客房数量为50～60间，价格在100元左右。房价和房内设施都参照或遵循经济型酒店的做法，但其特点更突出了商务型。这种类型的商务酒店由于客房数量较少，往往采取的客房服务模式是前台直管模式，即沿袭旧式的招待所、旅社的做法，将客房直接划归前台管理，不设楼层服务台，也不设置客房服务中心，而是在前台班组中设客房服务和清扫小组来对客房进行管理。

前台直管模式与客房服务中心模式的优点较为相似，就是节省了人力成本。将客房纳入前台管理系统之内，保证了前台管理与客房管理的统一性。但是，前台直管模式应该慎用，主要是缺点也比较明显，即在对客服务方面不能够做到面对面和及时性，同时也存在较大的安全隐患，如住客在客房区域发生问题不能够及时发现。

想一想
Think It

你认为高星级酒店采用前台直管模式好呢？还是客房服务中心模式好呢？

任务四　熟悉宾客服务中心模式

近几年，一些酒店成立了宾客服务中心，为客人提供一键式（一键通）服务。住店客人只要拨一个特定的号码，店外客人只需拨打酒店总机，订餐、订房、送餐、问讯、叫醒等服务，全部都由宾客服务中心服务员协调解决，做到"服务一键式，沟通零距离"。一键式服务对客人而言，更为方便；对酒店而言，更为经济。采用宾客服务中心服务模式的酒店，客房部不再设客房中心，客房中心的其他职能如工作钥匙、遗留物品管理等可由客房部办公室承担。

例如，某星级酒店以前厅部总机班组为基础成立了"宾客服务中心"，将以往客人需要拨打多个电话、联系多个岗位才能解决的问题汇集到一个岗位，让客人轻轻松松拨打电话号码"9"，即可感受到"一键式"服务所带来的方便与快捷。作为整个酒店的信息传递中心，"宾客服务中心"的工作已不局限于接转电话，服务范围涵盖电话转接、信息查询、叫醒服务、紧急呼叫、留言服务、酒店咨询、城市咨询、信息传递、应急指挥、代理预定等工作职能，形成一体化完整的服务体系。

想一想
Think It

客房服务中心模式的实施，节省了大量的人力、物力，还增加和扩展了很多其他的服务项目。你想一下，除上述项目外，还可以增加哪些服务项目呢？

任务五　了解商务（行政）楼层管家式服务模式

我国从20世纪90年代开始，一些中、高档酒店就在客房区域设立了商务楼层或行政楼层，它集酒店的前台登记、结账、商务中心、餐饮及客房贴身管家服务于一身，为客人提供更为便捷、舒适的服务和环境，让客人享受更加优质的服务。从客人进店开始，贴身管家便听从客人的吩咐和安排，包括为客人打扫房间、订餐送餐、收送客衣、发送传真、安排外出旅游、会议行程安排等，使客人享受到亲切而舒适的服务。贴身管家服务的出现，也可以说是楼层服务台模式变化后的一项创举。

议一议
Discuss It

　　请大家议一议：如果你是酒店客房部经理，你会采用哪种服务模式为住店客人提供服务呢？

项目二 对客服务特点
Task Two Characteristics of Guest Service

任务一 了解宾客类型与服务方式

　　一般酒店的客源都来自世界各地及社会的各阶层，他们的旅行组织方式及旅行目的都不一样，有着不同的背景、不同的兴趣爱好、不同的生活习惯以及不同的宗教信仰等。以下即根据不同的划分方法来探讨一下客人的类型及特点。

一、根据旅行的组织方式划分

　　1. 散客

　　主要是指个人、家庭及 5 人以下自行结伴的旅游者。其中，大部分是因公出差的商务客人，少部分是旅游观光客人。这类客人在酒店滞留时间较长，平均消费水平较高，对客房的硬件和软件的要求都较高。

　　在客房的硬件方面他们多选择大床房，并要求房内要有电脑接口及不间断电源、办公设备及用品齐全，还要有变压器、电热水壶、国内国际直拨电话、小酒吧等。在客房软件方面，他们要求客房的服务项目齐全、客房清扫整理的时间安排要合理、服务快捷高效，水准要高，并且不希望经常被打扰。

　　客房部员工在接待这些客人的过程中应注意当客人到达楼层时，服务员应微笑相迎，热情主动问好，如为客人提供行李服务时，要注意观察客人的态度，不要抢夺。对老弱病残的客人要主动搀扶，服务要周到，照顾要细心。然后手拿钥匙引领客人到达所住的房间，进房后根据客人的要求，适当地介绍一下酒店的产品和情况。

　　2. 团队

　　团队客人大多数以旅游观光为目的，也有为执行公务、专业考察、商务活动、会议、访问、参观比赛或演出而出行的客人。他们一般都有组织、有计划的进行，并且日程安排较紧、一次出租的房间数量多、活动时间统一。除在酒店参加会议的客人外。一般店外活动较多，店内停留时间较少。

　　酒店虽然给团体客人的折扣较大，但由于出租的房间数量多，因此，其客房收入对酒店来说也是非常可观的。

在接待团队客人中，应注意对旅游团中的每一位客人都要一视同仁，不要谈及有关房价、餐费等问题，不介入客人之间的矛盾，遇到问题时，与接待单位或旅行社的领队或负责人联系，要充分做好团队进店、离店前后的各项工作。为更好地为他们提供服务，可以根据接待单位或旅行社通知的预抵达时间，提前调好客房内的温度。这些客人一般对卫生要求比较挑剔，尤其注重卫生间的清洁。因此，在清洁客房卫生时，卫生洁具一定要按标准进行严格的清洗和消毒。

二、按旅游目的划分

1. 观光客人

这类客人的主要目的是游览风光、了解风土人情、品尝地方风味、进行文化交流等。他们游览参观的项目多，一般每日行程安排较紧，在酒店逗留的时间较短，白天在外观光，体力消耗大，希望回酒店能得到很好的休息，尽快消除疲劳。他们喜欢购买旅游纪念品、拍照留念等，对于邮寄信件或明信片等委托服务的需要量较大。因此，客房服务员应努力为这类客人创造一个安静、整洁、温馨的居住环境，使他们有充足的精力、愉悦的心情完成旅行活动，同时应及时、准确地为其提供叫醒、问询、购物指引等服务，一般叫醒服务都是由前厅总机来负责，但有时也需要客房服务员配合。在叫醒服务时，一定要听到客人的应答后方可完成，以免耽误客人的行程和活动。

2. 疗养、度假型客人

此类客人以国内客人为主，他们多选择度假型酒店。此类型的客人与观光客人的区别在于，他们的目的地一般只有一个，且逗留时间较长。因此，他们对客房的服务水准要求较高，如 24 小时有热水、室内冷暖适度、房间的朝向和外景较好等。同时，对其他一些辅助服务也有要求，如客房送餐、小酒吧、委托代办、洗衣服务等。通常，他们喜欢有丰富多彩的娱乐项目，喜欢同服务员打交道，希望得到热情、随和的服务。另外，此类客人对酒店的建筑格局也有特定的喜好。如别墅式建筑、园林式，对客房的安全也更为在意。

3. 商务、公务型客人

此类客人占酒店客源的比例较大。据统计，全世界酒店客源中，此类客人会占到 55% 左右。因此，他们对酒店的经营至关重要，要好好接待他们。这类客人对酒店要求较高，其中国际旅客要求享受高级别的生活待遇和优良的服务，因工作关系对自身形象也较为注意，那么就要求酒店能够提供高质量的擦鞋服务、洗衣服务及其他委托代办服务等。国内公务旅游客人的消费水平以能够报销账目为限度，夜间往往需要娱乐活动，同样也要求有较好的服务。通常，这类客人都比较忌讳服务员挪动他们的办公资料或办公用品。因此，服务员在服务时要特别小心，不得随意翻动，同时也不得随意拔掉客人插好的电源插头，以免给他们造成损失。

4. 会议旅游客人

此类客人人数多、用房多、时间集中、活动有规律。因此，客房服务的任务较重、服务水准要求严格。客房部在服务时，要注意服务人员的灵活调配及客房、公共场所或会议室的合理布置及利用，并随时留意房间内信封、信纸、笔等文具用具的配备。

5．蜜月旅游客人

此类客人一般对房间有特殊的要求。如大床房、房间整洁、外景要好等。一般情况下，酒店可以向新婚客人赠送礼品以增加欢乐气氛，做到既庄严隆重，又热情礼貌。与客人见面时要讲祝福的话，平时多介绍景色优美的旅游点、旅游纪念品商店和风味餐馆的所在位置，方便客人游玩和购物。他们比较反感被打扰。因此，在服务上要特别注意时间的安排。

6．文艺、体育代表团客人

这类客人以参加当地比赛或演出为目的，一般以团队的形式出现，生活规律强。此类客人服务需求通常较集中，客房部要做好妥善调配工作。文艺代表团成员对服饰比较注重，对客房洗衣服务的要求较高。

三、按宾客身份划分

1．政府官员

这类客人对客房服务及接待标准要求较高，更重视礼仪，在店内逗留时间较短。客房服务人员应避免过多进入客人的房间，做客房卫生时也应尽量在客人外出时进行，要特别注意不要动客人的文件或资料等物品，一定要注意尊重客人的隐私，严格按照有关部门和接待单位的要求做好保密工作。客房内的所有设施设备及电器要能正常使用，并随时进行检查，对各种安全隐患要立即消除，这类客人对服务效率也有更高的要求。

2．专家学者

此类客人对客房的要求是清净、整洁及舒适，在服务上要细心和周到。

3．新闻记者

此类客人一般生活的节奏快。因此，要求有较高的服务效率。他们把房间既当卧室又当办公室，各种资料、稿件、复印件、传真件都较多，东西摆放也比较杂乱，希望房间有齐全的办公用品和完备的通信设施，也希望准时得到当天的报纸等。这类客人一般都比较敏感，服务员在为其提供服务方面要特别留意。

4．长住客人

这类客人通常也会被视为贵宾来接待。客房的清洁时间可与客人提前协商，注意与客人之间的关系，定期征询客人的意见。房内物品供应要齐全，可为其提供足够的衣架及其他生活用品等。

5．体育、文艺工作者

这类客人一般是文艺演出和体育代表团中的明星，很容易引来一大批的"追星族"或崇拜者，对来店内和店外的追星族要及时发现和劝阻，以免影响客人的正常生活。同时，作为服务员不要找客人索取签名或合影。为他们在安全上提供保密服务，是客房部尤为重要和必要的一项工作。如有意外事项发生，应及时向保安部汇报，请求协助。

四、按宾客国别划分

1．国内客人

此类客人一般以公务型散客为主。观光旅游团队也会占有一定比例。他们习惯于随叫随到的服务方式。相当一些内宾有中午休息或午睡的习惯，不希望在中午被打扰。此外，内宾喜欢在客房内会客，所以此类客人的访客较多。

2．外国客人

此类客人在生活习惯方面与国内客人不同，习惯于晚睡和晚起。对窗帘的遮光效果要求较高；对客房的卫生设施、设备非常敏感，喜欢淋浴，24h 热水供应对他们来说非常重要；对室内温度要求较高，大多数外宾夏天喜欢把室内温度调得很低，很多人一年四季都喜欢食用冰块。在消费方面，习惯于享用酒店所提供的客房送餐服务、房内小酒吧服务、洗衣服务等。从事外宾接待工作，对客房服务员的语言就有一定的要求，同时还要求服务人员了解并尊重客人的不同文化和禁忌等。

3．港、澳、台地区客人

接待中要注意保持热情、主动的态度，周到、细心的服务，同时也可适当介绍一些当地的风土人情、景区景点、购物场所等，始终给他们一种宾至如归的感觉。

想一想
Think It

你认为作为一名客房部员工，了解宾客类型与服务方式，这会对客房服务工作起到什么好的作用呢？

任务二　熟悉对客服务特点

客房服务与酒店的餐饮、前厅等服务既有不同之处又有相同之处。对客房服务来说，其特点具有一定的针对性。

一、客房服务的主要特点

1．对客服务的表现形式"明"、"暗"兼有

客房服务是有形服务和无形服务的综合体现。客房一旦被客人租用，就成为客人的私人领域。客人进入房间后，是通过对房间的整体感觉、床铺的整洁、地面的洁净、服务指南的方便程度等感受到客房服务人员的服务。客房对客服务的这一特点，使客房服务人员成为酒店的幕后英雄，但这并不表示没有面对面的服务。如客衣的送、取，客房清洁，输送物品等往往又是"明"的，是面对面的。因此，服务人员在对客服务时要讲究礼貌、礼节。客房服务"明"、"暗"兼有的特点对客房服务人员的素质提出了很高的要求。

2．体现出"家"的气氛和环境

既然酒店的宗旨是为每位宾客提供一个"家外之家"。因此，能否体现出家的舒适、安全、方便和温馨，就成为客房对客服务优劣的重要因素之一。在对客服务中，我们的客房服务人员始终扮演着"侍者"和"管家"的身份。因此，在服务中要留意客人的生活习惯，

以便提供有针对性的服务，确实的给客人"家"的感受。

3．质量的不稳定性

服务人员因工作、生活和学习的环境不同，各自的素质也各不相同；每天的心情也会受不同的环境影响而发生变化，因此在一定程度上造成了服务质量的波动。当今酒店的客源成分也十分复杂，客人与客人之间既有经济上的差别，也有地位上的悬殊，又有文化程度上的差异、风俗习惯的不同等，另外，再加之旅行目的的不同，对服务的期望和需求也存在很大的差异，即使对相同的服务也会有不同的评价，从而造成服务质量的不稳定。

4．服务工作的随机性

客房服务项目众多，工作分工较为分散，各服务项目之间没有非常明显的直接联系，且客人没有固定需要某项服务的时间。客人需求的随机性也很强，给服务工作带来了较大的难度。服务员如服务滞后，就会使客人感到服务不到位。但过度热情的服务，又会使客人产生惧怕，在一定程度上造成对客人的干扰。

5．服务工作不可重复性

对酒店客房服务而言，其服务大多是"生产"和"销售"同时进行的。这就导致了客房服务工作的不可贮存性。有此服务项目看似不与客人面对面接触，但从开始为客人提供服务到服务的结束，都需要服务员与客人进行交流和沟通，服务的任何环节出现了问题，都会给客人留下不好的印象。为此，客房服务工作必须认真和细致，绝不允许有任何的错误发生。

二、对客服务的要求

任何一位宾客在下榻酒店期间，都会在客房内逗留较长时间。客房部客房服务水准的优劣和高低，在很大程度上决定了客人对酒店产品的认知程度和满意程度。这就要求客房部在对客服务时，要以与其酒店星级相对称的服务程序及制度为基础，以整洁、舒适、温馨和安全的客房为前提，随时为客人提供礼貌热情、真诚主动、舒适便捷、耐心周到、准确高效、尊重隐私等方面的服务，使客人"高兴而来，满意而归"。

1．礼貌热情

礼貌待客主要通过服务员整洁的仪容仪表、自然亲切的语言、悦耳动听的语音语调、端正得体的举止、落落大方的态度等方面表现出来。热情待客会使客人消除异地的陌生感和不安全感，增强对服务员的信赖。

2．真诚主动

通常员工对客人的态度，是客人衡量一个酒店服务质量优劣的标尺。员工对客人态度友好的最直接的表现形式就是真诚。因此，客房服务员先要突出真诚二字，实行情感服务，避免单纯的任务服务。我们通常所说的提供主动的服务，是以真诚为基础的一种自然、亲切的服务。主动服务来源于细心，即在预测到客人的需要时，就把服务工作做到客人开口之前，如客人接待朋友时主动送上茶水。这些看似分外的工作，却是客房服务人员应尽的义务，更是优质服务的具体体现。客房服务人员要把客人当作是自己请来的亲朋和好友那样对待，这也是提高服务质量的最有效方法之一。

3．舒适便捷

客房是客人入住酒店后长期逗留的场所。因此，客人对客房的舒适性、方便性也最为重视。如服务员应留意客用品的摆放，以方便客人的使用，还应定期翻转床垫，以保证床垫不会产生局部凹陷。

4．耐心周到

客人的多样性和服务工作的多变性，要求服务人员能正确处理各种各样的问题，必须经得起委屈、责备、刁难，要摆正心态，把"对"让给客人，耐心的、持之以恒地做好对客服务工作。服务人员要掌握客人在客房生活期间的心理特点、生活习惯等，从各方面为客人创造舒适的住宿环境。通过对客人方方面面的照顾、关心，把周到的服务落到实处，充分体现出"家外之家"的真正含义。

5．准确高效

为客人提供准确而快速的服务。高效服务是现代快节奏生活的需要，是优质服务的保证。酒店服务质量中最容易引起客人投诉的就是等待的时间太长。客房部应对所提供的服务在时间上进行量化规定，制定切实可行的标准。速度和质量是矛盾的，在制定标准及具体服务工作中，要正确处理两者之间的关系，切忌只求速度，不求质量的工作做法。

6．尊重隐私

作为酒店工作人员，特别是接触客人时间最长的客房部员工，有义务尊重住店客人的隐私。服务员应该做到不打听、不议论、不翻看、不传播客人的书刊资料等，始终要为客人保密。

议一议
Discuss It

请大家议一议：对客房服务来说，其特点具有一定的针对性。如果你作为一名合格的客房服务员，应做到哪些方面的内容呢？

项目三 客房迎送宾客服务
Task Three Welcoming and Farewell Guests

任务一 了解迎客服务

一、迎客准备

在客人即将到达前，准备工作就成为了客房接待服务的序幕。要做到充分、周密和准确，并于客人到店前完成。具体要求做到以下几点。

1. 了解客人情况

楼层服务台接到前台传来的接待通知单后，应尽可能详细地了解客情，包括客人的人数、国籍、抵离店时间、宗教信仰、风俗习惯、接待单位、客人生活标准、付费方式、活动日程等信息，做到"一知道、二了解"，知道接待单位、人数、国籍、身份、生活特点、接待标准、健康状况；了解客人到（离）店时间；了解车、船、航班的时间；了解客人宗教信仰，做好各项准备工作。

2. 房间布置

应按照酒店的规定对客房进行布置，首先，要补齐日用品，补充小冰箱的食品和饮料。如客人或接待单位有其他的特殊要求，也应尽可能予以满足，以示对客人的尊重。房间布置完毕，还要对室内家具、水电设备及门锁等安全设施再进行一次全面检查，发现有损坏失效的，要及时进行保修或更换。在客人到达前，也要根据当时的气候情况，调节好客房内的温度。如果客人预计到店时间较晚，可提前做好开夜床服务。

3. 迎候客人

各项迎接准备工作做好后，服务员应根据客人抵店的时间，在指定的地点迎候。

二、迎接服务

一般情况下，客房服务员只需在楼层迎接入住客人即可。因此，客房服务的迎接工作通常都在客人乘电梯上楼进房间时进行。客人经过长途跋涉，抵达后一般都比较疲倦，希望尽快妥善安顿，及时用餐或休息。因此，这个环节的工作必须热情礼貌、服务迅速、行李分送准确、介绍酒店或房间情况更需简明扼要。

1. 迎接宾客

当客人走出电梯时，服务员应主动微笑问候，并作自我介绍，然后问清客人的房号，引领客人进房。若无行李员陪同时，服务员还应帮助客人提拿行李。

2. 引领客人

当客人抵达客房楼层时，服务员应主动引领客人到其入住的客房，特别是第一次入住的新客人。服务员在引领时，应走在客人的斜前方，行走速度以客人的速度为准，与客人保持 1m 左右的距离，转弯时应停住，面向客人伸出手臂向客人示意，到达客人房间时，按规程为客人开门，插卡取电，请客人先进入房间。

3. 介绍情况

进房后，服务员应向客人详细介绍酒店的服务设施、营业时间、收费标准和房内设施设备的使用方法等情况。如客人面带疲倦或是回头客人，则可不作介绍，告之客人客房服务中心的电话号码即可，并祝客人在酒店住宿愉快。然后退出房间，面向客人轻轻关上房门。

4. 做好记录

回到楼层工作间，按要求做好相应的工作记录。

想一想
Think It

你认为酒店在迎接宾客时，还应注意哪些方面的事宜呢？

任务二　熟悉送客服务

客房部在得知客人的离店时间后，客房服务员要帮助客人做好离店前的各项准备，使其客人感受到临行前的热情和关照。此项服务包括三个环节：客人行前的准备、离开楼层时的送别和离开后的检查工作。

一、行前准备工作

客房服务员应掌握客人离店的时间。检查各种账单及各项委托代办事项是否办好，客人洗烫衣物是否送回等。提醒客人收拾好行李物品并仔细检查，不要遗忘在房间。问清客人是否需要行李搬运服务，如果需要的话，应问清具体的搬运时间及行李件数，而后及时通知前厅行李部，早做准备。送别团体客人时，要按规定时间集中行李，放到指定地点，清点数量，并协同接待部门核实件数，以防遗漏。临行前，还应主动征求客人的意见。

二、离开楼层时的送别

客人离开房间时，服务员要送到电梯口，主动为客人按电梯，协助行李员将行李送入电梯、放好。当电梯门即将关闭时，面向客人，微笑告别，并向客人表示欢迎再次光临。

对老弱病残客人，要护送下楼至大门或上车。

三、善后工作

客人离开楼层后，应迅速进入房间仔细检查衣柜、床铺、卫生间等处，查看有无客人的遗留物品，如有立即通知客人并派人追送，如追送不到，应做好记录上交，以备客人查找时归还。同时检查房内物品有无丢失，设备有无损坏，有无消费项目，如有立即通知前台收银处，请客人付账或赔偿。最后，做好客人离房记录，告之客房服务中心做好房态的变更。

议一议
Discuss It

请大家议一议：在迎接宾客的服务中，是"迎接客人"重要呢？还是"送别客人"重要呢？

任务三　掌握离店查房程序

当接到前厅收银处通知退房时，客房服务员应尽快查房。如发现客人的房门挂有"请勿打扰"牌，服务员暂不能进房打扰客人，应将此情况及时通知前厅收银员。并注意该房情况。若房内有客人，应等客人出来后再查房；若该房客人已不在房内，则应通知领班一起进房查看。

当服务员查房时，如发现床罩、地毯有烟头烫痕或其他设施设备或物品有损坏及遗失时，应保持该区域的原状，然后及时通知大堂经理（副理），查看现场并与客人协商赔偿事宜（是否需要赔偿及赔偿标准等，因酒店不同，具体的制定标准也各异）。索赔后，服务员再进行清洁或修理。

处理客人遗留物品事项时，有的客人因急事提前退房，委托服务员代其处理未尽事宜。服务员承接后要做好记录，千万不可因工作忙碌而丢在一边或造成物品的丢失。

想一想
Think It

客人在离店时，都希望客房部查房的时间越短越好，你有什么好的方法，可以达到此效果呢？

项目四 客人住店期间的服务
Task Four Services for Housekeeping Guests

客房部在客人住店期间为其提供各项服务。这些服务的水平，也是客房优质服务的关键所在。服务员不仅要做到"客人至上，服务第一"，更要掌握各项服务的要领和服务技巧。

任务一 掌握清扫服务

客房部在客人住宿期间，要经常保持客房整洁。客房管理部门一般制定二进房的操作程序，即白天住客房大清扫和晚间提供客房夜床服务。客房服务人员不仅要按照规程定时进房整理房间，而且还要根据宾客的要求，随时进房提供客房整理服务，做到定时与随时相结合。特别是当宾客在房内会客或用餐结束后，更需及时提供房间整理服务。

 想一想
Think It

你认为一天为客人提供几次"房间清扫服务"是最合理、最恰到好处的？

任务二 熟悉小酒吧服务

为方便客人在房间里享用酒水饮料，同时增加酒店客房收入，中、高档酒店的客房一般都配备小冰箱或小酒吧，存放一定数量的软硬饮料和干果，如烈性酒、啤酒、果汁、汽水等，供客人自行取用。收费单放在柜面，一式三联，上面注明各项饮料食品的储存数量和单价，请客人自行填写耗用数量并签名。

客房服务员每天进房清点小冰箱内的饮料数量，并核对客人填写的饮料收费单。收费单的第一联和第二联转交前厅收银处记账和收款，第三联则由客房部汇集后填写食品耗用报告。服务员除记录客人的耗用情况外，还须及时将食品按规定的品种和数量补充齐全，将用过的杯纸巾、杯垫、调酒杯等撤换，并放上新的饮料收费单。

想一想
Think It

你认为为客人提供的客房"Mininbar服务"的品种是应该增减呢？
还是应该适当的减少呢？

任务三　掌握洗衣服务

衣物洗涤方法通常有3种：即干洗、湿洗、烫洗；时间上有快洗、普通洗两种；快洗一般4h，普通洗一般24h。客人送洗的衣物必须由客人在洗衣表上自己填写清楚。服务员收到客人送洗的衣物时，必须仔细检查客人衣物有无破损、严重污点、退色、不适合洗涤的，衣袋里有无东西，衣物的扣子有无脱落等。如有问题，必须与客人讲明，并得到客人的最终授权后，方可为客人提供洗涤。

送洗的衣物，必须按质、按时、按要求，如数送交回客人。若有缺损，客人会不客气地要求索赔，遭遇这种情况时，应按照洗衣单中关于赔偿的事项，向客人进行赔偿。

想一想
Think It

客房部在为住店客人提供 洗衣服务时，还应注意哪些事项呢？

任务四　了解擦鞋服务

客人需要擦鞋服务时，一般会致电客房服务中心或将脏鞋放在门外，服务员应热情主动地将鞋拿到擦鞋间帮客人将鞋擦亮，拿鞋时一定要注明房间号码，决不可搞错。

提供人工代客接鞋服务时，应在客房壁橱内放置标有房间号码的鞋篮，并在服务指南中告示客人，如需擦鞋可将鞋放入鞋篮内，于晚间放置房间门口并直接通知楼层服务员。客房服务员一般只替客人擦拭深色普通皮鞋，若遇客人交来浅色皮鞋或特殊皮革制成的鞋，不可随意乱擦，应在征得客人同意和授权后，将皮鞋交鞋匠处理。

做一做
Do It

高星级酒店的客房部，都会向住店的客人提供擦鞋服务。
请将你的同学、同事假设为住店的客人，你试着为其提供一次擦鞋服务吧。

任务五　了解托婴服务

带婴儿的客人有两种情况：一是以住公寓的长住客为多；二是度假的客人，他们喜欢带小孩外出度假。为了方便住客，饭店提供托婴服务。客房部帮助客人照顾小孩，并收取服务费。一般酒店没有专职保育员，承担照管工作的服务员应该受过照料小孩的专门训练，懂得和掌握照看小孩的专门知识和技能，并且略通外语。在照管前，服务员必须向客人了解小孩的特点及家长的要求，确保小孩愉快、安全，使客人满意。酒店并不配备专职人员从事此项服务，而是向社会服务机构代雇临时保育员，或是由客房部女服务员利用业余时间照管。在规定的区域内照看小孩，不得擅离职守，并需认真填写托婴服务情况表。一般以 3h 为计费起点，超过 3h 的，按小时增收费用。

想一想
Think It

一般情况下，客房在向客人提供"托婴服务"时，都会找中年已婚的服务员大姐来提供此项服务。你认为这样做有必要吗？

任务六　熟知租借物品服务

酒店还向有特殊需要的住店客人提供借用物品服务，临时出借熨斗、烫衣板、吹风机、婴儿床、睡枕、冰袋、体温计、剪刀等物品。

借用物品服务，由客房部负责提供。在酒店的服务指南中，应标明可供借用的物品名称及借用办法。客人在借用和归还物品时，都必须办理借用和归还手续，造册登记。在宾客离开酒店前，客房部应通知客人归还借用的物品。

议一议
Discuss It

请大家议一议：如果你是一名客房部经理，你会采用哪种有效的方法来控制租借物品的丢失呢？

任务七　了解加床服务

客房服务员不得随意答应客人加床的要求，更不得私自向客人提供加床服务。客房服务员接到总台有关提供加床服务的通知后，应立即在工作单上做好记录，随后将所需物品送至客房。如果客人在房内，主动询问客人，按客人要求摆放好加床。在加床的同时，还须为客人增加一套客人棉制品、杯具、茶叶及卫生间用品等。

做一做
Do It

　　酒店客房部为住店的客人提供的服务很多很多。

　　请你动手写一下：将所有客房部能为客人提供的服务项目全部归纳出来。

项目五 宾客类型和服务接待要求
Task Five Requirements of Serving Housekeeping Guest

任务一 掌握 VIP 客人服务程序

在酒店日常接待服务中，对贵宾的服务是一个重要的环节。酒店根据客人的身份高低、社会影响的大小及对酒店本身的利益，把贵宾分为不同的等级，不同的等级有不同的接待标准。在客房服务中主要表现在准备服务、迎接服务、住店服务和离店服务这 4 个环节上。

一、贵宾抵达前的准备

1. 了解客情

客房服务人员通过"贵宾接待通知单"全面了解客人的基本情况，以便客人到达时，服务人员能够称其名、道其职，按其生活习惯安排工作，进而提供个性化服务，使客人真正感到宾至如归，受到与众不同的接待。

2. 清理客房

接到贵宾接待通知单后，要选派经验丰富的服务员将房间彻底清扫，按规格配备好各种物品。通常贵宾房除了按照一般规程进行客房清理外，还必须做好客房的计划卫生项目。为了表示对贵宾的欢迎，一般在写字台上摆放有总经理签名的欢迎信、名片，摆放酒店的赠品，如鲜花、果篮、饮料、点心等。

二、贵宾抵达时的迎接

贵宾在酒店有关人员陪同下抵达楼面时，客房部主管、服务员要在楼梯口迎接问候，并根据情况进行适当引领和介绍，随时做好服务工作。

三、贵宾住店期间的服务

优质的对客服务，可让贵宾在住店期间感受到特别的尊重和不同于普通客人的礼遇。客房服务人员需要用姓或职务尊称客人，并主动问候。根据所了解的贵宾情况和服务中观察到的客人生活习惯、爱好和工作规律，把握时机，为客人提供各种有针对性的服务。

在提供各项客房服务时应优先考虑贵宾房，务必在客人最方便时进行服务，以不打扰客人休息和正常生活起居为原则。在客人外出期间安排整理服务并及时更换客人用过的卫生间用品。

配合保安部做好安全工作，如服务中注意为客人保密、不将房号告诉无关人员等，对特殊身份的访客更要谨慎，以确保宾客的安全。根据宾客的要求随时提供服务。

四、贵宾离店送行

楼层服务员接到贵宾离店通知后，应主动进房向客人表示问候，征询客人意见，询问有无需要帮助的事宜，通知行李员为客人提携行李。

客人离开房间和楼层时，应向客人道别，为客人按下电梯按钮，客人进电梯后，祝客人一路平安并欢迎再次光临。

迅速检查客房。检查客房酒水使用情况及客房设施设备有无损坏，并使用房内电话报到前厅收款处。检查有无客人遗留物品，如有应尽快归还客人。若有设备损坏，应通过大堂经理（副理）或客房管理人员给予处理。除非重大损失，一般不要求其进行赔偿。

 做一做
Do It

对于 VIP 客人，任何酒店都会十分注意并做好接待。

假设你是酒店客房部经理，请你设计一下全程接待 VIP 客人的接待方案和注意事项内容。

任务二　了解特殊客人服务

一、醉客服务

对醉客服务，既要耐心、周到，又要注意安全，包括客人的安全、酒店的财物安全和员工自身安全。客房服务人员在为醉客服务时，应做好以下几个方面的工作。

1. 发现醉酒客人

（1）当发现客人在房内不断饮酒时，客房服务人员应特别留意该客人动态，并通知领班，在适当情况下，与当班其他服务人员或领班借机进房查看，切忌单独进房。

（2）客房服务人员有时会在楼层发现有醉酒客人，如果证实其为外来游荡的醉客，应请其离开，通知安全部人员将醉客带离楼层，并控制醉客的行为。

（3）若是住店客人，应通知领班或请同事帮忙，安置客人回房休息。

2. 视客人醉酒程度给予适当的服务

（1）如果客人饮酒过量，但尚清醒，应扶客人上床休息，并将垃圾桶放在床边，以备客人呕吐，并备好面巾纸、漱口水，放在床头柜上。客人呕吐过的地面也要及时清理干净。

（2）征求意见后，泡一杯茶给客人放在床头柜上。

（3）安顿客人休息后，房间要留灯，如夜灯或廊灯，然后轻轻退出房间，关好房门。

3．注意安全

（1）密切注意房内动静，以防房内物品受损或因客人吸烟而造成火灾。

（2）对因醉酒而大吵大闹的客人要留意观察，在不影响其他客人的情况下一般不予干涉。但若发现客人因神志不清而有破坏行为，则应通知保安部、大堂副理。若已造成设备物品损坏，应做好记录，待客人酒醒后按规定索赔。

（3）若遇客人倒地不省人事和有发生意外的迹象，如酒精中毒，应及时通知大堂经理（副理），同时通知医务室医生前来检查，以保证客人安全；对醉客纠缠不休的，要机警应对，礼貌回避。

4．做好记录

在"服务员工作日报表"上填写醉酒客人房号、客人状况及处理措施。

二、病客服务

如果遇到住店客人生病，应给予特殊关照，并体现出关怀、同情和乐于助人的态度。

1．病客服务程序

（1）发现住店客人生病要表示关怀并主动帮助。

（2）礼貌地询问客人病情，了解病因，若客人表示确有些不舒服或道出病情，服务人员应提醒客人，饭店有医务室或驻店医生服务，可前去就诊或请医生到客房出诊。

（3）对在房内病卧的客人，应把纸巾、热水瓶、水杯、纸篓等放在客人床边，加送热毛巾。

（4）要适时借服务之机进入客人房间并询问客人有无特殊要求，建议并协助客人与就近的亲朋熟人取得联系，提醒客人按时服药，推荐适合客人的饮食。

（5）关上房门并随时留意房内动静，报告领班或主管，并将客人房号和生病概况记录在"服务员工作日报表"上。

（6）客房部管理人员应亲自慰问病客，并送鲜花、水果等，祝客人早日康复。

2．病客服务注意事项

（1）在日常对病客的照料中，服务员只需做好必要的准备工作即可离去，不得长时间留在病客房间，病客若有需要可电话联系。

（2）如遇危重病人应及时与医院或急救站联系，组织抢救，救护车未到前可由驻店医生给予必要的救治处理，同时要立即逐级上报，大堂副理或酒店值班经理应亲临处理。若客人处于清醒状态，则需征得客人同意。

（3）未经专门训练和相应考核的服务员，若发现客人休克或有其他危险迹象时，应及时通知大堂副理或值班经理采取必要措施，不得随便搬动客人，以免发生意外。

（4）若有客人要求服务员代买药品，服务员首先应婉言向客人说明不能代买药品，并推荐酒店内医务室，劝客人前去就诊。若客人不想看病，坚持让服务员代买药品，服务员应及时通知大堂副理，并由其通知驻店医生到客人房间，进而由医生决定是否从医务室为客人取药。

（5）若发现客人患有传染病时，应做到以下几点。

①关心安慰客人，稳定客人情绪；

②请酒店医务室医生为其诊治；

③将客人转到医院治疗；

④客人住过的房间应请防疫部门进行消毒；

⑤彻底进行清理后再出租。

三、残疾人服务

在残疾客人中，常见的有3种类型：一是坐轮椅的腿部有残疾的客人；二是盲人或视力不佳的客人；三是听力不佳的客人。在客房服务中应根据残疾客人行动不便以及生活自理能力差等特点，给予特别的照料。

在服务中应注意以下事项。

(1)在客人进店前，根据前厅等部门提供的资料了解客人的姓名、残疾的表现、生活特点、有无家人陪同以及特殊要求等，做好相应的准备工作。

(2)客人抵店时，在梯口迎接，问候客人并主动搀扶客人进入客房，帮助提拿行李物品等。

(3)仔细地向客人介绍房内设施设备和配备物品，帮助客人熟悉房内环境。对盲人和视力不佳的客人，这点尤其重要。

(4)在客人住店期间，对其进出应特别加以关注，并适时给予帮助，如搀扶其进出电梯、客房，提醒客人注意安全，小心滑倒等。当客人离开楼层到酒店其他区域时，应及时通知有关人员给予适当照料。

(5)主动询问客人是否需要客房送餐服务，配合餐饮服务人员做好服务。

(6)应尽力承办客人委托事项，通过有关部门的协作，及时完成并回复，使残疾客人住店期间倍感方便、愉快。如客人需代寄邮件或修理物品等，要及时通知大厅服务处为客人办理，提供让客人满意的服务。

(7)对残疾人的服务应主动热情、耐心周到、针对性强，并照顾到客人的自尊心，对客人的残疾原因不询问、不打听，避免因言语不当而使客人不愉快。

(8)当客人离店时，服务人员应主动征询客人意见和要求，并通知行李员帮助客人提拿行李，送客人进入电梯后方可离开。

议一议
Discuss It

请大家议一议：假设你遇到了"特殊客人"需要提供服务，你会如何去做呢？

项目六　客人投诉的处理
Module Six　Handling Guest Complaints

　　酒店投诉是指宾客（消费者）对酒店所提供的产品或服务不满时，而提出的具有批评意见的信息反馈。一般来说，客人投诉既有积极的一面，也有消极的一面。消极的一面是可能影响酒店的声誉。因为客人通常在受到不公正待遇后，不仅投诉酒店，而且更严重时，将不会再来光顾，甚至还会把这个不愉快的经历告诉他们的朋友、亲属和同事。因此，如果忽视了客人投诉或处理不当，将使酒店失去客人并且无法适应日益激烈的竞争环境。积极的一面是投诉像一个信号，告诉我们酒店服务与管理中存在的问题，以使酒店管理者能够对症下药，改进服务质量，提高管理水平，吸引更多的客人前来投宿。

　　酒店正确处理客人投诉，能改善客人对酒店的印象，体现出"宾客至上"的服务宗旨。有利于加强酒店与客人之间的沟通和交流，也有利于争取更多的客源。客人的投诉还是改进和提高酒店服务质量的重要途径。宾客的合理化建议能有效地提高酒店的管理水平，提高市场竞争力。所以，酒店各级人员对客人的投诉应持积极和欢迎的态度。

任务一　了解客人投诉原因

　　在酒店服务和接待的过程中，产生投诉的原因多种多样，大致可以归纳为以下 3 种。

　　（1）酒店方面的原因。客房的某些设施设备和服务水准未能达到应有的标准，没有使客人感到"物有所值"。如空调失灵、卫生间水龙头损坏、马桶漏水等，即使服务态度再好，也自然会引起客人的不满和投诉。也有因服务员的服务态度、服务效率、服务时间等方面没有达到酒店或客人的要求与期望而引起投诉。

　　（2）由于不同的客人对需求、价值观、对问题的看法不一致，导致不同的感受和看法，有时也会在这些方面存在误解。

　　（3）客人自身的原因。客人在外遭到不公正的对待或心情低落时，借助其对酒店的一些偏见和看法而宣泄或故意挑剔、无事生非等。

想一想
Think It

你认为作为一名客房服务员，了解客人投诉的原因后，会对工作带来哪些帮助呢？

任务二　熟悉客人投诉的方式

一、显性投诉的产生与处理

显性投诉是指酒店的客人为维护自身和他人的合法权益，以书面或口头等公开的形式向有关旅游行政管理部门或者酒店提出投诉，请求处理的行为。

客人投诉的原因很多，但投诉心理不外乎以下 3 种：求补偿、求尊重、求发泄。了解客人投诉的原因和心理，有助于针对性地处理好客人的投诉。

二、隐形投诉的产生与处理

相对于显性投诉，存在更多的是隐形投诉。据国外的研究，只有占不满意顾客总数 5%以下的人才会投诉，大多数人只是简单地转移到其他酒店那里。所谓隐形投诉是指当客人对酒店接待服务或者接待人员不满时，客人不向酒店主管部门、酒店或者服务员投诉，而是以"用脚投票"的方式来表现不满，具体而言就是自己或者影响他人不再购买该酒店的产品。显然，隐形投诉的破坏力更大，因为一般企业对于这种投诉并不重视，也无从了解客人不满意的原因。这部分客人比显性投诉的客人人数多，其意见更具有代表性，因而酒店应当加强对这部分投诉的重视。

通常情况下客人消费之后的感受呈正态分布状态，换言之，极端满意和极端不满意的人在所有客人中是少数，更多的人处在两者之间。非常满意的人一般会成为忠诚客人和回头客，极端不满意的人容易形成显性投诉，而中间的人则属于游移顾客群，即使不满也不会形成显性投诉。对于他们，酒店应当给予相当的重视，了解他们对产品和服务的意见，努力争取他们能够继续成为自己的顾客。

想一想
Think It

你认为熟悉了客人的投诉方式后，我们应在工作中如何避免客人的投诉呢？

任务三　掌握酒店处理投诉的方法

客人投诉的妥善处理，可以变坏事为好事，成为酒店扭转某些问题的契机。许多有经验的酒店管理人员都十分重视顾客的投诉。因为，投诉最多的问题正是酒店质量薄弱的环节。

1. 仔细倾听，保持冷静

不管客人当时脾气多大，态度多差，都要耐心让他把话说完，不要急于解释，并做必要的记录。投诉客人往往把话讲完了气也就消去大半，这时问题也就易于解决了。

2. 高度重视

无论客人投诉的问题大还是小，都应给客人以足够的重视，因为在客人看来，只要投诉便不是一般的小问题。

3. 尊重客人

在处理投诉时一定要维护客人的自尊心，即使客人有不合理的要求和误解时，也不可当面顶撞客人。

4. 调查和了解

接到投诉后应及时进行调查和了解，重要的投诉必须报告上级主管人员，并弄清客人投诉的问题和客人投诉的心理状态。

5. 迅速答复

针对投诉的问题迅速做出答复，并及时采取相应措施。若当场无法答复，则应向客人明确答复时间，不可拖延。在答复时应对客人的意见表示感谢，重要的投诉应把调查情况及处理经过及时向客人说明，并提出今后改进的方法。对一些确实暂时不能解决的投诉，要耐心向客人解释，取得谅解，并请客人留下地址和姓名，以便日后告诉客人最终处理的结果。

6. 积极改进

客人投诉的问题，一般都是酒店管理相对薄弱的环节，酒店应对客人投诉的方面及相关方面进行积极的改进，以利于今后工作的完善和预控。

7. 记录在案

对客人投诉内容及酒店处理办法等应记录在案，以备必要时核对。

议一议
Discuss It

请大家议一议：假设你是客房部经理，你在接到客人投诉时，会采用哪种方法来解决呢？

思考与训练
Practice and Drills

思考问答
Review Questions

1. 简述客房楼层服务台模式的缺点。
2. 简述客房中心模式的优点。
3. 描述客房对客服务的特点。
4. 请列举出酒店为住店客人所能提供的服务有哪些。
5. 简述客人投诉的原因是什么。

单项选择
Individual Choice

复习本模块课程内容，请将正确答案的选项填写在横线上。

1. _____是高星级酒店客房部采用"客房服务中心模式"时首要考虑的问题。

A. 时间　　　　B. 物力　　　　C. 人力　　　　D. 投资

2. 客房服务员发现有客人的遗留物品时，应及时上交到_____。

A. 客房部经理　　　　B. 客房服务中心

C. 酒店保安部　　　　D. 酒店库房

3. 客房部服务员在处理"请勿打扰"房时，一般到_____时，如客人仍未更改，可以给房内打电话进行询问。

A.10:00　　　　B.12:00　　　　C.14:00　　　　D.18:00

4. 遇到醉酒客人时，不可以向客人提供的服务是_____。

A. 提供一杯浓茶　　　　B. 提供醒酒药

C. 随时关注客人情况　　　　D. 做好跟进和交接

案例分析
Case Study

一条拉链，拉近了客人的认可

服务员小胡在为客人清扫房间时，看到客人衣服拉链坏了，客人向小胡询问附近哪里可以买到衣服。小胡见客人的衣服拉链已坏，又没有替代的衣服，到街上购物不方便，便主动帮助客人解决问题。很快小胡找到工程部李师傅，带着工具来到客人房间，为客人修好了衣服拉链。

客人很感动，原本很棘手的事，通过李师傅和小胡热情、周到的服务，迅速解决了，避免了穿着坏拉链的衣服上街购物的尴尬，同时节省了时间和精力，客人对小胡主动替客人解决问题的服务态度给予肯定，对酒店给予了高度评价。

讨论：

1. 你觉得小胡的做法对吗？

2. 假如你遇到了会怎样做？

分析：

企业开展市场营销、参与市场竞争的关键是服务与有形产品的质量，服务与有形产品相比较，几乎所有企业都把提高服务质量放在首位。而残酷的现实，使人们越来越懂得优良的服务质量是企业战胜对手的重要武器。

"……今天的服务是无处不在的！而且服务质量的优劣就能决定一个企业在竞争中的成败……今天我们出售的不仅是产品，而是伴随着产品的服务综合……无论我们感兴趣的是什么企业，其成功的唯一钥匙恰好都是优质服务。"

修拉链一件小事，反映的是怎样为客人提供优质服务、达到客人满意的大问题。在客房部的日常工作中，时时刻刻都会遇到一些非本岗工作范围的、需要其他部门配合共同完成的工作。如何提供满意服务，创造惊喜？如何创建酒店品牌？是我们长期思考的问题。

实训练习
Training Exercises

项目名称： 客房服务。

练习目的： 通过实训练习，使学生能够熟练掌握各项客房服务的操作。

实训内容： 各项客房服务，包括借物服务、洗衣服务、送餐服务、擦鞋服务、夜床服务、托婴服务等。

测试考核： 随机抽取一项服务项目，进行模拟服务操作。

知识拓展
Knowledge Development

贴身管家服务

Butler service

贴身管家服务主要负责对客提供全过程跟进式的服务。对宾客入住期间的需求进行全过程的提供，针对不同客人的不同需求做好客史档案的收集与管理。

一、贴身管家素质标准

（1）具有基层服务工作经验，熟悉宾馆各前台部门工作流程及工作标准；熟悉餐饮部各个部门的菜肴，以及红酒搭配。

（2）具有较强的服务意识，能够站在顾客的立场和角度提供优质服务，具有大局意识，工作责任心强。

（3）具有较强的沟通、协调及应变能力，能够妥善处理与客人之间发生的各类问题，与各部门保持良好的沟通、协调。

（4）了解酒店的各类服务项目，本地区的风土人情、旅游景点、土特产，具有一定的商务知识，能够简单处理客人相关的商务材料。

（5）形象气质佳、具有良好的语言沟通能力。

（6）具备丰富的知识面，有较强的抗压能力。

二、贴身管家岗位职责

（1）负责检查客人的历史信息，了解抵离店时间，在客人抵店前安排赠品，做好客人抵达的迎候工作。

（2）负责客人抵达前的查房工作，客人抵店前做好客房的检查工作及餐室的准备，准备客人的房间赠品，引导客人至客房并适时介绍客房设施和特色服务。提供欢迎茶（咖啡、果汁），为客人提供行李开箱或装箱服务。

（3）与各前台部门密切配合，安排客人房间的清洁、整理、夜床服务及餐前准备工作的检查和用餐服务，确保客人的需求在第一时间予以满足。

（4）负责客房餐饮服务的点菜、用餐服务，免费水果、当日报纸的配备，收取和送还客衣服务。安排客人的叫醒、用餐、用车等服务。

（5）对客人住店期间的意见进行征询，了解客人的消费需求，并及时与相关部门协调沟通予以落实，确保客人的需求得以适时解决和安排。

（6）及时准确地了解酒店的产品、当地旅游和商务信息等资料，适时向客人推荐酒店的服务产品。

（7）致力于提高个人的业务知识、技能和服务质量，与其他部门保持好良好的沟通、协调关系，24小时为客人提供高质量的专业服务。

（8）为客人提供会务及商务秘书服务，根据客人的需要及时有效地提供其他相关服务。

（9）整理、收集客人住店期间的消费信息及生活习惯等相关资料，做好客史档案的记录和存档工作。

（10）客人离店前为客人安排行李、出租车服务欢送客人离馆。

（11）严格遵守国家相关的法律法规、行业规范及酒店的安全管理程序与制度。

三、管家服务程序

1. 抵店前

（1）了解检查预订、保留房间，检查客史记录，了解客人喜好。

（2）与相关部门沟通，及时跟进客人的喜好安排。

（3）抵店前两小时检查房间、餐室状况和赠品的摆放。

①房间的布置符合客人的喜爱和生活起居习惯、爱好及赠品的喜好。

②注意客人安全，隐私保密。

③及时与相关部门沟通确保客人喜好得到尊重和安排。

2. 住宿期间

（1）提前十分钟到大厅迎候客人，客到后做简单介绍，引领客人至房间，介绍宾馆设施及房间情况。

（2）客人进房后送欢迎茶及免费水果。

（3）与各前台部门密切配合安排客人的房间清洁整理、夜床服务及餐室准备的检查、点单、餐中服务。

(4) 根据客人需求每日为客人提供房内用餐服务、洗衣服务、叫醒服务、商务秘书服务、用车、日程安排、当日报纸、天气预报、会务商务会谈、休闲等服务。

(5) 做好客人喜好的观察和收集，妥善处理好客人的意见和建议。

(6) 做好酒店各部门的沟通和跟进，满足客人与超越客人的愿望。

(7) 24h 为住店客人提供细致、周到的服务。

3. 离店前

(1) 掌握客人离开的时间。

(2) 为客人安排车辆、叫醒服务和行李服务。

(3) 了解客人对酒店的满意度，确保客人将满意带离宾馆。

4. 离店后

(1) 做好客人档案管理

①公司、职务；②联系地址、电话及 E-mail；③个人相片；④意见或投诉；⑤对客房、餐饮、娱乐、商务等喜好；⑥未来的预订；⑦名片。

(2) 做好客人遗留物品的处理

四、贴身管家房内用餐服务规程

(1) 接到客人房内用餐要求后，及时将客人的饮食习惯反馈到餐饮部。

(2) 根据客人要求，将点餐单送到客房。

(3) 根据客人的用餐人数及饮食习惯为客人推荐食品与酒水。

(4) 及时将客人的点菜单反馈餐饮部，做好餐前的准备工作，安排送餐。

(5) 点餐送入房间后由管家服务人员为客人提供服务。

五、管家服务的注意事项

(1) 注意客人的尊称，能够用客人的姓名或职务来称呼客人。

(2) 客人是否有宗教忌讳。

(3) 将你的联系方式告知客人，向客人介绍管家服务职能是 24h 为客人提供服务。

(4) 注意客人的性格，选择相应的沟通、服务方式。

(5) 房间的温度、气氛 (味、花) 及音乐是否调到适宜。

(6) 客人遗留衣物应洗好妥善保存。

六、贴身管家特殊服务规程

(1) 行李开包：征求客人意见后予以操作。

(2) 取衣。

(3) 熨烫：征求客人意见按服装的质地及款式进行操作。

(4) 配套、摆挂：将客人衣物进行统一配套，按类挂好放入壁橱。

(5) 擦鞋：执行客房擦鞋工作规程。

模块五
公共区域清洁和保养
Module Five　Public Areas Cleaning and Maintenance

学习目的
Learning Objectives

（1）详细了解公共区域的概述；

（2）了解清洁器具和清洁药液的使用；

（3）了解公共区域卫生清洁保养程序和标准；

（4）了解地面和墙面的清洁和保养等。

知识与技能掌握
Knowledge & Skills Required

（1）熟知公共区域卫生范围和特点；

（2）掌握清洁器具的种类、使用方法；

（3）掌握不同性质的清洁药液的使用方法；

（4）熟知公共区域范围内重点部位的清洁和保养程序；

（5）掌握地面、墙面的清洁和保养的方法以及相应的程序。

新员工疑惑
New Staff Doubt

　　作为一名客房部的员工，为什么还要了解和学习"公共区域"方面的知识呢？与公共区域相关的知识、程序、清洁和保养标准对自身的工作能起到什么作用呢？

　　此模块将介绍和阐述公共区域方面的内容，为你解开此困惑。

项目一　公共区域概述
Task One　Public Areas Overview

　　酒店公共区域（Public Area，简称PA）是指除客房和厨房以外的酒店范围内的公众共享、共有的区域。通常，人们习惯上把酒店的公共区域分为室外和室内两个部分。室外公共区域又称为酒店外围。包括花园、外墙、停车场及前后门广场等。室内公共区域又分为前台和后台两个组成部分，前台区域是专供客人活动的场所。如前厅大堂、客用电梯、餐厅和酒吧、客用卫生间、娱乐区域、会议室等；后台区域即为酒店员工划出的工作和生活区域，如行政办公区域、员工餐厅、培训教室、员工更衣室、员工倒班宿舍、员工浴室、员工活动室等。酒店客房部一般都设有公共卫生组，专门负责公共区域的清洁保养及绿化养护工作。

　　酒店公共区域是酒店的重要组成部分。酒店公共区域的清洁保养直接影响着宾客对酒店的第一印象，宾客、访客们往往停留在公共区域品头论足，将其作为整个酒店档次、管理水平、服务质量的衡量标准之一。

　　另外，酒店公共区域的设施设备很多，投资较大，其清洁保养工作直接影响到酒店的日常运营以及设施设备的使用寿命。因此，做好酒店公共区域的清洁保养工作有着特别重要的意义。

任务一　了解公共区域卫生范围

　　公共区域部主要负责酒店内外的环境卫生，所辖范围具体包括酒店前厅、通道、各办公室、公共洗手间、餐厅（不包括厨房内）、会议室、楼梯、走廊、门窗和酒店周围等区域。

　　根据酒店公共区域的功能和使用者的类别来分，可以分为客用部分和服务员使用部分，客用部分主要包括停车场和营业场所及客人临时休息场所、洗手间等；服务员使用部分主要包括服务员更衣室、服务员食堂、倒班宿舍、培训教室、阅览室、活动室等。

　　根据其所处的位置，又要分前台部分、后台部分、室外部分和室内部分。如图5-1所示。

前台部分

| 后台部分 | 室外部分 | 室内部分 |

图 5-1　公共区域卫生范围

想一想
Think It

　　酒店的公共区域范围很大。你想一想，除了上述所讲的范围外，还有哪些范围呢？

任务二　熟悉公共区域卫生特点

　　作为负责整个酒店公共区域清洁保养任务的公共卫生组，其管辖范围广、影响面大、对客服务质量要求较高等业务特点，反映了公共区域管理工作的挑战性和艰巨性。

一、管辖范围较广，要求较高，影响大

　　公共区域是属于公众共有共享的空间，也是酒店客流量最大的地方。任何人只要到酒店来就必然会经过公共区域，可以说公共区域是酒店的门面。很多人对酒店的第一印象就是通过酒店的公共区域获得的，这种印象会直接影响对酒店的评价和今后的选择。例如有些人如果进入酒店后看到大厅不够整洁，设备损坏，用品摆放凌乱，就有可能联想到客房和餐厅的情境。在这种情况下，除非迫不得已，一般不会再继续选择在此住宿、用餐或进行其他的消费。所以，酒店必须高度重视公共区域的清洁保养工作的质量，并以此为酒店增光添彩，增强酒店在社会公众中的美好声誉。

二、任务繁重琐碎，不易控制

　　公共区域涉及的范围较广，岗位也较为分散。除客房和厨房外，都属于公共区域负责的范围。并且公共区域宾客活动较频繁，环境变化不断，给清洁和保养工作也带来了诸多的不便。因此，公共区域的清洁保养工作任务也就显得非常繁重，工作难度也会增大，工作时间也会不固定，而且有些工作也难以预见和计划，如天气的变化和活动的安排都有可能带来额外的工作任务，造成清洁保养质量不易控制。

三、技术含量高，专业性较强

在公共区域的清洁保养工作中，也含有一些专业性较强的工作，技术含量也较高，工作中也会使用一些专业设备、工具和用品。因此，作为公共区域服务员也应掌握较为全面的专业知识、具备熟练的操作技能、积累丰富的工作经验，才能胜任此项工作。由于各种因素，很多酒店的公共区域服务员的年龄都相对偏大，文化程度也较低，更缺乏一些专业技术能力，员工的流动率也较大，这些因素给清洁保养工作带来很大的困难。

因此，在日常工作中，公共区域服务员必须要具有强烈的责任心，积极、主动地投入到工作中去，再加上管理人员适时的督导和巡查，才能将清洁保养工作做到位。

议一议
Discuss It

请大家议一议：你们觉得公共区域的卫生管理简单吗？如果你是客房部的 PA 主管，你将怎样安排好每日的公共区域卫生呢？如何管理呢？

项目二 清洁器具和清洁药液的使用
Task Two Cleaning Equipment and Use of Detergent

任务一　熟悉清洁器具

一、清洁设备的分类

必要的清洁设备是提高清洁服务质量和效率的保证。客房部所用的清洁设备种类很多，从广义上讲，是指从事清洁工作时所使用的任何器具，既有手工操作的简单的工具；也有电机驱动的特殊的机器。为了便于使用和管理清洁设备，可把清洁设备分为两大类：一般清洁器具和机器清洁设备。

1.一般清洁器具

一般清洁器具，包括手工操作和不需要电机驱动的清洁设备，如图 5-2 所示，主要有以下几种。

（1）扫帚　扫帚主要用于扫除地面那些较大的、吸尘器无法吸走的碎片和脏物。根据其用途、形状和制作材料的不同，可以分为很多种。

（2）簸箕　用于撮起集中成堆的垃圾，然后再倒入垃圾容器的工具。可分为单手操作、三柱式和提合式 3 种。

（3）拖把　拖把是用布条束或毛线束安装在柄上的清洁工具。现在大多数装有环扣以免束带脱落，而且都由尼龙绳制成，以避免发霉和腐烂。所有的拖把头都可以拆卸，以便换洗。拖把较适用于干燥平滑的地面，其尺寸大小取决于地面和家具陈设等。

（4）尘拖　尘拖也称万向地拖，是拖把的进一步发展。尘拖由两个部分构成：尘拖头、尘拖架，尘拖头有棉类和纸类两种。尘拖主要用于光滑地面的清洁保养工作，它可将地面的沙砾、尘土等带走以减轻磨损。为了使尘拖效果更好，往往还要蘸上一些洗尘剂或选用可产生静电的合成纤维制作的推尘头。尘拖头的规格应根据地面的情况而选用。拖头必须经常换洗以保证清洁效果和延长其使用寿命。用牵尘剂（静电水）浸泡过的棉类拖头，除尘效果更好。

（5）清洁工作车　清洁工作车是服务员清洁和保养时用来运载物品的工具车。有的酒店还配备了不同类型的工作车，如：为运送垃圾桶而设计的辘轴车；以及用于搬运箱子的手推车和运输大件物品的钢制和木制的平台车（也称平板车）。

（6）玻璃清洁器　擦玻璃是客房服务员一项费时费力的工作，如果使用玻璃清洁器则可提高工效，而且安全可靠、简便易行。玻璃清洁器主要由长杆、"T"形把和其他配件构成。

图5-2　一般清洁器具

2. 机器清洁设备

机器清洁设备，一般指需要经过电机驱动的器具，如吸尘器、吸水机、洗地机、洗地毯机、打蜡机等。在酒店的清洁过程中，使用的大部分机械都是电动机械，这是因为电动机械不污染环境，使用灵便，而且效率甚高。如图5-3所示。

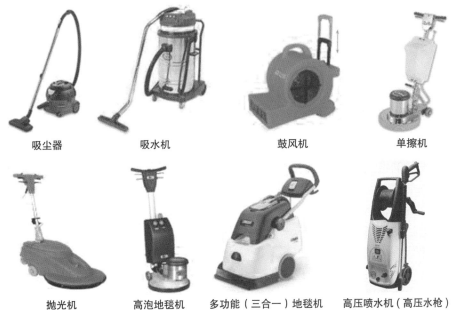

吸尘器　　　　　吸水机　　　　　　　鼓风机　　　　　　单擦机

抛光机　　　高泡地毯机　　多功能（三合一）地毯机　　高压喷水机（高压水枪）

图5-3　机器清洁设备

（1）吸尘器　吸尘器全称为电动真空吸尘器，它是一个由电动机带动的吸风机，即利用马达推动扇叶，造成机身内部的低压（真空），通过管道将外界物品上附着的灰尘吸进机内集尘袋中，从而达到清洁的目的。

吸尘器应用范围很广，包括清洁地板、家具、帐帘、垫套和地毯等。吸尘器不但可以吸进其他清洁工具不能清除的灰尘，如缝隙、凹凸不平处、墙角以及形状各异的各种摆设上的尘埃，而且不会使灰尘扩散和飞扬，清洁程度和效果都比较理想。吸尘器是酒店日常清扫中不可缺少的清扫工具。

（2）洗地毯机　用洗地毯机工作效率高，省时省力，节水节电。机身及配件用塑料玻璃和不锈钢制成。洗地毯机一般采用真空抽吸法，脱水率在70%左右，地毯清洗后会很快干燥。洗地毯机可清洗纯羊毛、化纤、尼龙、植物纤维等材料的地毯。

（3）吸水机　吸水机外形有筒型和车厢型两种，机身由塑料或不锈钢材料制成，分为固定型和活动型两种。吸水机的功能是，用洗地毯机洗刷后，地毯表面比较干净，但洗刷后的污水及残渣仍深藏在地毯根部，在地毯上容易形成脏污并使它失去弹性。如果用吸水机对刷洗后的地毯进行抽吸，任何顽固的残渣都能被彻底抽除，因为吸水机一般均装有两个真空泵，吸力特别大。

另外，还有吸尘吸水两用机，又称干湿两用吸尘器，此类机器既可用来吸尘，清理地板、家具和帐帘，又可以用来吸水。

（4）洗地机　洗地机又称擦地吸水机，它具有擦洗机和吸水机的功能。洗地机装有双马达，集喷、擦、吸干于一身，可将擦地面的工作一步完成，适用于酒店的大厅、走廊、停车场等面积大的地方，是提高酒店清洁卫生水平不可缺少的工具之一。

（5）高压喷水机　高压喷水机往往有冷热水两种设计，给水压力可高达 2 ～ 7m。一般用于垃圾房、外墙、停车场、游泳池等处的冲洗，也可以加入清洁剂使用。附有加热器的喷水机水温可高达沸点，故更适合于清除油污。

（6）打蜡机　打蜡机有单刷、双刷及三刷机，以单刷机使用最广。单刷机的速度分为慢速（120 ～ 175r/min）、中速（175 ～ 300r/min）、高速（300 ～ 500r/min）和超高速（1000r/min），其中慢速及中速较适合于擦洗地板用，高速则用于打蜡及喷磨工作。

二、清洁设备的选择

清洁设备不仅影响客房的经济利益，而且是保障客房部清洁卫生工作顺利进行的基本条件。清洁设备的管理是客房管理的一个重要组成部分。

由于大多数清洁设备的使用周期长、投资比较大，并且清洁设备的选择是否得当关系到客房部清洁保养的效果，因此，任何酒店都应根据自己的等级和规模，以及清洁保养的要求来选择适当的清洁机器。

选择清洁设备时的基本原则如下。

（1）方便和安全原则　清洁设备属于酒店生产性和服务性的设备，其使用目的是为了提高工作效率和服务质量。因此，清洁设备的操作方法要简单、易于掌握，有利于职工的操作。同时，要具有一定的机动性，便于清洁卫生的死角和最大限度地减小职工的体力消耗。安全是设备操作的基本要求。在选择和购买设备时，要考虑是否装有防止事故发生的各种装置，要选择安全系数高的设备。

（2）尺寸和重量　设备的尺寸和重量会比较大地影响工作的效率和机动性，甚至有关设备的保护。如吸尘器在房间使用时以选择吸力式的为佳。

（3）使用寿命和设备保养要求　清洁设备的设计应便于其自身的清洁保养，要配有易损配件，这样会相应地延长机器的保养和维修，从而达到延长其使用寿命的作用。同时，设备应坚固耐用，设计上也要考虑偶尔使用不当时的保护措施。电动机功率应足以适应机器的连续运转并有超负荷的装置。

（4）动力源与噪声控制　客房部要负责酒店公共区域的清扫工作，所以在选择清洁设备时，应考虑用电是否方便，据此确定是否选用带电瓶或燃油机的设备。同时，由于电机的设计和传动方式等不同，其噪声量也会有所不同。因此，针对客房区域的环境要求，应尽可能地选用低噪声的设备。

（5）单一功能和多功能　单一功能的清洁设备具有耐用和返修率低等特点，但会增加存放空间和资金占用。如果要减少机器件数，可选用多功能设备和相应的配件。但是多功能设备由于使用率高，返修率和修理难度也高，因此一定要解决好保养和维修等方面的问题。

（6）价格对比与商家信誉　价格比较不仅要看购买时的价格，还应包括售后服务的价格和零部件修配的可靠性等。质量上乘的产品往往来自一流的厂家和供应商，在购买前应对他们的信誉做充分地了解。另外，机器设备的调试与试用等也是选择清洁设备时应考虑的前提因素。

三、清洁设备的保养与管理

为了使其使用时达到正常的运行状态和清洁效果，机器设备的保养和管理工作就显得非常的重要。

清洁设备保养与管理的方法如下。

（1）建立设备档案

不管是客房设备还是清洁机器，都必须列入存货清单记录，注明采购日期、货源、价格和其他相关信息，建立档案。这是做好客房清洁设备管理的基础。

（2）使用设备前，要严格培训

所有使用人员必须经过操作培训，知道什么时候应使用哪种设备，以及操作方法和保养方式。

（3）分级归口，专人负责

建立设备档案后，客房部应按业务单元分级，划片包干，按种类归口，将清洁设备的管理和使用者层层落实，谁使用谁保管。对于价格昂贵的大型机器设备必须由责任心强的人员专门负责和操作，不能让任何人随意使用。

想一想
Think It

酒店公共区域清洁时所需使用的机器，为什么要专人负责呢？你觉得有这个必要吗？

任务二　了解清洁药液

在清洁中所需的药液在酒店清洁保养工作中被广泛使用。使用清洁药液的目的是提高工作效率，使被清洁物品更干净、更美观，进而延长其使用寿命。掌握清洁剂的特性，管理好清洁药液是每一位客房管理者的重要的工作内容之一。

一、清洁药液的种类与用途

目前，酒店常用的清洁药液大致有以下几种。

1. 酸性清洁剂（pH1～6）

一般用于卫生间的清洁和一些顽渍的清洁。酸不但具有杀菌除臭功能，同时也能中和尿碱、水泥等顽固斑垢。由于酸性清洁剂具有腐蚀性，所以酸性清洁剂使用前必须稀释，使用后要进行彻底的漂洗，不可将浓缩液直接倒在瓷器表面，否则会损伤瓷器表面的釉和使用者的皮肤。

常用的酸性清洁剂种类和作用如下。

（1）盐酸（pH=1）　主要用于清除建筑时留下的水泥、石灰斑垢，效果明显。

（2）硫酸钠（pH=5）　可与尿碱中和反应，用于清洁卫生间便器，但要量少且不能常用。

（3）草酸（pH=2）　用途同上述两种清洁剂，只是效果更强于硫酸钠。

（4）恭桶清洁剂（呈酸性，pH1～5，但含合成抗酸性剂，安全系数提高）　主要用于清洁客厕和卫生间便器，有特殊的洗涤除臭和杀菌功效，要稀释后再进行分配使用。在具体操作时，必须在抽水马桶和便池内有清水的情况下倒入数滴，稍等片刻后，用刷子轻轻刷洗，再用清水冲洗。因此，住客房使用弱酸性的清洁剂，而走客房用马桶清洁剂，既保证卫生清洁质量，又缓解了强酸对瓷器表面的腐蚀。

（5）消毒剂（pH5～7）　主要呈酸性，除了作为卫生间的消毒剂外，还可用于消毒杯具，但一定要用水漂净。

2. 中性清洁剂（pH6～8）

中性清洁剂配方温和，对物品腐蚀和损伤很小，有时还可以起到清洗和保护被清洁物品的作用，在日常清洁卫生中被广泛使用。其缺点是无法或很难去除积聚严重的污垢。

目前，酒店广泛使用的中性清洁剂有以下几种。

（1）全功能清洁剂（pH7～8）　全功能清洁剂主要含表面活性剂，可去除油垢，除不能用于洗涤地毯外，其他地方均可使用。该种清洁剂由于性质温和，对大多数物体表面是安全的。使用全功能清洁剂时，一般不需要漂洗，它们不会在被清洁物体的表面留痕迹。其缺点主要是清洁效果不如专项清洁剂，不适合某些清洁任务。如清扫浴室时需要消毒剂，而全功能清洁剂不含消毒剂。

（2）地毯清洁剂　地毯清洁剂是一种专用于洗涤地毯的中性清洁剂。因含泡沫稳定剂的量不同，又分为高泡沫和低泡沫两种。低泡沫一般用于湿洗地毯，高泡沫用于干洗地毯。低泡沫清洁剂宜用温水稀释，去污效果更好。

3. 碱性清洁剂（pH8～14）

一般碱性清洁剂有液状、乳状、粉状和膏状。对于清除油脂类脏垢和酸性污垢有较好效果。使用强碱清洁剂要特别小心，因为它具有极强的腐蚀性和毒性，要严格按规定使用，要戴好橡胶手套。

碱性清洁剂的种类和作用如下。

（1）玻璃清洁剂（pH7～10）　玻璃清洁剂有液体的大桶装和高压的喷装两种。前者类似多功能清洁剂，主要功效是除污斑。后者内含挥发溶剂、芳香剂等，可去除油垢，用后留有芳香味，虽价格高，但省时、省力、效果好，使用后会在玻璃表面留下透明保护膜，方便于以后的清洁工作。

（2）家具蜡（pH8～9）　家具蜡的形态有乳液态、喷雾型、膏状等几种。在每天的客房清扫中，服务员只是用湿润的抹布对家具进行除尘，家具表面的油迹污垢不能去除。对此，可用稀释的多功能清洁剂进行彻底除垢，但长期使用会使家具表面失去光泽。家具蜡内含蜡（填充物）、溶剂（除污垢）和硅铜（润滑、抗污），可去除动物性和植物性的油污，并在家具表面形成透明保护膜，防静电、防霉。

（3）起蜡水（pH10～14）　起蜡水用于需再次打蜡的大理石和木板地面。其强碱性可将陈蜡及脏垢浮起而达到去蜡功效。由于碱性强，起蜡后一定要反复清洗地面后才能再次上蜡。

4. 上光剂

上光剂不是清洁剂，但通常在清洁剂以后使用。当物体表面上抛光剂之后，它能形成一个硬质的防护表层来防指印、污迹或刮痕，并使物体表面光亮如新。

（1）金属上光剂　金属上光剂含有非常温和的磨粉、脂肪酸、溶剂和水，能清除金属表面的锈蚀和划痕。高效的金属抛光剂能在被清洁的金属表面形成一层保护膜。金属抛光剂气味很浓，使用和存放都要在通风好的地方。金属抛光剂有乳剂、粉剂、液体或浸过抛光剂的织物，并有软硬之分，硬金属抛光剂粗糙些，会伤及软金属，在日常的清洁保养中要注意正确选用。

（2）省铜剂（擦铜水）　为糊状。主要原理是氧化掉铜表面的铜锈而达到光亮铜制品的目的。只能用于纯铜制品，镀铜制品不能使用，否则会将镀层氧化掉。

（3）地面蜡　地面蜡有封蜡和面蜡之分。封蜡主要用于第一层底蜡，内含填充物，可堵塞地面表层的细孔，起光滑作用，好的封蜡可维持2～3年。面蜡主要是打磨上光，增加地面光洁度和反光强度，使地面更为美观。封蜡和面蜡又分为水基和油基两种。水基蜡主要用于大理石地面，油基蜡主要用于木板地面。蜡的形式有固态、膏态、液态三种，较常用的是后两种。

5. 溶剂类

溶剂为挥发性液体。常用于干洗和去除油渍。它能有效地清除怕水物品上的污渍，如电器、马达等。溶剂有强烈异味，故应在通风良好的房间中使用。

（1）地毯除渍剂　地毯除渍剂专门用于清除地毯上的特殊斑渍，对怕水的羊毛地毯尤为合适，有两种：一种专门清除果汁色斑；另一种专门清除油脂类脏斑。清洁方法是用毛巾蘸除渍迹（也有喷灌装的），在脏斑处擦拭。发现脏斑要及时擦除，否则效果较差。

（2）酒精　酒精主要用于电话机消毒（而且必须是药用酒精）。

（3）牵尘剂（静电水）　浸泡尘拖，可免水拖地面。对大理石、木板地面进行日常清洁和维护以及除尘的功效较为明显。具体操作时，应先将尘拖头洗干净，然后用牵尘剂浸泡，待全干后再用来拖地，效果才好。

（4）杀虫剂　杀虫剂指喷灌装的高效灭虫剂，如"枪手"、"雷达"等。对房间定时喷射后密闭片刻，可杀死蚊、蝇和蟑螂等爬虫和飞虫。这类杀虫剂由服务员使用，安全方便，但对老鼠等害虫则应请专业公司或个人承包，或购买专门用于灭鼠的药粉等。

（5）空气清新剂　空气清新剂品种很多，不一定都是溶剂型，兼具杀菌、去除异味、芳香空气的作用。香型种类很多，但产品质量差距很大。辨别质量优劣的最简单的方法就是看留香时间的长短，留香时间长的好。香型选择要考虑适合大众习惯。

二、清洁药液分配与存储

合理分配清洁药液既能满足清洁需要，又能减小浪费。清洁药液的分配最好由一名主管或领班专门负责，在每天下班前对楼层进行补充，每周或每半个月对品种和用量进行盘点统计。通常，用量的多少与客房出租率的高低有关，对例外情况的额外补充应做详细记载。对于用量难以控制、且价格又比较高的清洁剂，像家具蜡、玻璃清洁剂和空气清新剂等，管理难度相对大些，而且流失量大，损失也大，对此一定要进行更加严格的控制和分配。酒店的清洁药液最好集中存储，若无人看管时，一定要上锁，以防丢失。

清洁药液的存储应注意以下事项。

（1）清洁剂容器上应有标签注明；

（2）必要时要表明清洁剂的稀释率；

（3）所有容器盖要盖紧，同时要保持清洁；

（4）容器要摆放整齐，放置容器的货架要牢固；

（5）高压罐装清洁剂要远离热管道或散热器；

（6）分配或稀释清洁剂时要使用漏斗；

（7）储藏室要保持通风状态；

（8）要定期进行盘点，控制好存货量。

三、清洁药液的安全管理

由于清洁药液具有易燃、易爆、易挥发、有毒等特性，若管理和使用不当就可能造成身体损伤或引起火灾、爆炸，导致财产损失，甚至生命危险。所以，清洁药液的安全管理就显得更为重要。

清洁药液管理中需要注意以下事项。

（1）制定相应的规章制度，培训服务员掌握使用和放置清洁剂的正确方法。平时注意检查和提醒服务员按规程进行操作。

（2）必须使用强酸和强碱清洁剂时，先做稀释处理，并尽量装在喷壶内，再发给服务员。

（3）配备相应的防护用具，如合适的清洁工具、防护手套等。

（4）禁止服务员在工作区域吸烟。严查严罚，以减少危害源。

总之，购买货真价实的清洁剂，减小浪费，保证安全使用，是清洁药液管理工作的目的。

议一议
Discuss It

　　请大家议一议：如果你是一名公共区域的主管人员，你将用什么好的办法来有效地控制好清洁药液的使用和管理呢？

项目三 公共区域卫生清洁保养程序和标准
Task Three Cleaning Procedures and Standards of Public Area

任务一　了解大厅清洁和保养

　　酒店的大厅（也称为大堂），几乎是 24h 没有休息的时候，需要 PA 员工日夜不停地对其进行清洁和保养。大量的过往客人和短暂停留会不断带来尘土、足迹、烟灰烟蒂、糖果纸屑等。大厅卫生的好坏，又会给每一位新来的客人留下至关重要的第一印象。

一、大厅日常的清洁保养

　　在准备清洁大厅卫生前，服务员应准备好当班的各种清洁设备、用品、清洁剂和需补充的客用品，检查清洁设备是否工作正常。通常大厅清洁员必须做以下三件事：除尘、倒烟灰和整理座位。如有水池的大厅，还应随时清除池中的垃圾或杂物。服务员的上述工作也是不断重复的。一些在客人活动高峰期间不便做的工作，通常安排在客人活动较少的夜晚或清晨，如洗地、吸尘、清洁立式烟灰筒、彻底清洁家具、抛光打蜡、设备维修、墙面去渍等。如图 5-4 所示。

图 5-4　大堂地面清洁（推尘）

二、大厅每周一次的计划卫生

(1) 清洁窗台边角；

(2) 对百叶窗进行彻底性吸尘；

(3) 清洁电话间和电话消毒；

(4) 所有木质家具打蜡上光；

(5) 对天花板和空调通风口进行除尘；

(6) 对踢脚线彻底性吸尘；

(7) 大厅地面进行打磨抛光或结晶处理；

(8) 擦拭大门的玻璃和门框上方；

(9) 清理各处卫生的死角；

(10) 擦拭应急灯等消防设备。

三、大厅每月一次的计划卫生

(1) 对灯座、各种标牌或电镀器具进行打蜡或抛光；

(2) 对窗帘和软面家具进行彻底性吸尘或进行洗涤；

(3) 对窗户玻璃彻底性清洁；

(4) 对客人休息区域地毯进行彻底性清洗（一般为"抽洗"）；

(5) 对门、柱及门锁进行除尘清洁；

(6) 对大厅内的墙面进行清洗；

(7) 金属、石料摆设的清洁和打蜡；

(8) 吊灯、顶灯和走廊灯的清洁。

四、其他清洁事项

以上的清洁卫生的间隔周期、项目内容，可根据各酒店客流频率、环境卫生区域、人员配备等因素而定，并非固定不变。

五、大厅清洁保养的注意事项

(1) 在对大厅清洁的操作过程中应根据实际情况，客人进出频繁和容易脏污的区域，要重点拖擦，并增加拖擦次数。清洁过程中，应适当避开客人逗留的区域，待客人离散后，再予以补做。

(2) 如遇到雨雪或恶劣天气时，应在大堂进出口处放置防尘地垫，并设置"小心防滑"的警示牌，并适当增加清洁次数，以防客人滑倒。同时提醒礼宾部及时放置伞架，准备雨伞袋，防止将雨水带入大堂区域，给客人带来不安全的隐患。

(3) 门厅及大堂入口区域范围，应设专人进行地面的除尘，随时擦除人们进入时的脚印灰尘和沙砾。

(4) 门厅及大堂地面多为大理石、花岗岩、水磨石、聚氯乙烯地板材、橡胶类地板材、瓷砖或地毯等材质，服务员可根据不同材质的清洁保养方法进行清洁。

（5）对不锈钢、铝合金或铜制金属等装饰进行清洁保养时，应注意此类装饰物容易受腐蚀，擦拭时要选用专用清洁剂、保护剂，不能留下任何划痕。

想一想
Think It

　　酒店大堂区域，一般都会设有一名员工负责随时清洁，来保证大堂区域的清洁程度。你觉得有这个必要吗？

任务二　熟悉客用电梯和自动扶梯的清洁保养程序

电梯在酒店中使用是最频繁的，所以需要经常清理这个地方。酒店电梯一般有客用电梯、行李电梯、货运电梯及员工电梯几种。其中以客用电梯的清洁最为重要，要求也最为严格。

一、客用电梯

（1）清洁客用电梯时，尽量要停靠在客人进出较少的楼层，以免影响客人使用和增加噪声；

（2）电梯轿厢内玻璃和镜面可以用玻璃清洁剂进行擦拭；

（3）对电梯的不锈钢门和框进行抹尘和抛光；

（4）对电梯轿厢内的墙面进行抹尘和除污；

（5）对电梯按钮和楼层指示钮要用酒精进行擦拭和消毒，发现字迹不清或缺少时，要及时让工程部更换或补充；

（6）擦拭电梯内的广告箱牌；

（7）电梯内地毯要进行吸尘，对石材地面要进行擦拭或抛光处理。

二、自动扶梯

有些大厅面积较大的酒店，会安装自动扶梯，对自动扶梯的清洁工作，一般都安排在晚间进行，主要工作是除去黏附在楼梯台阶上的油渍，对自动扶梯缝隙中的油渍和污渍进行彻底的清洁。玻璃灯罩应擦亮，扶手应无灰尘无污迹。自动扶梯的金属部分和玻璃墙要用专用清洁剂进行擦净。

想一想
Think It

　　公共区域电梯的卫生和安全是非常重要的。假设你是一名 PA 主管，你还会在哪些方面加强管理呢？

任务三　掌握公共卫生间的清洁保养程序

一、公共卫生间日常清洁程序

（1）将所有垃圾桶内垃圾清理干净，换上干净的垃圾袋；

（2）检查设备有无损坏，如有应及时报修；

（3）镜面和镀铬件要擦亮；

（4）抹净台面、地面及恭桶上的水迹；

（5）补充用品，如小方巾、面巾纸、洗手液、卫生卷纸、梳子、衣刷、针线包等，也可视情况替换盆景或鲜花。

二、公共卫生间大清理的程序

（1）将所有垃圾桶内垃圾清理干净，换上干净的垃圾袋；

（2）检查卫生间的灯具和换气扇是否工作正常；

（3）倒入适量的清洁剂，放水冲洗便器等；

（4）清洁洗手盆，不要留下水迹；

（5）对高处的物体或表面进行彻底性清洁；

（6）亮镜面和金属器件；

（7）清洗恭桶，保持恭桶座圈、盖板、外壁、水箱清洁干净；

（8）配齐物品，如小方巾、面巾纸、洗手液、卫生卷纸、梳子、衣刷、针线包，女用卫生间还应配好卫生袋；

（9）擦净地面，使地面无水迹，无污痕。

三、公共卫生间清洁的注意事项

（1）服务人员要注意自身的保护，在作业前应戴好防护手套或口罩，预防细菌感染，防止清洁剂损坏皮肤；中间休息或工作完毕后，应使用药用肥皂洗手。

（2）清洁卫生间应使用专用的设备用品，使用后应定期消毒，与其他清扫器具要分开保管。

（3）作业时，门外要竖立"清洁进行中"的牌子；现场要竖立"小心地滑"的告示牌，以便客人注意并予以配合。

（4）注意卫生间的通风，按规定开关换气扇或窗户。

（5）五星级酒店的公共洗手间，除了做好清洁保养工作外，还可以配备专职公共洗手间服务员，为客人提供更周到的服务。要求服务员见到客人时，要主动向客人问好；客人用过的恭桶便器应及时冲洗干净；当客人洗手时，为客人打开水龙头、调好水温，并向客人提供洗手液，客人洗完手后及时递上小毛巾。客人离开时帮助拉门，使用适当的道别语言。

议一议
Discuss It

请大家议一议：如果你是一名PA员工，你在负责清洁公共区域的客用卫生间时，除了遵循清洁流程和注意事项外，还应注意哪些方面的事项？

任务四　掌握餐厅的清洁保养

一、餐厅清洁保养的工作程序

（1）准备好工作所需的各种清洁设备并查看是否正常，清洁工具和清洁剂是否齐全；

（2）餐厅地面吸尘之前，应先将每张餐桌周围较大的碎块捡去，以免损坏吸尘器，再对餐桌周围进行吸尘，并利用吸尘器的附件扫尘刷吸除餐椅上残留的碎屑、灰尘和食物碎块；

（3）用湿抹布蘸上多功能清洁剂，擦洗窗台或其他物体的表面、餐桌台柱、金属表面、通风口等；

（4）用适当的清洁剂清洗座位、墙面或酒吧的高脚凳及吧台侧面；

（5）擦净餐厅内的柜台和吧台面；

（6）对电话机进行清洁和消毒；

（7）对餐厅的椅子进行去尘和擦亮，可以轮流清洁；

（8）将吧台的搁脚横条和金属装饰擦净、擦亮；

（9）用抹布对椅子上的污点予以除去。

二、清洁保养的注意事项

（1）每次营业结束后，在确认已无客人继续用餐的情况下，公共区域清扫员才可以进入到餐厅内进行清洁和保养工作。

（2）吸尘前，要先将地面的较大块碎屑、牙签等捡拾干净，以免损坏吸尘器。在吸地毯时，要特别注意餐桌周围和桌椅下面的情况。

（3）每次餐厅营业结束后，餐椅上都会留下用餐者的手印，椅腿上容易留下油迹等，清扫员要及时地进行擦拭。

（4）餐桌附近的墙面，在客人用餐时极易洒上菜汁、油污等，因此每次用餐后都要及时进行擦拭。

（5）对墙面上的纤维织物，用肩背式吸尘器的缝管进行吸尘。

（6）及时去除柜台和吧台上洒下的饮料或果汁，始终要保持干净。

想一想
Think It

酒店的餐厅区域是客人出入最频繁的地方。你作为 PA 员工，应如何恰到好处地进行清洁和保养工作呢?

任务五　了解多功能厅、会议室的清洁保养程序

多功能厅、会议室清洁保养的工作程序如下。

(1) 准备好工作所需的清洁设备、清洁药液，检查吸尘器工作是否正常。

(2) 检查多功能厅、会议室的设施设备情况，如有故障及时报修，检查座位等处是否有客人遗留物品存在，如有应及时通知客房中心。

(3) 对地毯进行吸尘和除渍，必要时进行清洗。

(4) 擦拭所有的桌椅。

(5) 擦拭墙面、墙沿和灯具。

(6) 擦拭所有的门窗和玻璃，并检查窗帘轨道是否灵活有效，定期清洗纱帘。

(7) 定期清洗吊灯、顶灯，保持灯具的清洁。

(8) 定期清洁空调出风口。

(9) 清理垃圾。

想一想
Think It

酒店的会议区域是客人集会和接待最重要的地方。在日常的清洁过程中，你应注意的事项会有哪些呢?

任务六　了解走廊、通道的清洁保养程序

走廊、通道清洁保养的工作程序如下。

(1) 走廊、通道地面要保持干净，要不停地循环进行清扫，物件要摆放好。

(2) 立式垃圾筒内的垃圾要及时清理，表面擦拭干净并按原位摆放好。

(3) 按顺序，依次擦拭窗台、门窗、墙壁饰物开关盒、镜面、消防栓内外、标牌、风门、踢脚线等。

(4) 在夜间要对走廊、通道的地面进行全面清洗，并打蜡。

(5) 每个班次工作结前，要把垃圾集中后清理到酒店指定的垃圾存放地点。楼面和公共区域不准有垃圾过夜。

其他公共区域如歌舞厅、棋牌室、桑拿浴室、商场、乒乓球室、网球场等，其日常清洁工作一般由各营业点自行承担。可由客房部 PA 协助负责其彻底清洁保养等事宜。

议一议
Discuss It

请大家议一议：你认为酒店公共区域的走廊和通道部分多长时间就必须要进行一次"彻底性"大清洁呢？

项目四　地面和墙面的清洁保养

Task Four　Floor & Wall Cleaning and Maintenance

酒店在建造中将大量资金用于地面和墙面材料的选购和铺设。开业后客房部又会将大部分的时间、人力和财力用于地面与墙面的清洁和保养方面。之所以如此是因为地面和墙面的装潢如何、清洁保养的好坏，都直接反映了酒店的档次和管理水准。对地面及墙面材料进行必要的了解，以及选用恰当的材料和清洁保养方法是每位从事客房工作的人员所应掌握的一门知识和技术。

任务一　了解地面的清洁和保养

一、水泥地面

水泥地面是用水泥、沙制成的硬质地面，天然灰色，也可加色成红色或棕色。水泥地面造价低廉，一般作为酒店外围、地下室、车库等的地面材料。水泥地有很多的孔，可存大量的尘土，地面坚硬，极为结实，可承受巨大的重量，但会受酸、碱和油脂的侵害。

水泥地面清洁保养的方法及注意事项如下。

（1）水泥地面应该上密封剂，没有上密封剂的水泥地面总是有灰，并容易吸收脏东西和泼在地上的液体，在地面上留下难看的痕迹。

（2）每天用扫帚或处理过的拖把清除地面的垃圾、杂物和灰尘。

（3）避免使用无抑制剂的酸性清洁剂。此类清洁剂会使地面粗糙失去应有的光泽，开裂，甚至会使地面变黑。

（4）水泥地面可打蜡。彻底清扫时，要去掉地面的蜡层可用碱性的去蜡剂。地面洗净吸干后，可上新的蜡层。

二、水磨石地面

水磨石地面是由水泥掺大理石、花岗岩碎块或其他石屑经拌和、成形、养护、研磨、抛光等工艺制成。高档酒店使用的区域主要在后台服务区域，普通酒店可作为大厅、台阶等的毛地面材料。其特点是美观、强度高、坚固耐用。此地面多孔，不受水的侵蚀，但受酸碱、油脂的腐蚀，上蜡抛光后抗滑性能好。

水磨石地面清洁保养的方法及注意事项如下。

（1）水磨石地面使用前应彻底打蜡，一般可以先施以丙烯酸酯涂料起保护作用，再打上水性蜡，以利于日常清洁与防滑。

（2）水磨石地面必须每天除尘，去掉那些磨损地面的沙粒。

（3）定期对水磨地面进行抛光。抛光时，应使用合成纤维垫，不能用钢丝绒，因为钢丝绒屑容易损坏地面，并将锈斑留在水磨石表面上。

（4）不能使用油拖布清洁地面，因为油脂是水磨石地面的敌人，一旦沾上油脂，就很难去掉。

三、大理石地面

大理石分为天然大理石和人造大理石。天然大理石是石灰岩经过地壳内高温高压作用形成的变质岩，主要成分为50%以上的碳酸钙，属于中硬材料，主要用于酒店的大厅地面和高档豪华客房卫生间的地面。由于大理石中的碳酸钙在大气中受二氧化碳、硫化物、水气的作用容易风化和腐蚀，使石表面失去光泽，故大理石不宜用做室外地面材料。

人造大理石表面光洁度很高，其花色或模仿大理石、花岗岩或自行设计，均很美观、大方、富有装饰性，具有良好的耐久性、可加工性。表面抗油污性能也很好，对醋、酱油、食油、鞋油、口红、红墨水、蓝墨水、红药水、紫药水等都不着色或着色很轻微，碘酒痕可用酒精擦去。由于价格明显低于天然大理石，所以人造大理石已被酒店广泛使用。

1．日常清洁

先用扫帚扫除地面脏屑，后用拖把或排拖（视被清洗场地面积的大小而定）进行除尘。由于牵尘剂的作用，清洗后的地面光亮无灰尘。也可使用吸尘器进行日常清洁，优点是省时省力。但由于大厅大理石地面需要不断地除尘清洁，吸尘器噪声太大，所以常规仍使用拖把和排拖。一些豪华饭店严格的管理者要求每晚必须用磨光机对大理石地面进行一遍磨光，可使地面光亮如新。

2．定期清洁

酒店一般都规定有洗涤大理石地面的周期，主要视脏的程度而定，目的是清洗掉地面上较深的脏垢和用拖把无法清理的脏迹。清洗地面前将所有物件搬离，做好一切准备工作，通常在晚上11:00后进行。将稀释好的清洗液倒入洗地机内，开机操作，从后向前行进，按直线行走，这样可避免遗漏，同时开吸水机开关，边擦洗边吸除污水。对洗地机无法洗到的地方可用拖把泡清洁液拧干后擦洗或人工用海绵擦洗。然后按同样方法用清水再洗一遍，吸干水分即告完成。

3．打蜡

对大理石地面进行打蜡是保护面层的最佳方法，既美观又可以延长使用寿命。这是一项技术要求极高的工作，由经过专门训练的人员负责，方能保证其效果。

4．晶面处理

晶面处理即通过机械将化学剂加热浓缩并压缩成结晶膜铺在地面上，这层透明的无色薄膜光亮、坚固。

打蜡对于石质地面有较好的保护作用，但对于鞋底及沙砾等硬物则难以抵御，而且蜡层会随日常的清洁和磨损而消失。晶面处理弥补了普通打蜡的不足，它可使石质地面变得更平滑、光洁，保护石质地面不受任何酸碱物质的侵蚀，抵御坚硬物质的磨损，使地面经久长新。如图 5-5 所示。

图 5-5　大理石地面清洁（结晶）

四、木质地板

木质地板多数由山毛杨、白桦、山胡桃树、枫树、柚木和胡桃树的木材制成，一般用于酒店的走廊、健身房、布巾室、舞池、餐厅等地方。木质地板有弹性，舒适度好、美观。对于木质地板来说，最大的敌人是潮湿。潮湿会使木材弯曲，但湿度太小，木地板会收缩、开裂。

木质地面清洁保养的方法及注意事项如下。

（1）在铺设木地板区域的出入口处铺放地毯或蹭鞋垫，以减少客人带入的沙砾对地板造成伤害。

（2）避免用水拖把擦拖地面，更不能用水泼洒地面，木地板遇水后会发生变形、松脱和开裂的现象。

（3）用喷上静电水的拖把除尘或尘推推尘，也可使用吸尘器吸尘，保持地面光亮无灰尘。

（4）天气潮湿时，要注意做好通风工作。

（5）避免翻刨地板面，否则会使木板变薄，也不符合使用的要求。

（6）避免用过重的尖锐金属在上面推拉。

木质地板的清洁如图 5-6 所示。

图 5-6　木地板清洁（打蜡）

五、地毯

地毯由于具有美观、舒适、安全、保温和降低噪声等诸多特点，成为酒店常用的地面材料之一，尤其在对客服务区域，使用比例非常高。因制作地毯材料的不同，主要有羊毛地毯、化纤地毯和混纺地毯三种。羊毛地毯即纯毛地毯，它以粗绵羊毛为主要材料，具有弹性大、拉力强、光泽好的优点，是高档的地面铺设材料；化纤地毯是以聚丙烯纤维（丙纶）、聚丙烯腈纤维（腈纶）、聚酯纤维（涤纶）、聚酰胺纤维（锦纶、尼龙）等化学合成纤维为原料、经机织或栽绒等方法加工成面层织物后，再与背衬进行复合处理而制成，化纤地毯抗拉度、抗湿性、抗皱性及耐磨性较好，色彩也很鲜艳。但化纤地毯的弹性较差、易起球、易起静电，毯面的舒适、滑爽感较差；混纺地毯就是将两种或两种以上纤维按一定比例混合，组成新的纤维后再纺织而成的地毯。由于羊毛纤维和化学纤维各自存在优点和不足，将两者按比例混合一起，便可扬长避短了。

一般来说，酒店会根据星级档次、投资额大小、不同营业区域的特殊要求、客源结构与层次以及是否便于清洁保养等因素，来选购不同材质、色泽、图案、弹性密度及耐磨度的地毯。

1．采取预防性清洁保养措施

地毯污渍一般都来自室外。因为环境因素、天气变化（风沙雨雪）的影响，大量的沙砾、灰尘、水都会通过各种载体带入酒店的服务和生活区域。因此，为了节约清洁保养的时间和费用，降低成本支出，酒店可以采取系列的预防性清洁保养的措施。

首先，在酒店大门处铺设防尘地垫，堵住污染源头。

其次，也可以采用二级方法减少污染物进入室内：第一级采用 7m 长的 PVC 镂空式沉垢地垫；第二级则采用 3m 长的尘埃、水分去除棉垫。二级控制方法对室外泥、沙的控制率可达到 60% 左右的效果。

再次，在酒店前、后台交接处和重要通道处，如餐厅和厨房的连接处、员工餐厅和更衣室门口、靠近楼梯口的地面等，铺设防尘、防水、防油地垫，防止污渍带入对客服务区域。

另外，要达到理想的清洁效果，一定要采用由高品质尼龙纤维和高品质棉织制造的专业防尘地垫，同时应加强对防尘、地热的管理，也要及时做好吸尘。

最后，酒店在建筑设时，应事先考虑好铺设防尘地垫的位置，根据防尘地垫的厚度、尺寸，留出地垫槽，使其在铺设后与地面持平，也防止防尘垫的滑动。

2．制订并实施清洁保养计划

地毯不同于石质地面、木板地面和其他弹性地面，它是三维地面，除了长和宽以外，还有深浅。地毯的表面由众多的单独纤维或毛线组成，每一纤维又有其本身的表面，所以地毯有比平整地面更大的受污染面积，并且污渍可渗入地毯的第三维深处，使得地毯表面能够黏附更多的污垢。因而对地毯的不同要求，就需用相应的方法来进行清洁保养。

不同种类的地毯有不同的清洁方法和清洁周期。要妥善保养好地毯，必须具备良好的专业知识，制订并认真实施一个完整的清洁保养计划。

（1）日常保养

地毯日常保养工作主要分两个方面。

① 吸尘。吸尘是保养地毯最基本、最有效和最经济的一种方法。污染物在地毯上的积聚分三个层次：上面一层是轻一点的污物、灰、油性污物；中间一层是稍重些的灰尘颗粒和有机物；底层是最重的颗粒，如沙石、土砾。尽管沙石、土砾并不一定能看见，但它们对地毯纤维的损害却是最大的。当人来人往时，由于摩擦使地毯纤维与沙砾之间作切割运动，从而割断地毯纤维，使地毯失去弹性。

因此，要彻底吸净地毯纤维底部的泥沙，最好选用直立式吸尘器。这种吸尘器桶体与吸把连在一起，吸盘面积大，吸力强，其内装一组滚刷能进入地毯纤维，作用于地毯纤维的各个部位，做到深度清洁，使地毯纤维得到梳理，操作方便又省力，所以清洁效果比单纯吸尘（即用吸力式吸尘器吸尘）要好。

吸尘频率可以根据客流量而定。一般来说，客房及走廊每天一次；餐厅每次营业结束后一次；电梯厅及轿厢、大堂吧等客流量大的区域，每天两到三次；遇到雨雪天，则应适当增加吸尘的次数，因为地毯湿度越大温度越高，就越容易滋生霉菌和蛀虫。

② 及时去除污渍。地毯极易受污染，当污渍产生时，去除它并不难（最佳去渍时间在6h以内），但若污渍侵蚀时间过久，污渍就会变干或渗入地毯根部，形成陈旧性的污渍，此时要想彻底清除就非常困难了。

酒店常见的地毯污渍可分为三类：水溶性污渍、油溶性污渍和特殊性污渍。水溶性污渍主要由茶、饮料、水果汁等污染物所引起；油溶性污渍则主要是由动、植物油、工业油、鞋油等污染物形成的；口香糖、烟焦洞、油漆渍等则属于特殊性污渍。

在平时地毯保养中，应正确区分各类污渍，结合实践经验，使用不同的去污产品和方法加以针对性处理。一般对水溶性污渍可用地毯除渍剂除渍；油溶性污渍可用化油剂除渍；口香糖、油漆可用口香糖除渍剂。在地毯去渍时，如果没有把握，可先在地毯角落等不起眼处试用，以免大面积出现地毯褪色、缩水、腐蚀等现象。

地毯的日常保养工作做得好，一方面可保证地毯光洁如新，及时恢复纤维弹性，常保地毯柔软舒适；另一方面也可大大减少地毯洗涤的次数，节省人力、财力和物力。

（2）中期清洁保养

对日常吸尘无法去掉的黏附性较强的残留物和已经黏在地毯上的干燥颗粒，可以采用中期清洁的方法进行清洁。中期清洁保养的方法有：干泡清洁法、毛套清洁法及干粉清洁法。

目前星级酒店普遍采用干泡清洁法来对地毯进行中期清洁保养。即地毯干泡洗涤剂经电子打泡箱高速打泡后，泡沫通过刷盘中央孔流到地毯上，然后依靠旋转刷的作用，轻轻推入到地毯纤维中间，干泡中的活性剂将污垢微粒团团包围起来，并且把它们从地毯纤维上拉出来，由于浮力作用，脱离纤维的污垢微粒和已干的结晶泡沫残留物上升到地毯表面。地毯干燥通常需要 4h 左右，待地毯完全干透后，用直立式吸尘器吸除污油和干泡的残留物。干泡清洁法的特点是干得快，又不刺激对水敏感的地毯纤维，适用于自然纤维类地毯，可以起到防潮和防霉变的作用。

（3）彻底清洁保养

灰尘一旦在地毯纤维深处沉积，必须采用"抽洗"方法进行深层清洁，使地毯恢复原有的洁净。

① 地毯抽洗。操作程序如下：先用直立式吸尘器全面彻底吸尘，再去除地毯表面点污渍，接着对严重的大块污渍预喷清沽剂，作用 10～15min 后，使污渍脱离地毯纤维，然后用热水或加有清洁剂的热水（约 60℃，清洗羊毛地毯水温最高不超过 30℃）通过微型喷嘴喷到地毯上。并及时用吸水扒吸干污水。为了加快地毯干燥，保证其尽快投入使用，可用涡轮式地毯风机吹干地毯。这样地毯纤维就从上到下完成了一次冲洗清洁。

每次彻底清洗后，必须让地毯干透，地毯未干前不可直接在上面走动。对营业区无法进行封闭的，可在地毯上铺上旧台布或旧床单，以保证营业的正常进行。所以地毯清洁时间安排应尽量以不妨碍营业为准。

② 补位。地毯干燥后，应做好以下补位工作：吸尘；对未去除的污渍再次去渍；地毯烟洞的修补；对再次去渍后仍有残留的污渍建立地毯清洁保养档案。

虽然抽洗洗涤的清洁十分彻底，但洗后地毯湿度比较大，容易黏附污渍，如未彻底干燥，易导致霉菌和其他细菌的滋生，地毯也可能因此出现缩小或变形、接缝处开裂等情况。所以，这种洗涤方法不宜常用，一般情况下，半年或一年使用一次。一般中期清洁和长期清洁次数的比例为 3∶1。地毯清洁如图 5-7 所示。

图 5-7　地毯清洁（高泡清洗）

做一做
Do It

通过学习后，请你自己操作不同类型的地毯清洗机，进行一次地毯的清洗。

（此项练习，需在实景场地或实训教室演练场地进行）

任务二　了解墙面的清洁和保养

酒店墙面一般按材料的不同，主要分为：瓷砖墙面、大理石墙面、玻璃墙面、木质墙面、墙纸、涂料墙面等。

一、瓷砖墙面

用于墙面的瓷砖一般都上有釉，并且花形图案多样，一般用于浴室、厨房及客房卫生间的墙面材料。由于瓷砖表面主要是灰尘，日常清洁可以用中性清洁剂擦拭，也可以用水冲洗，然后用软布抹干。如图5-8所示。

二、大理石墙面

大理石颜色多样，磨光后，美观、大方、耐用、易清洁，是酒店的高级装饰材料，除了可用于地面装饰材料以外，还可作为酒店前厅等地的墙面装饰。大理石墙面的保养同大理石地面保养基本相同。需要注意的是，勿用摩擦清洁剂、钢绒或酸性清洁剂清洁。日常保养方法是每天掸去表面的浮灰，定期用喷淋蜡水清洁。如图5-9所示。

三、玻璃墙面

玻璃是一种易碎的材料，主要用石英砂制成。通过特殊的工艺制成的结实、强韧的玻璃可以用做玻璃墙，常被用于客房、餐厅、会议室的墙面。使用玻璃墙面，可以扩大房间内部的视野，保证房间充足的光线。如图5-10所示。玻璃墙面的清洁方法如下。

（1）按使用说明要求的比例在提桶内配置好玻璃清洁剂溶液。

（2）用玻璃抹水器蘸上玻璃清洁剂从上部开始不断地从左至右擦洗，然后反过来从右到左，一直往下擦洗到底部。横向擦洗之后，再从左边起上下擦洗直至右边。若大块玻璃则将玻璃抹水器伸缩杆拉长，按在玻璃顶端从上往下垂直擦洗。

（3）用玻璃刮水器将玻璃上的溶液刮净。刮时应注意及时用抹布除去刮把上的水分。

（4）如仍有斑迹可在局部用清洁剂重新擦洗，也可用小铲刀或剃须刀片轻轻刮去，注意不可刮伤玻璃表面。

四、木质墙面

木质墙面中有微薄木贴面板和木纹人造板两种，常被用于大厅、会议室、餐厅、客房的装饰。木质墙面平时可用干的抹布除尘、除垢，定期上家具蜡，可减轻清洁强度，如有破损处，可以由维修人员修复或上漆。如图 5-11 所示。

五、墙纸

墙纸是目前应用最广的墙面饰材，主要被用于客房、会议室和一些餐厅。所有墙纸墙面的正常保养是定期对墙面进行吸尘清洁，将吸尘器换上专用吸头即可。日常发现特殊脏迹要及时擦除。方法是，耐水墙纸可用中、弱碱性清洁剂和毛巾或牙刷擦洗，洗后用干毛巾吸干即可；对于不耐水墙纸可用干擦法，如可用橡皮等擦拭，或用毛巾蘸些清洁液拧干后轻擦。总之要及时清除污垢，否则时间一长即会留下永久斑迹。如图 5-12 所示。

六、涂料墙面

涂料可分为溶剂型涂料、水溶性涂料和乳胶漆涂料 3 种。溶剂型涂料生成的涂膜细而坚韧，有一定耐水性，缺点是有机溶剂较贵、易燃，挥发后有损于人体健康。水溶性涂料是以水溶性合成树脂为主要成膜物质，会脱粉。乳胶漆涂料是将合成树脂以极细微粒分散于水中构成乳液（加适量乳化剂），作为主要成膜物质，其效果介于前者与中者之间，其色泽千变万化，价格较低，不易燃，无毒无怪味，也有一定的透气性；缺点是天气过分潮湿时会发霉。这种墙料因施工简单，色彩变化大，客房仍可使用，若每年粉刷一次，会有意想不到的效果。如图 5-13 所示。

涂料墙面的日常清洁是掸尘。墙面一出现霉点即用干毛巾擦拭。橡皮是较好的除斑用具，但需要掌握技巧，否则同样会留下擦痕。

图 5-8　瓷砖墙面　　　　　　图 5-9　大理石墙面　　　　　　图 5-10　玻璃墙面

图 5-11　木质墙面　　　　　　图 5-12　墙　纸　　　　　　图 5-13　涂料墙面

想一想
Think It

通过对"墙面清洁和保养"的学习后，你认为哪一种墙面既达到美观的效果，又在清洁和保养工作方面最便捷呢?

思考与训练
Practice and Drills

思考问答
Review Questions

1. 简述述公共区域的范围和特点。
2. 公共区域的清洁器具的种类有哪些?
3. 描述适合用酸性、碱性、中性药液清洁的部位和使用方法。
4. 简述地毯的清洁计划分哪几部分进行。

单项选择
Individual Choice

复习本模块课程内容，请将正确答案的选项填写在横线上。

1.下列不属于公共卫生间日常清洁的项目是_____。

A.洗手盆　　　B.马桶　　　C.顶部排风扇　D.烘手器

2.公共区域的烟缸内，一般不得超过_____烟头。

A.2 个　　　　B.3 个　　　　C.4 个　　　　D.5 个

3.下列_____项，不属于对地毯有效保养的范围。

A. 每日必须对地毯进行吸尘　　　B. 发现有污渍要及时进行处理

C. 每日都要对地毯进行清洗　　　D. 定期对地毯进行清洗

4.在对镀铬器件清洁时，一定要避免使用含有_____的药液。

A. 碱性　　　　B. 酸性　　　　C. 中性　　　　D. 油性

案例分析
Case Study

未按程序工作的后果

早上，PA 服务员小库（男生）开始清洁酒店大堂的公共卫生间。他先清洁完男厕后，开始清洁女厕,他敲门无人应答后,就进入到卫生间内按照顺序依次地开始进行清洁洗手盆、台面、马桶、倒垃圾、配消耗品、清洁地面等工作。

正当小库在清洁靠卫生间里面部位（靠内侧，从门口看不到）的马桶时，一位女性客人匆忙进来换衣服，二话没说就把外衣脱掉了。这时，小库听见有人进来，于是下意识地说了声："是有客人进来吗？""啊……谁呀？"女客人万分惊讶地喊道，"怎么会有男服务员呢？这是怎么回事呀，我非得投诉你不可。"于是，客人气哄哄地出去，找到大堂经理投诉了服务员小库。

（注：酒店 PA 员工，可以按程序允许进入异性卫生间内进行清洁工作）

讨论：

1. 你觉得小库哪里做的有问题？

2. 假如你遇到了会怎样做？

分析：

第一，此案例在酒店日常的 PA 工作中会经常发生。但是，对于服务员来说，无论进到男厕或女厕，都要严格按照清洁要求和程序进行。

第二，为了尊重客人。无论男厕和女厕，服务员在进入卫生间前，需将门打开，并放置"清洁进行中"或"停止使用"的标识牌，来提示客人。尤其是进入到异性卫生间清洁时，更应该注意将门打开，必须将"停止使用"标识牌放置在门口中间。这样就不会让客人误会了。

第三，在卫生间清洁时，一定要随时聆听是否有客人进出，如遇到客人进入卫生间时，应有礼貌的退出来，等客人使用完后，再进入继续清洁。

如果按照这样的程序工作，就可以有效地避免或杜绝此类事情的发生了。

实训练习
Training Exercises

项目名称：大理石地面结晶处理。

练习目的：使学生通过实训操作练习，掌握大理石地面的清洁程序，以及如何做好保养工作等。

实训内容：利用单擦机、打磨碟片、钢丝棉、晶粉等对大理石地面进行结晶处理。

测试考核：对每位同学大理石地面结晶处理技能进行考核。

知识拓展
Knowledge Development

吸尘器的使用和维护

吸尘器除了清扫地面之外，还能清扫地毯、墙壁、家具、衣物、工艺品以及各种缝隙中的灰尘。现在家庭使用吸尘器已越来越普遍，但有一些人对吸尘器了解甚少，也不知道该如何正确使用和保养。为此，我们请市区家电行业的专业人员作一下介绍。

一、吸尘器的使用

吸尘器在使用前，要检查电源电压是否符合本机的要求，电源线是否有接地装置。应针对使用场所选择不同吸嘴（如家具垫套吸嘴、缝隙吸嘴和清扫刷）。家具垫套吸嘴用于清洁沙发、帐帘、软织物等中的尘埃和细小杂物；缝隙吸嘴用于清洁墙角、地角等处垃圾、污物；清扫刷用于清洁、擦刷地板、窗架、书柜、橱窗缝隙等处的污物。

吸尘器使用时间不宜过长，每次连续使用时间最好不超过 1h，以免电动机过热烧毁。有灰尘指示器的吸尘器，不应在满点指示上工作。若发现接近满点，应立即停机清灰。吸尘器在使用后，应及时将吸尘器中的灰尘、污物倒出。否则下次使用容易堵塞风道，造成吸力减小，甚至引起电动机温升过高而烧毁。

二、吸尘器的维护

经常检查电源线、滤尘袋和接地装置的完好情况。若电源线有损坏裂纹、滤尘袋有漏洞应及时更换。

要经常检查吸尘器各连接处的紧密程度，以免漏气，减少吸力。

长久搁置的吸尘器在使用前，须检查电动机的绝缘性能。

模块六
洗涤和布草房运行
Module Six The Operation of Laundry and Linen Room

学习目的
Learning Objectives

（1）了解酒店洗涤的运行情况；

（2）了解酒店布草房的运行情况。

知识与技能掌握
Knowledge & Skills Required

（1）了解洗衣房的概述、区域范围、设备情况；

（2）掌握洗涤的程序以及洗涤剂的使用；

（3）熟知布草房的概述、设备用品的配置情况；

（4）掌握并熟悉布草房工作流程、布草的使用管理以及制服收发与送洗的流程。

在一些高星级的酒店中都设有店属的洗衣房，主要负责酒店内部的布草、员工制服和客人衣物的洗涤和熨烫事宜。有些酒店的洗衣房设施设备较全，而且技术力量也较为强大，除了为自己酒店内部进行洗涤工作外，同时还可以兼营店外的一些洗涤业务，从而提高洗涤设施设备的利用率，也增加了酒店的经济收入。

新员工疑惑
New Staff Doubt

作为一名客房部的员工，为什么还要了解和学习"洗涤和布草房的运行"呢？这些知识、流程、注意事项对自身的工作能起到什么作用呢？

此模块将介绍和阐述洗涤和布草房的运行方面的知识，为你解开此困惑。

项目一　洗涤运行
Task One　Laundry Operation

任务一　了解洗衣房

一、设置洗衣房时需考虑的因素

任何一家酒店在考虑是否需要配置店属洗衣房时，就必须先要考虑以下的几个因素。

1. 酒店的规模

酒店规模的大小，是考虑是否设置店属洗衣房的一个重要的前提。

通常酒店规模大，其布草的日常洗涤量也就随之增大，如果送到社会上的洗衣公司进行洗涤的话，一是产生较高的洗涤费用；二是洗涤质量也难以控制；三是对布草的损耗也很大；四是影响布草的周转速度。所以，一些大型的酒店都会设有自己店属的洗衣房。小型酒店由于布草洗涤量较少，考虑到场地、资金、技术力量、人员等多方面的因素，一般都不设店属洗衣房，而是和社会上的洗涤公司签订洗涤业务合同。

2. 酒店的场地

因洗衣房设施设备较多，占地面积相对也就比较大。如果酒店的场地较大，空间允许的情况下，可以考虑设置店属的洗衣房。反之，则不予考虑。

3. 酒店的资金

相对而言，洗衣房设施设备投资比较大。酒店在决定是否设置店属洗衣房时，事先要考虑一下酒店的资金预算情况，也要考虑到投入和产出的比例情况。

4. 酒店的技术

洗衣房的技术要求较高，专业性也很强，酒店应考虑自身的技术力量、技能水平以及有无专业的洗涤技术人才之后，再来确定是否设置店属洗衣房。

5. 本地洗涤业的社会化程度

酒店所在地洗涤业的社会化程度如何，技术水平如何，也都是考虑是否设置店属洗衣房的主要因素。例如：当地洗涤业社会化程度较普遍，洗涤技术水平较高，酒店可采用与店外洗涤公司签订洗涤合同的方式，由洗涤公司负责为酒店提供洗涤业务。在我国澳门的大多数的酒店，基本上都不设洗衣房，洗涤业务全部由专业的洗涤公司来承担。

二、洗衣房设计要求

洗衣房是酒店配套服务设施的一项，如图 6-1 所示。其设计效果不仅会直接影响到酒店对客服务的质量，还会间接影响到酒店的能耗、排污、排废等一系列的问题，也会影响到酒店的经济效益。洗衣房是酒店能源消耗大户。如果功能布局设计科学、设施设备安装专业，不仅可以提高布草的洗涤质量，而且还可以省电、省水、省汽。经实践经验证明，电、水、汽的能耗量一般为：洗涤 1kg 重量的干衣物，需消耗 35 ～ 40L 的自来水、$0.7°$ ～ $0.8°$ 电和 1kg 的蒸汽。如果功能布局设计和设施设备安装存在问题，上述电、水、汽的能耗会增加 5% ～ 8%。因此，洗衣房的设计必须要遵循其专业的要求。

图 6-1　洗衣房

想一想
Think It

你认为酒店是自己设立"店属"洗衣房好呢？还是将洗涤物拿到店外去进行洗涤好呢？

任务二　熟悉洗衣房区域及范围

一、洗衣房位置和面积

1. 洗衣房位置的选择

洗衣房应以节约能源、提高工作效率、减少噪声污染等负面影响为前提，最大限度地利用可用的空间。在选择洗衣房位置时，一定要充分考虑能源供应、排污、噪声以及方便运行等问题。因为，每天都会有大量脏的、干净的布草往返于洗衣房和各营业场所之间。首先，为了降低员工的劳动强度，提高工作效率，减少干净布草的二次污染，洗衣房应设在靠近布草房、员工电梯或布草输送槽（通道）等方便进出的地方；其次，洗衣房有高温、湿度和噪声，所以要避免干扰和影响客房和其他经营场所等客人活动的区域；再次，洗衣房的位置最好要靠近锅炉房，这样高压蒸汽管线路就不会过长、不会对环境温度造成过大的影响，也有利于节约能源。

2. 洗衣房面积的确定

酒店在设置"店属"洗衣房时，在对面积进行确定之前，首先要考虑三个因素：一是酒店规模。洗衣房的面积指标可根据客房数量来确定，一般每间客房（自然间）配比的洗衣房面积为 $0.7 \sim 0.8 m^2$。二是酒店星级高低。高星级酒店 [四星、五星、白金（超）五星] 可在常规估算的基础上，面积相对增大一些。三是洗涤设备的先进性。洗衣房设施设备先进、科技含量较高，在常规估算基础上可以减少 10% 左右的面积。洗衣房平面图如图 6-2 所示。

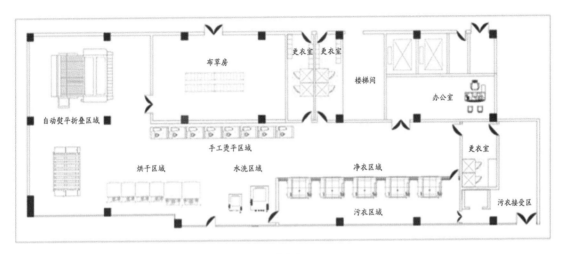

图 6-2　洗衣房平面图

二、洗衣房功能布局

洗衣房通常可以划分为以下几个功能区域：脏布草或脏衣物处理区、水洗区、干洗区、熨烫折叠区和内部办公区等。在进行内部空间布局时，为提高工作效率，要根据其洗涤流程和功能来进行设计。

1. 脏布草或脏衣物处理区

脏布草或脏衣物与干净布草、衣物应从不同的出入口进出，送进洗衣房的脏布草，首先要进行分类，所以在靠近脏布草的入口处，应设有堆放和分拣的空间，并就近配备称重装置和打码机。如：磅秤，便于布草的称重；打码机，便于衣物打码和编号。

2. 水洗区（湿洗区）

酒店的布草需要湿洗的，一般占洗涤量的 90% 以上，为缩短搬运距离，减轻工作强度，水洗区通常设在脏布草或脏衣物处理区的近旁。一般酒店洗衣房为了避免"大马拉小车"现象，一般都配有不同容量的大、中、小型洗衣机若干台。同时，为了便于布草洗涤前的去渍，还应配有双槽洗涤池。由于各种毛巾类布草在水洗后要及时进行烘干，所以烘干机应靠近洗衣机放置。

3．熨烫折叠区

水洗后的大量布草，如客房的床单、枕套、被套和餐厅的台布、餐巾等，还要经过烫平和折叠。所以熨烫和折叠区域应靠近水洗区和烘干机，以便于对洗好的、烘干的布草进行熨烫、折叠处理。熨烫折叠区一般配有烫平机、折叠机等设备。

4．干洗区

通常在洗衣房内单独用隔墙封闭和划出干洗区域，为了避免干洗区域处于"负压"的状态，应在外墙上安装两个或以上的排风扇，其目的是减少四氯乙烯(干洗油)对人体的损害。还应将所有与干洗有关的设备，如干洗机、光面蒸汽熨烫机、万能夹机、人像精整机、抽湿去渍机、绒面熨衣机等放置在一起。机器熨烫和人工熨烫区域应该相对集中，以方便操作，最好靠近出口处。

5．净衣区

此区域是洗过的布草临时收集和干净衣物的存放处。收集到一定量后送布草房。一般也都会靠近出口处。

6．内部办公区域

通常设在进出口处。办公区域内设有洗涤用品储存室。

上述六个区域必须流程通畅、设置明确。这样不但便于电、水、汽的能源管道或线路的安装，还可以降低能耗、提高运行效率。

议一议
Discuss It

你觉得洗衣房分为水洗区和干洗区，这样做有什么好处呢？为什么？

任务三 了解洗衣房的设备

酒店在配置洗衣房的设备和工具时，应考虑到自身的经验规模、资金来源、洗涤业务等方面，以及如何合理使用设备和工具，如何提高工作效率等因素。

1．机器设备（图6-3）

（1）水洗机（湿洗机） 主要用于对客房的床单、枕套、被套、毛巾、台布等布草的洗涤。一般分为全自动、半自动和机械操作三种，容量大小从30kg到150kg不等，洗衣房为了保证大量布草的洗涤效率，满足小件或少量衣物的洗涤需要，而且也节约能源，最好同时也要配备不同容量的洗衣机。

（2）烘干机 经洗衣机水洗甩干后的布草及衣物，仍会含有一些水分，若直接熨烫，耗时耗力。烘干机分电和蒸汽两种。酒店也可根据自身能源供应的情况来选择适合自己的机器，所以洗衣房应配备不同容量的烘干机。

（3）烫平机　专门用于面积较大布草的熨烫，如床单、枕套、台布等。其原理是通过蒸汽高温杠杆滚压，起到干燥、平整、消毒的作用。新一代的熨烫折叠一体机，只需人工将甩干后的布草平整送入到熨烫机的传送带上，机器就会自动熨干、熨平和折叠。有的机器还能在折叠时，自动辨别布草的洁净程度和破损情况，将不符合要求的布草自动剔除出来。

（4）干洗机　干洗机其工作原理同湿洗机相同，用于洗涤不能水洗的衣物。所不同的是，除了有干洗机之外，还增加回收干洗液的装置。另外，现在普遍使用的干洗剂为有毒溶剂，所以还附有安全装置。

（5）光面蒸汽熨烫机　主要用于熨烫一些可直接加热和能耐一定温度的纤维织物，主要用在纯棉、混纺和某些化纤类的织物上，具有质量高、省时省力、效果好等特点。

（6）人像精整机　人像精整机是利用蒸汽和压力共同作用来达到平整、定型衣物的效果，也是根据熨烫的原理设计而成的。人像精整机因其外观酷似人形而名，主要用于西服、衬衣、运动衣、夹克等衣物的熨平。机器的人形套袋肩膀可以根据衣物肩膀的大小进行手工调节，其胸部、腰、下摆也可以根据需要进行调节，使用比较方便。

（7）打码机　打码机专用于衣物的打码和编号，以加热的形式，将不干胶打压到衣物上，打压的同时将编号印在不干胶正面，快速完成编号。

（8）绒面蒸汽熨烫机　可用于熨烫大部分的衣物，也是根据熨烫原理来设计的，因而有万能熨衣机之称。该机器操作方便、省时省力、熨烫质量好。

（9）去渍台　去渍台用于布草衣物的去渍，在去渍台上能对织物的各部位进行检查和去渍，也可与真空抽湿机配套使用。

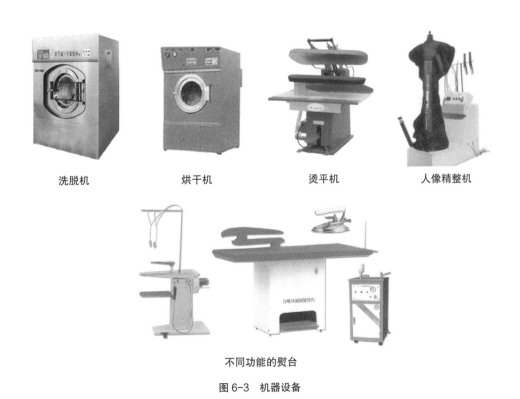

洗脱机　　　　　烘干机　　　　　烫平机　　　　人像精整机

不同功能的熨台

图6-3　机器设备

2. 手工工具

（1）熨斗　可以熨烫所有的衣物，特别适宜熨烫某些特殊的服装或衣物的某些部位，如肩、领等。自动调温型蒸汽电熨斗使用率较高。根据蒸汽的不同提供方式，可以分为两类：一是内置蒸汽发生器，使用时不断补充水源即可；二是外接蒸汽式，由中央蒸汽系统提供蒸汽。

（2）烫床　与熨斗配套使用，用于将整件衣物平铺在上面进行熨烫。

（3）喷水壶　喷雾式塑料喷水器，熨烫衣物时根据需要进行喷水。

（4）烫台板　烫台板的面积只有普通烫床的 1/3 或 1/4，熨烫西裤、裙子、衬衣等比较灵活方便。

（5）木手骨　用木板制成，木板以长 70cm、宽 12cm 为宜。上层木板垫有棉毯，用软白布包好并缝合，上下两板相隔 20cm 左右，熨烫衣物袖子等处时使用。

（6）棉枕头　外包软布缝制而成，用棉花作枕芯。作为垫子使用，用在一些不规则形状的衣物部位，如衣物的肩部、胸部、裤腰等，棉枕头一般长 15cm、宽 9cm、厚 5cm。

（7）去渍刷　用于刷除衣物上的污渍，有白鬃刷和黑鬃刷两种。白鬃刷用于湿性溶剂；黑鬃刷一般用于干性溶剂。

（8）折叠台　洗衣房应配有若干张桌子，合并在一起，用于折叠布草和衣物。

（9）刮板　是用于软化污渍的一种辅助工具，使去渍剂更易渗透到织物中。刮板可用塑料、金属、或骨头制成。

（10）地磅秤　用来称量布草的重量。根据布草重量，来确定洗衣机的大小和洗涤剂的用量。

（11）其他　如布草运输车、不锈钢挂衣推车、玻璃钢小推车、不锈钢洗衣盆、布草篮等。

做一做
Do It

　　根据上述知识的描述，请将你认为更合理、更务实的洗衣房布局的"平面图"画出来，并说明一下为什么？

任务四　了解洗涤剂的使用

　　如果要保证洗涤的效果符合和达到标准要求，选择正确的洗涤剂是至关重要的。如果选择或使用不当，不但污垢无法除去，相反还有可能使织物泛黄、腐朽，缩短布草的使用寿命。

一、布草主洗剂

　　一般通用的主洗剂均为有机合成类，除含碱外，还含有过氧化氢、增白剂、表面活性剂、酶制剂和香精、泡沫稳定剂等，pH 值为 10。主洗剂有粉状和液体两种，粉状除垢效果好（含碱量高），但不能完全溶化和均匀分布；液体主洗剂含有机成分多、易溶化。使用全自动洗衣机时，建议最好使用液体主洗剂。

二、酸粉

一般为醋酸和柠檬酸两种。pH 值为 3，有粉状和液体两种，用于中和主洗剂中的碱性成分。因为主洗剂的碱性在漂洗时不容易过清，它不仅会使人体皮肤感觉不适，还会缩短布草的使用寿命。因此，在布草洗涤最后一次过水时，加入适量的酸粉去中和碱，能使布草的 pH 值降至 6 ~ 6.7，与人体皮肤相近，增加使用时的舒适度，延长其使用寿命。

三、化油剂

化油剂是专为洗涤台布和餐巾上的油污而配置的。可与主洗剂同时使用，也可用于去除衣物上的各种油污。pH 值在 13 ~ 14。

四、氯漂剂

有次氯化钠（pH 值在 8 ~ 9）和过硼酸钠（pH 值为 10）两种，可以起漂白作用，主洗时适量加入。若织物除需增白外，还要去除浅色斑渍，用过硼酸钠效果好；次氯化钠一般用于毛织物和丝织物的效果较好。

五、氧漂剂

即过氧化氢漂白剂，pH 值在 3 ~ 4，专用于彩色织物的洗涤。为保持布草原有的光泽和色彩，一般在主洗时适量的加入，可避免碱对色彩的破坏作用。一般彩色布草较易退色，所以在洗涤时，还需适当加大剂量。

六、上浆粉

主要针对餐巾、台布、某些制服等配置，通过上浆，能使被浆织物表面挺括、防止纤维起毛，有良好的观感，同时使被浆织物表面有一保护层面，可延长织物的使用寿命。洗衣房常用的有淀粉和聚乙烯醇两种浆料。淀粉价格相对低廉，在洗衣房被使用广泛。聚乙烯醇的价格是淀粉的数倍，因其对合成纤维及纤维素纤维有良好的上浆性能，所以多用于小批量衣物的上浆，一般不用于台布、餐巾的上浆处理。

七、软化剂

也称为柔软剂。布草通过洗涤，可达到良好的清洁度，但有明显的粗糙手感，如床单、内衣，尤其是对毛巾类织物，软化剂是为解决这一问题而配置的，在洗涤的最后一次过水时加入适量的软化剂，可使毛巾类织物恢复和保持柔软度，增加其弹性和柔顺感。

八、干洗剂

专用于干洗织物，现酒店采用四氯乙烯的较多。目前酒店使用的四氯乙烯主要是进口产品，优点是毒性比三氯乙烯小，去污能力强，溶油点适中，对机器设备腐蚀小且易回收。国产的四氯乙烯为工业用料，并非专门为织物洗涤而研制生产，所以杂质较多，尤其是对织物的纽扣腐蚀性较严重，不利于蒸馏回收，所以一般情况下是不用的。

九、去渍剂

常用的去渍剂的种类很多，有去果汁剂、去锈剂、干洗皂液、去油剂、彩漂、干洗喷剂、去蛋白剂等。

十、领口去污剂（领洁净）

主要用于清洗客衣污渍，多用于衬衣、工装的衣领口处的除渍。在洗涤前使用，可先洗去油斑、色斑和其他脏迹，不会影响到衣物的色泽。

洗衣房专用洗涤剂如图6-4所示。

图 6-4　洗衣房专用洗涤剂

 想一想
Think It

洗涤布草时产生的废水，有些酒店进行回收处理，再二次利用，你认为这样做的好处都有哪些呢？

任务五　熟悉洗涤运行的流程

每天洗衣房都要洗涤大量的布草、客衣和员工制服，任务十分的繁重，要达到良好的工作效率和质量，就必须合理、科学地设计各类布草、客衣以及员工制服的洗涤流程，从而可以对洗衣房起到加强控制与管理的作用。

一、洗衣房运行流程

在酒店中，每一件布草或衣服从脏到干净，必须经过一系列的过程，这个过程就是洗衣房的运行流程。运行流程的设计要本着"省时、省力、提高效率"的原则，明确每个流程环节的任务和责任，以保证洗衣房工作能正常和有效地运行。

1. 布草的运行流程

（1）当客人结账离店后，客房楼层服务员就会将床单、被套、枕套进行更换。住客房也会根据客人需要，适时进行更换。

（2）客房服务员将撤出的脏布草放入客房工作车的布草袋内。

（3）有布草输送槽（图6-5）设计的酒店，服务员在对脏布草点完数后放入袋子中并包扎封口，利用布草输送槽投到洗衣房内。布草输送槽一般会设在各个楼层的工作间内或门口处，平时不用时需上锁，以免发生安全事故。若酒店没有布草输送槽，则由客房服务员或洗衣房、布草房的员工逐层收取，脏布草不能在地上拖拉。

图 6-5　布草输送槽

（4）脏布草运送到洗衣房。

（5）对脏布草进行分类、称重、洗涤、脱水、熨烫、检查、折叠。

（6）根据不同的要求整理床单、枕套。床单、枕套等一般为每十条捆成一捆。

（7）送到布草房存放。

（8）布草房按楼层客房要求的领用数量清点数后，派人送到各楼层工作间的布草存放架上，由楼层客房服务员点收。或者由客房服务员直接到布草房领取干净的布草（此方法通常采用以一换一的方式，即在客房服务员交送脏布草到洗衣房的同时，到布草房领回同等数量的干净布草）。

（9）客房服务员按工作车的配备要求，将适量的布草放在工作车上。

（10）客房服务员清洁和整理客房卫生时，补充干净布草进入到房间内。

布草运行流程如图 6-6 所示。

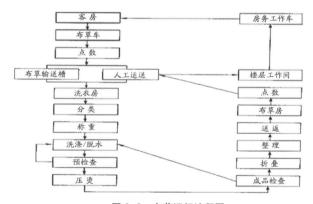

图 6-6　布草运行流程图

二、布草的洗涤流程

以下为布草水洗的程序。

（1）开机前准备工作。检查机器设备有无异常情况和供电、供水状况。

（2）将布草分类洗涤。首先，按使用部门（客房、餐厅、康乐等）将布草分开，再按"布单类"和"毛巾类"分开，然后再按"颜色"分开。

（3）清除布草中夹带的杂物。将布草中夹带的纸屑、碎渣、牙签、骨刺等物清除干净。餐厅用布草，一般都有油渍、色渍；客房用的布草中也有污渍较重的，洗涤前都要先进行"除渍"处理，将特别脏的布草挑选出，单独堆放，分开洗。

（4）用地秤称量布草。根据不同机器的承载能力，按允许的数量或重量，将脏布草放入水洗机内。

（5）关紧洗涤机门，开始进行洗涤。

（6）根据不同布草的特点，进行洗涤程序的设定，注意洗涤剂的用量。

（7）开机。洗衣机自动洗涤、漂洗、甩干。

（8）甩干并熨烫平整。甩干后的凡是需平烫的布单类的布草，送至平烫机前的规定位置进行熨烫。

（9）对熨烫后的布单类布草和烘干后的毛巾类布草，进行人工折叠或机器折叠。

（10）洗涤工作完毕后，对机器进行清洁和保养。每日洗涤工作结束后，都要做日常的卫生、机器设备的保养、物品的归类等工作，并清理烘干机毛尘箱，关闭电、水、汽的开关。

三、客衣的服务流程

酒店一般会在洗衣房内设置"客衣服务组"这个岗位，主要负责客衣的收发、清点、核对、检查、打码，对洗好后的衣物进行叠放、核对、包装以及送回客房等工作。一般的工作流程如下。

（1）客衣收取

客衣服务人员应礼貌接听有关客衣的电话，做好记录，及时通知客房楼层服务员收取客衣，并将收集的客衣统一放到楼层工作间内。再由相关人员到楼层工作间内将客衣拿回洗衣房进行洗涤。

（2）客衣核对

客衣收发员将客衣收到洗衣房后，首先要进行核对和检查（图6-7），如洗衣单（图6-8）上的房号、客人姓名、衣物件数等。在点数中如出现客人衣服有破损、衣兜内有物品、填写的件数与实际清点的件数不符、衣服上有染色或客人需洗涤的要求与服装质料不符等问题时，要在洗衣单上注明并记录下来，及时与客人进行联系并说明情况，再根据客人反馈的意见进行处理。若客人不在房内，应酌情处理客衣，可在客人房内留下相应的"留言单"，并写上"时间和具体内容"等提示，待客人同意后再进行洗涤。

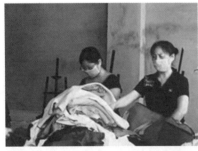  

图6-7　客衣检查　　　　　　　　　　　　　　图6-8　洗衣单和洗衣袋

如果客人有特殊要求，应按规定做好标记，并将易被腐蚀的纽扣或珠子等饰物剪下，存放好并在原处做上记号，以备衣物洗好后再缝上。

　　点数后，在洗衣单上注明总数与自己的代码（或签名），把衣物和洗衣单放入洗衣袋内，留待打码。

　　对"加急服务"的客衣和贵宾的衣物要优先进行点数、打码和洗涤，并督促洗烫服务员及时处理，尽快送还客人。

　　（3）客衣的打码

　　一般情况下，客衣在核对无误后再进行打码分类。

　　① 根据洗衣单上的房号，在打码机上拨号，把水洗、干洗或熨烫方式及自己的代号一同拨上，先打在洗衣单上，核实无误后，再打在客衣上，同一件衣物的号码要一致。

　　② 打码部位。上衣打在领子上，裤子打在裤袋上（或打在裤腰上），袜子打在袜底。

　　③ 打码的同时，要求再次核对客衣数量，再次检查衣服的质地与所填的干／湿洗、熨烫单是否相符，并按洗烫方式的不同将衣物严格分开。

　　④ 因衣物面料原因，不能直接打码的，应用布签或纸号代替，不得损坏衣料。

　　⑤ 打码后的衣物，如是同一种洗烫方式的，再按上衣、衬衣、内衣、内裤、长裤、袜分开放，丝巾与手帕需另外处理。

　　⑥ 对标有"加急服务"的衣物要按要求打码分类，及时进行处理，并保证洗涤质量。

　　⑦ 将客衣交洗烫服务员洗涤、熨烫，并填写客衣交接的表格。对有特别要求和不易烘干的衣物，要和洗烫服务员交待清楚。

　　⑧ 按规定使用和保养打码机，每天加添药水，擦拭机器，保证打码效果。

　　（4）叠衣、核对和包装

　　客衣在洗衣房洗烫完成后，交至客衣组负责折叠、核对和包装。

　　① 客衣收发员在从洗衣房收取客衣时，要仔细检查洗烫后的衣物是否洗净、熨干，是否有破损，是否熨平、挺括、有形，是否有衣扣脱落或被染色等现象。若发现有问题，应及时退回，重新处理。对于无法去除的污渍，需在送衣时留言，一般可使用《客衣服务单》。

　　② 按照酒店规定的标准或客人的要求进行衣物的折叠。

　　③ 按衣物上的号码对照洗衣单上的房号，将衣物放入到客衣存放柜的相应木格内。同时检查衣服折叠是否符合标准，有无按客人的要求做好。

　　④ 在挂衣牌和洗衣单上要注明件数，并将水洗和需用衣架挂起的衣物件数记录下来，核查过的衣物按楼层顺序排列好。

　　⑤ 核对木格内的衣物是否同洗衣单上件数、份数和备注中的要求等相符。相符后在洗衣单上签名并放在衣物上面。

　　⑥ 按规定进行装包放置。装包时，大件放两边，小件放中间，手帕和袜子、内裤等应分开放置。一般衬衣折叠要用衬衣板、领结板，然后再用塑料薄膜包装封好。西服、裙子、中山服和其他好面料的衣服，要套上薄膜衣罩并挂在衣架上。衣物包装好后把洗衣单叠好钉在封口处，在装包记录上签上自己的代号和衣服的件数。并把衣物按楼层顺序排列好，不得挤压，以免影响客衣洗涤后的质量。

有许多酒店为减少塑料制品的使用，推广"绿色环保的理念"，不再对衬衣等进行折叠包装，而是直接将衣物挂在衣架上，然后送入到客房内。当然，对常客和贵宾也可征求客人意见，提供一些个性化的服务。

（5）送回客衣

① 客衣洗烫完后，通常于每天下午 16:00—18:00 之间，由客衣收发员送回到客人的房间内。也有的酒店规定水洗、熨烫衣物当日送还，干洗衣物第二日送还。送回前再次查看客衣包装是否符合要求。将客衣按楼层和房号顺序整齐地放进洗衣车里，将挂件有序地挂到车上。如果当天的客衣较多，必须分批送上楼层。

② 到楼层后请客房服务员开门。按相应的房号把客衣送入房内。一般需用衣架挂起的衣物直接放进房内的壁橱或衣柜里。袋装或折叠的客衣，可放在桌上或床上。放进壁橱的衣物应在房内醒目的地方给客人留言说明。在送衣记录上注明水洗、干洗、熨烫洗涤方式、挂件数和包数，并签名。

③ 若客房挂了"请勿打扰"牌（或亮"请勿打扰"灯）时，一般将客衣放在楼层工作间，并从客房门缝下放入"衣服已洗好"的说明来提示一下客人，如客人需要取回衣物时，可以与客房中心联系，再由服务员将洗好的衣物送到客人房内。若客衣有其他问题，可根据需要，送上相应的留言单以示提示。

④ 送完客衣后，要做好相应的记录以备核查。

四、客衣、制服的水洗程序

（1）做好开机前准备。检查机器设备有无异常情况。

（2）洗涤前要严格检查客衣是否会掉色、染色，有无损坏，是否适宜水洗，是否可用机器洗涤等。对不宜用机器洗的衣物，要注意挑出进行个别洗涤处理，如手洗。仔细查看有无特殊斑迹，对有较严重污迹的衣物，要使用专用去渍剂先处理，再洗涤。

（3）将普通洗的衣物和加急洗的衣物分开，加急的客衣要优先洗涤。

（4）按衣物的质地、颜色及种类分开洗涤。由于服装工艺的不断改进和消费水平的日益提高，在洗涤前应仔细检查客衣的洗涤标志，明确服装面料和洗涤要求。

（5）洗涤前，应将长裤的拉链拉好，小物品如袜子、手帕，应装在网袋中以免洗涤时遗失，丝织物一般要装袋后再洗涤。

（6）根据不同织物的特点进行洗涤程序设定，注意洗涤剂用量。

（7）洗涤过程中要注意机器运转状况。注意水压、气压、温度等情况，发现异常应及时处理。

（8）洗涤时一般要先过一遍清水，再放洗涤剂。要严格控制好温度和洗涤剂的用量，衣物洗涤后过水必须过清，无洗涤剂残留。

（9）对丝绸、毛衣类衣物，洗涤甩干时要特别小心，不要撕破。脱水时绒缎、羊毛衫、丝绸、薄料、旧料等，不应高速脱水，应采取压干或挤干的方法。

（10）衣物洗好后，将不宜烘干的衣物挑选出来晾干，并根据衣料的厚薄、质地及其对烘干温度不同要求进行分开处理，并严格控制温度和时间。如衬衫、内衣、内裤、牛仔裤等客衣可进行高温烘干，而袜子等织物则进行低温烘干，温度一般为 60 ～ 65℃。

（11）在烘干时，应注意烘衣量不要超载或过少。衣物烘干后要降温（排风）3min，以增强衣物的质感。

（12）除不需熨烫的衣物，其他的衣物均送至熨烫组进行熨烫整形，使之符合洗涤后的标准。如图6-9所示。

（13）制服水洗的程序与客衣水洗的程序基本相同。

（14）洗涤工作完毕后，对机器进行清洁和保养。每日洗涤工作结束后，都要做日常的卫生、机器设备的保养、物品的归类等工作，并清理烘干机毛尘箱，关闭电、水、汽的开关。

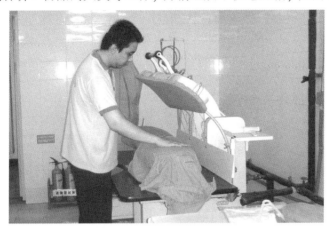

图6-9　熨烫衣服

五、客衣、制服的干洗程序

干洗又叫化学清洗，对于高级面料的服装、水洗后变形的衣物、形状较大又无法下水洗的、不太脏而无需下水洗涤的衣服或装饰物都可以进行干洗。干洗衣物的优点：一是能把衣物油污洗得干净；二是洗涤后的衣物不易变形；三是易于熨烫。其缺点：一是水性污染不易洗净（如米饭渍等）；二是浅色衣物洗涤后也显得不太干净。具体的流程如下。

（1）打码分类

使用打码机对每件衣物进行标号。

（2）预检和去渍

使用专用清洗剂对有特殊斑迹的衣物进行清洁。有的水溶性污迹可事先去除掉。

（3）天然纤维、外套、套装、高档织物通常都应进行干洗，但须根据颜色深浅（浅、中、深）分开洗涤。对衣服上的扣子要认真检查，不能洗的扣子一定要剪下来包好，并标上衣服号码，以便熨烫后交客衣组人员还原。

（4）干洗过程

先将衣物冲洗一下，把漂浮污垢冲走，然后过滤循环3～5min，排去蒸馏，再用干净的油投洗3～5min，然后将油排到箱底，高速脱油3min后烘干，再将衣物放在干洗机内循环加热8～9min，将衣服上的溶剂烘干。

（5）冷却系统及油水分离

冷却系统把容器中的干洗油经过泵→过滤器→冷凝器，冷却到所需要的温度，以防溶剂温度过高使衣服缩水、脱色。经过烘干的衣服中的溶剂变成气体，冷却后转化为液体，然后通过油水分离器把水、油分离，分离器中的干洗油排入油箱内可再次使用。

(6) 绒布袋清理

衣服干燥时，风泵把热风通过衣物吹入绒布袋，漂浮的脏物随之吸附在绒布袋内。如长时间不清理绒布袋会使加热循环的排气系统发生堵塞，同时延长干燥时间，因此应每天清理干洗绒布袋。

(7) 熨烫整形

常见的洗涤符号如图 6-10 所示。

图 6-10　常见的洗涤符号

六、平烫的程序

对于平烫的布草要求是：无湿润感；破损或未洗干净的布草要剔出；熨后的布草要平整、折痕要清晰。平烫的具体程序如下。

(1) 检查机器设备是否运转正常，确保工作区域卫生，没有灰尘、污迹。

(2)抖布草时，要抓住有折边的方向，抖松，对折，一侧平整，同时把未洗干净的布草剔出，重新进行水洗。抖布草的过程中，要把枕套、口布剔出单独摆放，注意布草不要抖落在地面上。

（3）将抖开的布草拖至烫平机前。首先检查烫带是否完好，然后开机打蜡，放蜡布三次，然后放床单。

（4）工作中应剔除脏布草重新洗涤，如发现脏布草已放入机器可折一个角表示；如破损的用折两角表示，并分别放置，由布草房主管决定是否报损。

（5）布草在放入时要拉平，对准中线，两人动作要协调一致，避免折叠不齐现象。随时注意传带、皮辊有无错位。掌握机器运转的速度，使布草达到熨干的标准。

（6）把拆件好的布草及时装入布草车，送到布草房。装车时应摆放整齐，点好数并做记录。

（7）做好结束工作、将报损的废旧布草按要求包扎好送到布草房；与布草房收发员做好交接工作。

（8）做好工作区域卫生，关闭电源开关。

7．手工熨烫的程序

（1）首先要检查衣物是否洗涤干净，有无破损，如有应及时退回重新处理。

（2）在熨衣前，必须正确识别每件衣物的质料，并注意衣物上的熨烫标志。

（3）根据衣物的质料或熨烫标志确定熨烫温度（选择高温、中温、低温）。

（4）为保证衣服不被烫坏，在确定温度后，还必须在衣服的领子、袖口、反面、底边等不醒目处，用电熨斗温度从低至高试烫，待掌握适合该质料的温度后再熨烫。

（5）如电熨斗烫在衣服上变色、发枯时，说明温度过高；如电熨斗在衣服上滑爽，熨烫自如，说明温度适中。

（6）棉、的确良、丝绸这三类衣料，可以直接进行熨烫，不需盖垫布。

（7）熨毛料衣服时，切勿直接烫，应用八成干的湿布盖在衣服上，也不能盖着干布烫，否则会使衣服发亮，甚至烫黄。

（8）熨衣服时，应先烫领子、口袋，后烫前片、后片；烫西装时应先烫里衬、口袋、袖子、前片、后片，最后烫领子；烫西裤时，先烫门袋、腰、前后片，后烫裤腿；烫裤腿时，必须对齐中线，如有原缝，就照原缝烫。

（9）经熨烫过的衣服要求挺括、平整、美观，用衣架挂好，防止挤压。

（10）熨烫好的衣服送交客衣服务员或布草房服务员，做好交接记录。

（11）下班前关掉电源和蒸汽开关，物品清理归位，搞好清洁卫生工作。

想一想
Think It

酒店为客人提供客衣洗涤服务的过程中，难免会发生一些因洗涤质量或服务不到位产生的客人不满和投诉。

请你想一想，假如客衣服务中发现了问题，你作为客房服务员应如何处理？

项目二　布草房运行
Task Two　Linen Operation

当今，随着洗涤业社会化程度的提高，洗衣房已经不再是每家酒店必配的设施，但在酒店经营中，无论有无店属洗衣房，布草房都是必须要设立的。其主要功能是负责酒店所有布草和制服的贮存、洗涤和缝补后的交换业务，保证酒店布草和制服能够及时的周转和供应。这项工作虽与客人接触较少，但其服务和管理水平的好坏会直接影响酒店的声誉。因此，酒店应加强布草房的管理工作，力求降低成本、减少费用，为酒店提供良好的后勤服务。

任务一　了解布草房

一、布草房的布局

布草房通常分为布草房和制服房两个部分。为利于布草的运送，布草房一般都会设在离洗衣房较近的地方。制服房在场地允许的情况下，可设在邻近员工更衣室、员工浴室之处，以便于员工更换制服。如图 6-11 所示。

布草房主要包括收发区、加工区、贮存区和内部办公区。酒店为了提高工作效率，可根据不同区域的功能，合理地进行内部布局，以方便正常运转。

(1) 收发区　应设在邻近布草房门口的地方，有些酒店设有开放式的收发台，且收发台设计成活动式的，以便于布草的交换。收发区还应备有布草分拣筐。

(2) 加工区　一般设在布草房的里侧，靠近窗户、自然采光比较好的地方，或室内灯光比较明亮之处。加工区应配有缝纫机和工作台。

(3) 贮存区　是布草房的主要功能区，配有布草架及制服架，一般都会设在收发区的内侧。

(4) 内部办公区　通常设在收发区附近以便控制管理。

二、布草房的基本要求

布草和制服存放在合适的环境中才能延长其使用寿命，减少损耗。其基本要求如下。

1. 库房条件

(1) 具有良好的温湿度条件。布草的特点是如吸湿后就会霉变。霉变的环境条件有温度、湿度、蚊虫等。而防霉的必要条件是通风情况要好，相对湿度不得大于50%，最好在40%以下，再加上通风良好，就可防止微生物繁衍。当环境湿度过大时，可使用抽湿机(去湿机)；一般温度保持在20℃以下的环境存放的布草质量相对比较好。

（2）地面材料以PVC地板为佳；墙面材料须经过防霉蛀、防渗漏的处理。

（3）储存室应始终保持整洁。

图6-11　布草房

2．消防安全设施及要求

酒店的布草、制服都为易燃物品，所以对消防的要求较高。布草房必须符合消防安全方面的法规。一般布草房内不得存放其他物品，特别是易燃物品、化学物品或食品等。

另外，布草房应有一系列库房管理制度，如库房内不许吸烟、定期进行安全检查、闲杂人员不得随便入内等。

 想一想
Think It

　　酒店的布草房在设立时，考虑的因素很多。你要是设计酒店布草房时，应注意哪些方面的内容？

任务二　了解布草房设备用品的配置

为满足布草、制服存放要求，布草房应配有相应的设备物品。

1．布草架

布草架一般用于存放床草、枕套、毛巾等布草。应设计成开放式的为宜，以便于布草通风和散热。布草架上需贴有标签，注上分类号，以方便上架和查找。为节约库房的占地面积，充分利用立体空间，布草架应设计成可移动的、多层次架的。如图6-12所示。

图 6-12　多功能移动布草架

2．挂衣架

一般为不锈钢管制，高低不同，充分利用空间，一般用于挂放洗烫后不宜折叠的衣物。酒店制服房需配有若干个挂衣架，衣架杆最好有固定挂钩并标有工号或姓名，以利于制服对号上架，工号或姓名可按数序或姓名拼音字母顺序排列，以方便于存、取，提高工作的效率。

3．衣架

洗衣房的衣架应和客房衣架有所区别，如衣架上标明洗衣房字样，或材质、颜色和客房衣架不一样，这样可防止衣架的流失。

4．工作台

布草房及制服房应配有若干工作台，用于收发、登记、临时放置布草。

5．缝纫设备及物品

布草房配有若干台缝纫机、锁边机等缝纫设备及剪刀、各色线、针、扣、软硬尺等设备物品，以供缝补加工布草、制服之用，同时也可满足一些客人衣物的简单织补要求。

6．叉衣杆（挑衣杆）

制服房应配有长短可灵活调节的叉衣杆若干个，用于挂、取高出的制服。

7．布草分拣筐

用于分拣布草及制服，一般是塑料制品，也可用竹制或柳编制品。

8．包装袋

制服房内也应备有大、小不同的包装袋，用于存放一些制服。

9．其他

根据需要还应备有一些适用的物品，如胶带、记号笔等，用于制服存放打包时和编号时使用；以及各类收发和交接表格、有关账目的记录本等物品。

你觉得布草房内将原有的"固定式"货架改为"活动式"货架，这样做有什么好处呢？为什么？

任务三 熟悉布草房工作流程

布草房服务和管理水平的最好体现是布草和制服的质量、清洁程度和供应速度。这些在很大程度上都会影响到酒店的正常运转，尤其是对客房部和餐饮部而言。因此，酒店在保证质量的前提下，应对布草房的运行进行严格的管理，力求减少费用、降低成本。

因为布草房每天需收发大量的布草、制服，工作任务比较繁重，为了保证运行效率和效果，必须要科学、合理地设计布草房各项工作的运行流程。

一、客房的布草收发

客房布草收发一般有两种方式：一是客房服务员到布草房送、领布草；二是布草房收发员到楼层收、发布草。如图 6-13 所示。

1. 客房服务员到布草房送领布草

（1）各楼层客房服务员将本楼层每日撤换下来的布草集中清点、分类，并记录其数量、品种，将破损布草剔出另放。

（2）分类打包后用布草车将布草送至布草房。

（3）将布草交布草房收发员清点无误后，填写"楼层布草每日收发记录表"。

（4）根据脏布草数量、品种，发放干净布草，交由客房服务员清点无误后在收发记录表上签名认可。

无论采用何种方式其关键是要保证布草的供应，不影响客房的正常使用。

2. 布草房收发员到楼层收发布草

（1）客房服务员将清扫客房时撤下的脏布草送至本楼层指定地点。

（2）布草收发员到各楼层指定地点收取脏布草，收取时应仔细清点数量、品种，如有破损的布草要剔出来另放，核对无误后，客房服务员在"楼层布草每日收发记录表"上签名认可。

（3）使用布草车将脏布草运至布草房。

（4）根据收取的脏布草的数量、品种。将干净布草送至楼层，交客房服务员清点无误后签字，并将布草车留在楼层备用。

也有的酒店规定布草收发员可根据前一日从楼层收取的布草数量、品种，送干净布草至楼层，再收取当日撤换下来的布草，其数量、品种又作为次日送干净布草的依据。

图 6-13 布草收发

二、餐厅的布草收发

1. 接收

（1）餐厅服务员将每日换洗的口布、台布、毛巾等布草定时送到布草房，由布草房收发员逐一点收品种和数量。并填写"餐厅布草每日收发记录表"。

（2）收布草时，餐厅服务员应事先将布草中的垃圾抖净。

（3）布草房收发员对餐厅送来的污损布草，经鉴定后已无法洗涤的布草，要进行登记并填写"布草报损表"，再交主管签字后报损。

2. 发放

收发员按核实的品种、数量逐一清点发放，保证所发放的布草洁净无破损，并由餐厅服务员签字验收。餐厅布草一般采用"以一换一"的发放方法，即以脏布草换回同等数量的干净布草。餐厅服务员在领取干净布草后，要在表单上签字。

三、其他各营业点的布草收发

其他各营业点布草，包括健身房、游泳池、桑拿房等处的客用毛巾或医务室的床单等。相对而言，其数量较小，所以多采用送、领的方法，具体做法与客房、餐厅布草的收发相同。

四、布草送洗和验收

（1）使用布草的各营业点将使用过的布草送布草房后，除需报损的布草外，布草房将脏布草再次清点过数，进行分类。

首先按客房用品和餐厅用品分类，然后按布单类和毛巾类分类，再按颜色分类，因为不同类的布草在洗涤时有不同要求，如餐厅用的口布、台布，一般都有油渍、色渍，要用漂白剂洗涤。而彩色口台布，则选用防掉色的洗涤剂进行洗涤。布单类洗涤后，有些需要上浆，而毛巾类则不用。

（2）布草房收发员将已分类的脏布草分送水洗组，由其按布草分类进行水洗。

（3）对洗衣房洗涤好送回的布草进行检查，查看是否已洗涤干净、是否有破损等。将不合格的退回去重洗，有破损的挑出来进行报损。

（4）将符合洗涤质量要求的布草分类折叠、整理后上架存放备用。

想一想
Think It

　　酒店的布草房在布草收、发时，都需要进行仔细的检查、核对，你觉得这样做有必要吗？为什么？

任务四　掌握布草使用及管理

一、布草的修补加工

1. 检查

从洗衣房返回到布草房的所有布草和制服都要彻底检查是否有破损。

2. 修补

能够修补的布草、制服，都要交缝纫工做必要的缝补。

3. 鉴定

所有低于标准的布草，都要经客房部经理鉴定后，才能决定是否继续使用或作报废处理。

4. 加工

将可再利用的报废布草进行再加工，改制成枕套、洗衣袋、抹布、婴儿床单等。

二、布草的盘点

1. 通知

预先通知有关部门及人员做好准备。

2. 清点

图6-14　布草盘点

对所有布草进行清点，包括储存在楼层工作间、工作车、餐饮部和洗衣房、布草房的布草。根据不同的规格，在同一时间段内对所有项目进行清点。清点时，需停止布草的流动，防止漏盘和重盘。如图6-14所示。

3. 记录

将全部盘点结果填写在盘点表上。

三、布草的报废与再利用

（1）提出申请。因下列情况布草可以申请报废：布草破损或有无法清除的污迹；使用年限已到；统调换新品种、新规格等。通常由布草房主管核对需报废的布草，并填写报废单。

（2）审批布草的报废由洗衣房经理或客房部经理审批。

（3）报废布草的处理。报废布草应洗净、做上标记，捆扎好集中存放。

（4）报废布草的再利用。报废的布草如果可以再利用，可由布草房缝纫工加工，改制成其他用品。

四、布草的添补与更新

1．申领

根据布草的报废情况，确定需申领的种类和数量。

2．填写申领单

将布草申领单上各栏目填写清楚，如数量、规格、颜色等。申领单交客房部经理审批。

3．领取与核实

凭申领单到总库房领取所需补充的布草。提取布草时，应仔细检查布草数量、种类、规格等是否与领用单相符，质量是否合乎标准要求。

议一议
Discuss It

布草房每月都要对各部门使用的布草进行严格的盘点、报损、添补或更新。你觉得在这些环节中还应注意什么事项呢？

4．洗熨

领回的布草需全部拆封，送洗衣房洗熨后再使用。

任务五　了解制服收发与送洗流程

一、制服的领发

1．申领

申领部门填写"制服申领单"，注明员工部门、工种，并经部门经理审批。

2．发放

制服房根据员工身材准备制服，视需要加工或改动制服的肥瘦、长短。员工试穿合适后，将号码标记在制服上，并将配套的其他物件按规定统一发给员工。一套制服交员工自己保管；另一套由制服房保存。如图6-15所示。

3．记录

将发放制服情况登记在"员工制服登记卡"上，并存档。

图6-15　制服管理

二、制服的收发送洗

（1）一般每位员工应配备两套制服，工程维修人员和厨师，可多配一、两套。为保证员工制服的整洁，衬衣、外套以及配套服饰均应包括在洗涤范围内。

（2）制服的收取和发放均在布草房的专用窗口进行，一般采用以"脏"换"净"的方式。员工将脏制服拿到布草房，制服收发员在收取制服时，必须检查制服上的编号或姓名有无脱落，以免混淆不清。

（3）制服收发员将收取的脏制服清点登记后，交洗衣房查验、洗烫，洗净后再由制服管理员验收入库。

（4）由收发员拿出另一套已洗净的制服交给员工，干净制服与脏制服号码须一致，员工领用时，需再次核对。

（5）布草房制服收发员将员工换下的脏制服进行检查、分类，放入不同的布草分拣筐内。

（6）根据制服上的号码、种类、件数，填写"制服洗衣单"，一般分为三联，其中两联随制服一起送到洗衣房；另一联为存根。

（7）洗衣房将洗净后的制服与洗衣单进行核对，核对后的洗衣单，一联和制服一起送回布草房，一联洗衣房留存。

（8）布草房人员可根据洗衣单上的明细进行验收，对熨烫洗涤质量有问题的制服，将再送回到洗衣房重洗或重烫，对有掉扣子或破损的制服，交由缝纫工进行修补。对洗衣房未能及时送回的制服应做好记录，并迅速查明原因。

（9）将洗涤后符合标准的制服，挂放到架上。

做一做
Do It

走访调查当地2～3家不同星级和类型酒店的洗衣房和布草房，了解洗衣房和布草房的结构布局、运行模式和工作流程，结合该酒店的星级档次、客源结构等实际情况，写一份合理化建议的报告。

思考与训练
Practice and Drills

思考问答
Review Questions

1. 洗衣房的常用设备用品和洗涤剂有哪些？
2. 简述布草洗涤的程序。
3. 简述客衣洗涤的程序。
4. 布草房的主要功能有哪些？
5. 简述布草送洗和验收的运行流程。
6. 简述制服收发与送洗的程序。

单项选择
Individual Choice

复习本模块课程内容，请将正确答案的选项填写在横线上。

1. 如果住店客人门外挂或亮着"D.N.D 勿扰牌/灯"时，客衣派送员可_____。

A. 直接给房内打电话　　　　　　B. 敲门询问一下客人

C. 从门下方塞入一张"提示卡"　　D. 将衣物挂在门外把手上

2. 大多数酒店的洗衣房组织机构设置会归属于_____。

A. 餐饮部　　　　B. 客房部　　　　C. 管事部　　　　D. 后勤部

3. 洗衣房在处理白色衣物时，一般会使用_____方法来保证洁白程度。

A. 净水洗　　　　B. 氧漂洗　　　　C. 氯漂洗　　　　D. 加温洗

4. 下列_____不属于洗衣房的机器类别。

A. 水洗机　　　　B. 折叠台　　　　C. 去渍台　　　　D. 人像机

案例分析
Case Study

客人衣服不见了

　　我的一位姓全的朋友，于去年春夏之交的一天中午，从天津飞抵广州。一下飞机他就立即感觉到南方的气温明显比北方高出许多。当他入住酒店客房后，就匆忙脱下内衣，换了一套夏装出门办事去了。

　　傍晚回到酒店，感觉有些凉意，就想再穿上中午换下的那件针织内衣，不料他找不到这件内衣了。于是，他拨通"客房服务"电话询问，回答是：当班服务员小欧进房整理时发现椅子上放着一件脏的针织内衣，就拿走亲自在房务中心的家用洗衣机为客人洗了。估计等到晚上就会给客人送回来。（酒店最近在开展"质量月"活动，每位服务员都在争着为客人提供细微化、个性化服务）

全先生听后，觉得这家酒店服务真好，就连声表示感谢。不过，他放下电话后转而一想: 不对呀! 假如我要立即离开酒店，未干的衣服怎么带走呢? 假如我只带来这么一套内衣，而这季节气温变化大，我需要添衣服怎么办? 假如我是马大哈，收拾行李时记不得曾换下这件内衣，第二天就离开酒店，岂不是丢下这件衣服了吗? 再说，假如我有洁癖，不喜欢我的内衣与他人衣服放在一块儿洗，而又未经我同意就把内衣取走，我能高兴得起来吗……

他和我见面后，向我讲述了以上的事情，并同时也连着向我提出几个疑问。我陷入了沉思。

讨论:

1. 服务员小欧该怎么做呢?

2. 如果是你，你该如何处理?

分析:

看来，全先生对该酒店的这位服务员为提高服务质量而采取的"行动"未必领情，虽然他对房务中心的服务员曾连声表示感谢。

全先生连续提出几个"假如"之后的疑问对不对呢? 完全是对的! 所以，该服务员真可谓"好心办了错事"。也正因为小欧的好心，全先生想发火还真发不起来，只能连连感叹。可以说，该服务员的好心举动，客人并不由衷感激。

那么，服务员小欧，首先应将客人随意散放的衣服放置到衣橱里，然后留一张字条，询问客人是否需要服务员帮你免费洗衣，并注明可以单独使用家用洗衣机洗涤 (凡是内衣，客人都希望单独洗涤，这也正是平时客人不喜欢将内衣送洗的原因) 。由此可体现出酒店亲情化、细微化的服务精神。而且，酒店通过征求意见式的留言条，可让客人感受到酒店对其尊重之意，即使无须酒店帮助，同样也会产生惊喜和感动。

实训练习
Training Exercises

项目名称: 衣物折叠。

练习目的: 通过实训练习，使学生掌握各类衣物的折叠方法和程序。

实训内容: 练习折叠衬衣、上衣、西服、西裤、T 恤衫等。

测试考核: 挑选一种衣物让学生进行折叠考核。

知识拓展
Knowledge Development

布草的二次污染与预防

布草的二次污染是酒店布草洗涤中遇到的一个较为普遍的问题，它不仅增加了布草洗涤中的难度，造成洗涤成本问题的增加，同时也加速了布草的损坏，是一个不容忽视的严重问题。

一、二次污染的产生

二次污染是指布草及毛巾从客房撤换下来之后，在收集、送洗过程中形成的新污染。

这种污染主要表现在以下几个方面。

(1) 布草随意乱扔，服务员不经意地在布草上踩，在布草上留下黑鞋印；

(2) 用面巾或者浴布擦卫生间的台面，有的甚至用来当抹布擦水龙头上的锈垢，在毛巾上留在下黑色污渍和黄色锈渍；

(3) 服务员在收集布草时，用床单打包，在地上拖，布草与地面摩擦，造成污渍；

(4) 布草上装卸、运送过程中，随意乱扔乱踩，形成新的脏痕；

(5) 布草在运到洗衣房后，不按规定分类堆放，造成客户布草与餐饮桌布交叉污染。

凡此种种，不一而足，都是二次污染的具体表现。二次污染的产生，除员工不按规章操作之外，还在于一些员工存在着不正确的认识，认为布草反正是送到洗衣房去洗的，弄脏一点无所谓。因而，造成了二次污染的普遍性，形成了见脏不怪的现象。

二、二次污染的危害

二次污染给布草带来的损害是很大的。布草从客房撤出来时，一般来说，污痕是不明显的（个别情况除外）。由于酒店对客房布草实行的是一客一换，有的甚至是一天一换，布草基本上不脏，只需轻柔洗就可以达到清洁的要求。但二次污染就不同了，二次污染的污渍都是不容易清洗的顽渍，如锈渍的附着力就特别强，必须用专用的去锈渍剂才能洗掉。又如布草在地上的拖拉过程中，纤维与地面强力摩擦，污渍已深深嵌入纤维之中，普通的洗涤方法很难洗掉，必须经特殊处理才能洗净。据酒店洗衣房的统计，因顽渍没洗净返工重洗的布草中，有近 60% 是二次污染造成的。洗净二次污染的顽渍，不仅加大了洗衣房人员的工作量，而且由于过多使用去渍剂，容量造成对布草纤维的损伤，增加布草破损报废率，加大客户用品消耗和酒店成本。

三、二次污染的预防

由此看来，布草二次污染不是小事，急需解决。虽然二次污染对布草的危害很大，但却完全可以避免。要有效的预防二次污染，应该从以下几个方面入手。

(1) 加强职业思想教育，增强客房和洗衣房员工的责任心，使他们尽心尽责，爱惜布草。

(2) 制定严格详细的操作规程，每一步操作都有规可循，避免操作中的不文明现象。

(3) 加强检查力度，客房、洗衣房负责人要经常对布草情况进行检查，及时发现并制止造成二次污染的苗头，对不负责任的员工批评教育，严肃处理。

(4) 加大处罚力度，建立二次污染赔偿制度，对造成二次污染的当事人，令其赔偿，情节严重的，直至辞退。

(5) 改善工作条件，尽可能地配齐设备，解决布草搬运中的具体困难，减少二次污染发生的可能性。

模块七
客房督导管理

Module Seven Housekeeping Supervision and Management

学习目的
Learning Objectives

（1）了解酒店客房安全管理方面的内容；

（2）了解客房部用品管理方面的内容；

（3）了解客房部设备管理和客房质量管理方面的内容；

（4）了解客房人力资源管理方面的内容。

知识与技能掌握
Knowledge & Skills Required

（1）掌握客房安全管理方面的相关知识内容；

（2）掌握客房用品的分类、选择原则和备品、借用物品管理等内容；

（3）熟知客房设备的标准配备、资产管理、更新改造以及设备配置的新趋势等；

（4）熟知客房对客服务质量管理以及客房清洁和保养质量管理的内容；

（5）掌握客房人力资源管理方面的知识和人员的选择、培训以及评估与激励方面的内容等。

新员工疑惑
New Staff Doubt

作为一名客房部的员工,为什么也要了解和学习"督导管理"呢? 学习这些客房安全、客房用品、设备、质量、人力资源管理等方面的内容对自身的工作能起到什么作用呢?

此模块将介绍和阐述客房督导管理方面的内容，为你解开此困惑。

项目一　客房安全管理

Task One　Housekeeping Safety and Security

任务一　了解客房安全

一、客房安全的目标

客房安全的目标是保证客房、宾客、员工的人身及财产安全，同时也要求酒店在客房设计、客房设施布置、客房服务以及管理过程中，应充分考虑到安全的因素，其建筑、设备设施、运营管理方面也应符合安全消防、安全法律法规和标准，从而达到保证宾客、员工环境及生活安全的目的。

二、客房安全与管理

所谓的安全是没有危害、危险、不受到威胁和损失的。客房安全是指宾客自入住到酒店客房范围内开始其人身、财产、正当权益等不受侵害。酒店不仅要以热情周到的服务、舒适干净的客房、娴熟的服务技巧来满足不同宾客的需求，还要特别重视宾客最基本的安全需求，为宾客提供安全和保护是酒店应尽的责任和义务。安全是酒店各项服务和活动的重要基础，也是酒店正常经营和运行的保证，只有在安全的环境下，各项服务活动才得以展开，客房是酒店的基本设施和主体建筑，是安全防范的重点部门之一，作为人员高度密集的区域，客房同时也是酒店安全事故和隐患的主要发生区域。

客房安全管理是指针对客房安全而进行的组织、计划、协调、控制等一系列管理活动。为了更好的保障客房所有宾客、员工的人身和财产安全，以及酒店财产安全，管理者应该在日常的管理中提高安全防范意识，同时也要严格按照安全规定办事，采取积极有效的措施。员工也应加强安全责任意识，根据客房部安全工作的特点，切实做好客房的各项安全工作等。

三、客房安全的内容

1. 客房的安全

酒店应保障客房辖区内的所有基础设备设施功能完善、正常运行，定期进行检查、维修和保养，坚决杜绝因硬件设施的使用不当或缺陷造成的身体上或生命的伤害。在酒店内导致客房不安全的因素一般情况有：火灾、偷盗、食物中毒、骚扰、疾病传播、利用客房实施"三毒活动"（黄、赌、毒）的犯罪活动等，都会对客房安全造成影响。

2. 客人的安全

客房的安全首先是"客人安全"。根据国际酒店的惯例，宾客在酒店办理完住宿手续后，即与酒店构成了合同关系，契约行为使酒店有责任和义务对客人的人身、财产和心理安全等方面进行保障和维护，并保证宾客在客房区域内的人身、财产和正当权益不受到侵害，以及心理上和精神上也不受伤害。

3. 员工的安全

酒店有责任和义务保护员工的人身、财产安全，其中包括健康保障和职业安全，这是因为酒店与员工之间已经建立了"雇佣关系"，同时作为酒店的员工也必须要履行自己的职责和义务，在加强自我保护意识的基础上，还要完成对宾客的安全保护。

总之，客房安全是伴随着酒店接待服务的始终来进行的。常言道"安全系于大局，责任重于泰山"，安全内容有客房、宾客、员工等；保护对象是人身安全、财物、心理等方面，它是一项有专业特点、持久和复杂的工作。因此，客房安全对于树立酒店社会的公众形象，加强客房安全管理，提高顾客安全感，增强行业竞争力是十分有益的。

想一想
Think It

　　除了上述客房安全管理内容外，你想一想，还应有哪些方面的安全事项呢？

任务二　熟悉客房安全的特性

客房安全管理具有不同于酒店其他部门的特点和任务，同时客房安全也是酒店安全的重要组成部分。

1. 难度大

酒店的人员流动量较大，人员往来成分也较为复杂，其中会有趁机犯罪的分子，甄别难度较大，安全隐患也会较多。酒店员工众多，流动率较高，对酒店安全工作的顺利实施也造成了一定的影响。客房易燃物品多，用电量大，潜在的不安全因素多。同时客房区域物资财产、资金存量大，也就容易成为不法分子的偷盗目标，都会增加酒店安全管理的难度。

2. 弱点多

客房具有隐蔽性，安全隐患不易被发现。所以处理好"热情待客"与"防止犯罪行为"两者的关系是一件很不容易的事情。安全措施的有效实施，需要客人的理解与配合，从而也存在一些不确定因素。

3．要求高

客房安全管理的项目较多，专业技术含量较高，同时也要全面了解酒店的防火、防盗、防爆以及防突发事件等知识；掌握客房操作技巧，特别是涉外案件会直接影响到国家的形象，所以对从业人员的全面素质提出了更高的要求。客房服务员在工作中，既要讲究原则，又要有灵活性。

想一想
Think It

客房安全是很难管理的，如果你是一名客房部主管，你将如何有效的对客房进行安全管理呢？

任务三　了解客房安全管理制度

一、责任区划分明确，组织健全

酒店安全管理工作，应在总经理的统一领导下，由各部门的管理人员组成"酒店安全委员会"。酒店安全管理委员会的常设办事机构就在保安部，负责客房部的安全保卫工作，处理安全事件，制定各项安全防范制度和措施。客房部在酒店统一领导下成立专门的安全管理组织，客房部经理担任负责人。

为明确划分责任安全区域，保证各项安全工作落实到位，客房部经理将以工作范围为基准，按照"以防为主，谁主管谁负责"的原则，确立安全管理的责任人。

客房安全区以楼层为责任区，楼层主管或领班为责任人，主管将楼层区域再划分为若干个区块，层层划分，责任到人，上一级有连带的责任。安全责任制分工明确，责任清楚。客房安全事项包括消防安全、治安维护、作业安全、清洁卫生和公共区域的财产安全等。

二、强化意识，培训到位

安全培训是安全管理的重要内容之一，为了使全体员工能正确运用安全的工作方式对客服务，减少安全事故的发生、消除安全隐患、强化安全意识和到位的培训就显得尤为重要。安全培训有入职培训（上岗前）、工作指导、再培训三种，入职培训是对新到酒店工作的员工进行的安全制度和条例等培训；工作指导是对工作的复杂项或弱项等进行的培训；再培训是对引进新设备、没有达标、创新项目等方面进行的培训，只要有需要就可进行再培训。无论是酒店新员工还是老员工，安全培训是所有培训中一项重要、不可或缺的培训。

酒店对员工的安全培训，一般情况下包括：安全基础知识、安全应急方法、酒店消防、火灾预防、自然灾害、停电、逃生、客人伤病、客人醉酒以及客人死亡等事故的处理。通过安全培训、安全应急预案演习等方式，使员工掌握基本的安全知识和各种状态的处理技巧，一旦发生安全事件，客房服务人员能冷静、迅速地采取有效措施，尽量避免或减少人员伤亡和财物损失。通过培训，加强员工的安全意识，明确员工在客房安全管理中肩负的重要责任，理解客房安全管理的重要意义。

酒店有责任采取适当方法，强化他们的安全意识并提醒客人对自身安全负责。为此酒店可制作安全提示卡、服务指南和安全宣传册等，提醒客人要注意安全，增强安全防范意识，使客人自觉遵守安全管理制度和安全条例，并配合酒店做好安全管理工作。

三、层层落实、制度合理

为有效地落实酒店安全管理，必须层层落实到位，并建立科学、有效、合理的安全管理制度体系，使酒店的安全管理工作有执行依据和行动指南，同时也达到促进酒店安全工作的目的。

首先，在制定安全管理制度时，要梳理客房各种不安全的因素，通过调查研究避免事故隐患，结合部门特点、按照岗位业务运行过程，制定出客房安全管理制度。其次，为达到解决和处理实际问题的目的，就必须要制定出各岗位、各项服务工作具体、详细的安全工作标准和方法。

客房安全制度，主要包括安全工作标准和操作规程、客房钥匙管理制度、访客管理制度、贵重物品寄存管理制度以及安全应急预案等。

条例规章健全，岗位安全责任清楚，内容明确具体，层层落实到位。酒店客房为保证安全制度落实到位，除执行安全监督、检查外，更要鼓励员工自觉学习安全知识、防火知识、安全管理制度以及安全操作规程等，掌握安全器材与设施的使用方法，保障无违反安全管理制度的现象发生。为保证管理制度的执行，管理者还应建立奖惩制度，对真正保证酒店安全的职工进行奖励，对事故违规责任人层层追究责任，并按照奖惩的办法进行相应的处罚。

四、安全设施设备配备要完善

酒店客房安全系数的高低与安全设施设备及用品的配备是否完善有着直接的关系。酒店为保障住店宾客住宿期间的安全，必须在客房楼层区域设立各项安全设施和设备。一般情况会通过电视监控系统监视，此系统由摄像机、录像机、电视屏幕、图像切换等组成，如图7-1所示。酒店通过对客房楼层出入口处、走廊、电梯内部等地方进行监视，使入住的宾客有安全感，也给客房区域带来有效的安全保障。同时，酒店客房还有其他的安全设置，例如：钥匙系统的管理，也具有间接监控的功能，管理人员通过检查门锁系统，可以得到一段时间内所有客人进入房间内的记录；房间大门上安装的窥视镜、安全链（安全环）以及双锁，门后张贴的安全疏散图，都是起到告之客人所在的位置及安全疏散的方向和路径的作用；壁橱内安装供客人存取贵重物品的保险箱；天花板上也设有温感喷淋头消防设备和烟感报警器，供自动灭火和报警时使用；为防止意外事件发生，在床头柜和卫生间靠近浴缸处，安装安全报警及呼救设施，供客人发生意外时紧急呼救；楼道内也要根据消防的要求，安装完善的消防设施设备以及通畅的消防疏散走道等。

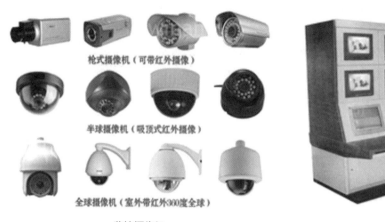

枪式摄像机（可带红外摄像）

半球摄像机（吸顶式红外摄像）

全球摄像机（室外带红外360度全球）

监控摄像机

后部监控设备

图 7-1　电视监控系统

图 7-2　安全消防检查

五、重视并加强检查和督导过程的管理

　　客房安全检查是对安全过程管理进行督导的一种形式。客房通过安全检查，可以及时发现安全隐患和各种不安全的因素，同时，各级领导为了防患于未然，可采取定期检查和不定期抽查的方式履行客房安全检查的职责。

　　一般情况下，客房检查的主要内容是：楼层和客房内的安全装置、客房设备设施的运转和维护情况、员工工作中的各种安全疏漏以及灭火设备和消防报警等。如图 7-2 所示。

议一议
Discuss It

　　　　请大家议一议：一般酒店客房部，对安全管理制度在执行过程中都是很严格的，你觉得这样做有必要吗？为什么？

任务四　掌握客房安全事件处理

在客房的实际管理中，安全问题始终是每位管理者最关心的问题之一，为客人提供一个安全的住宿环境，是客房安全管理的重要任务。客房安全管理主要以防火、防盗、防爆、防突发事件为主。安全问题有着随机性、复杂性和不可控的特点，这就大大增强了客房部管理的难度。所以，做好客房安全事故的预防和应急处理尤为重要。

一、火灾的应急处理

酒店最大的致命伤就是火灾。虽然火灾发生率很低，但一旦发生后果就会相当严重。楼层客房一旦发生火灾，客房服务人员必须保持镇静，迅速采取有效措施，正确处理紧急状况，保证客人的生命、财产安全，尽量减少人员伤亡和财产损失。

1. 通报

发现火情立即向有关部门通报，并及时向客人发出通告。

2. 报警

发现火情应立即使用最近的报警装置报警，打电话通知总机，讲清着火的地点和燃烧物，迅速用消防器材控制火势；关闭电器开关，关闭通风、排气设备。火势不能控制时立即离开火场，及时疏通酒店大门和临近路口道路，以便消防车迅速到达现场。

3. 组织人员疏散逃生

接到火警报告后，客房部管理人员应立即奔赴现场，进行人员分工，组织疏散工作。在疏散过程中，应注意以下几点。

(1) 携带必要的防护物品。携带一条湿毛巾，在经过烟雾区时捂住嘴鼻，防止有毒气体侵害；弄湿毛毯披在身上，防止逃生途中被火烧伤或烫伤；带上房间钥匙，在疏散路线中断时，可退回房间自救并等待救援。

(2) 掌握逃生要领做好身体防护。在浓烟弥漫中应采用最低姿势沿墙角前进。下楼梯时应倒退着下，头部尽量靠近台阶，以吸取新鲜空气。

(3) 选择正确的逃生路线。逃生时要仔细观察前进的方向，按照疏散图或酒店指示的方向从最近的通道逃生。高层酒店可以向避难层逃生，在无法下楼时也可向上跑，因为烟雾升到一定高度就会冷却下沉。

(4) 选择正确的逃生方法。逃生的方法有很多种，正确的逃生方法对逃生者来说非常重要。逃生者应视当时情况冷静选择，千万不能使用电梯，也不能惊慌失措轻易跳楼，更不能贪恋财物，延误逃生时机，没有什么比生命更宝贵。

(5) 在不得已留在房内时，用湿毛巾或床单沿着门缝塞严，防止烟雾进入，在浴盆内放水将易燃物品用水浸湿，除非房内充满浓烟必须开窗换气，否则不可开窗，以防火从窗口窜入。

4. 现场紧急救护

对火灾中的受伤者能否及时救护，直接关系被救人员的生死存亡。因此，在救护工作中应依照正确的救护顺序，采取正确有效的救护方法进行紧急救护。

二、客人报失的处理

酒店客人在住店期间钱财和物品丢失、被盗或被骗以后，客人直接向公安部门报告的，叫"报案"；客人未向公安部门报案，而是直接向所住酒店反映丢失情况的，叫"报失"。"报案"由当地公安部门进行受理，"报失"则由所住酒店进行处理。

"报案"和"报失"在性质和处理程序上都不相同，客人会先向酒店"报失"，由酒店先进行解决，对于酒店难以解决或需公安部门协助的，经总经理同意后，再向公安机关"报案"。一般情况下，"报失"处理的程序如下。

（1）接到客人报失后，服务员应及时上报保安部和相关领导。

（2）保安部人员、大堂经理和客房部相关人员向失主了解事件经过、丢失物品等情况。

（3）帮助失主回忆和查找。丢失物品价值达到立案要求的或店外丢失的物品，在客人同意时，可向公安部门报案请求帮助。

（4）请客人填写"客人物品报失记录"，留下通信地址，在客人离开酒店后保持联系，继续帮助查找，并做好后续工作。

（5）将整个事件经过和处理结果记录归档。

三、停电事故的处理

一般高星级、大型酒店都会自备发电机设备，目的是可保证在停电后立即自行启动供电，但如果事先准备不足，会给宾客带来不便之处，甚至会带来安全的问题。因此，客房部必须要制定应对停电事件时的相应措施，以保证酒店和客人的住店安全。停电时的处理程序如下。

（1）预先知道停电时，应当以书面形式通知住店客人停电时间，以方便客人提前安排或避免正常活动受到影响。

（2）停电时，对于不明情况的客人，及时告知停电原因，让客人有相应的心理准备。管理人员在一线指挥，维护好本部门的安全并解答客人提问。

（3）客房服务人员要坚守工作岗位，保持镇静，并给予客人安抚，帮助滞留在走廊及电梯中的客人回到房间，减少客人恐慌情绪。

（4）保安部人员要加强巡视，劝阻无关人员进店，保证公共区域和重点部门的财产安全，同时注意安全检查，防止坏人乘机行窃或破坏。

（5）工程部及时查找停电原因，组织抢修，力争尽快恢复供电。服务员要注意检查，防止客人点燃蜡烛或明火引起火灾。

综上所述，酒店的流动人口较多、酒店设施设备更新不及时、管理人员和服务员素质均参差不齐等诸多因素，都会给酒店客房带来安全隐患。所以，酒店在日常管理工作中必须加强安全管理，制定科学、严谨、可行的安全管理措施和应急事件的处理预案，达到保护宾客、员工的人身和财产安全任务的目的。客房部在经营活动中，也应加强安全防范、安全培训和安全过程管理与监督，积极做好事前预防、事中控制和善后处理等环节的管理工作，尽量减少安全事件的发生机率，保证客房的正常运转。

总之，客房安全管理工作是酒店工作的基础，也是一项系统化工程。安全是酒店工作的切入点，安全工作如果做不好，酒店就没有宾客和效益，更不可能生存。所以，安全就是服务，安全就是质量，安全就是市场，安全就是效益，安全就是一切工作的重中之重。

想一想
Think It

假设你准备为住店客人清洁房间，但进入房间后，发现客人的行李箱打开着，箱内的物品凌乱地放在地上的每个角落。你想一想，这样的房间该如何处理呢？

项目二　客房用品管理
Task Two　Room Amenities Management

在客房为客提供的用品中，配备是否齐全、合理都会直接影响到客人的满意度。同时，客房用品的消耗费用所占的比例也较大。因为，它涉及的使用频率高，品种较多，数量又大，再加上一些用品具有很强的实用性，故容易消耗或损耗的环节也就随之较多。所以，有效加强对客房用品的控制，是客房部用品管理中最重要的一项环节。

任务一　了解客房用品的分类

一、客房内的备品

此类物品通常都是放在客房内使用的，一般不允许客人带走，但有时却被客人误当成赠送的物品带走。一般客房内的备品，包括：服务夹、布草、衣架、茶水具、酒具、卫生间防滑垫、烟灰缸等。

二、向宾客租借的物品

此类物品一般都存放在客房服务中心内，在客人临时需要时向其提供。但是也有不少的住店客人，特别是女性客人，经常会向酒店借用各种用品，如：吹风机（现在有的星级酒店都会在卫生间内直接配备）、熨斗、烫衣板、荞麦皮枕头、毛毯等物品。因此，客房部应准备好这类物品，以满足不同宾客的需求，同时也需要有一套相应的制度，以保证这些借用的物品能够完好、及时的归还。

想一想
Think It

客房的用品种类很多，请你想一想，除了上述的种类外，还有哪些呢？

任务二　掌握客房用品选择的原则

鉴于酒店客房物品的种类繁多，因而在对其选择时，必须要坚持正确、相应的选择原则。

一、经济实用

酒店客房的用品是为了方便住店客人的生活而提供的，因而要做到经济实惠、物尽其用。

二、美观大方

在清洁舒适的客房里，美观而大方的客房用品的布置，会使其本身令人赏心悦目，给客人留下很好的印象和美感；反之，如果做不到这一点，则有贬值和粗糙的感觉。

三、价格合理

现在随着酒店业的蓬勃发展，客房用品的供应商也随之越来越多，加之客房用品的耗用量很大，故价格因素也不能被忽略。所以，作为酒店的经营者，应秉承"好中选优、优中选廉"的理念，合理地选购客房的用品。

四、耐用适度

一般情况下，客房用品应能够充分体现出酒店的档次，同时也会突出其特有的风格，并不是越坚固耐用就越好。

根据上述的原则和购买客房消耗性用品的规律，我们可以初步总结出：客房壁柜内的衣架数，应达到每位客人不少于6支，其中设3支西服衣架、3支可挂裙装的丝绸衣架和带夹子的裤架可以使客人更为方便。口袋形擦鞋布在使用时较为受客人欢迎；针线包内应备有白、红色等多种颜色的涤纶丝线，针的号数应适中，不宜过小也不要有生锈现象，故不宜大批量和长时间的储存。总之，在选择客房物品时，应遵循上述4条原则。有时，一些别出心裁的选择也可以收到意想不到的效果，但也要结合实际工作中的经验和具体情况来进行。如天津海运国际海员培训中心酒店的客房卫生间墙上就为住店的宾客安装了"灌装式洗涤剂"，这不仅为客人洗一些小件衣物提供了方便，同时还大大节省了香皂、洗衣粉的发放量。

议一议
Discuss It

请大家议一议：酒店客房物品的种类繁多，因而在对其选择时，必须要坚持正确、相应的选择原则。你觉得这样做有必要吗？为什么？

任务三　了解客房备品的管理

一、客房备品的总配备量

客房的消耗性用品一般是非循环性的用品，它的使用量与客房开房率和物品使用率有关，实际使用量可能远远大于根据房间配置需求量预算的标准储备量。如果消耗性客用品仅是根据出租房标准量配置，那么就会导致严重的物品短缺。所以，要保证消耗性客用品的正常供应，就必须通过确定最小库存量与最大库存量来设置和控制。购置件数一般以物品运输的容积为单位，如：箱、盒、桶。酒店客房的消耗性客用品的数量绝不能低于该项物品确定的最小储备量。

二、客房备品各分发点配备量

客房备品在客房楼层区域（工作间内）应有一定的储备量，同时也要制定一个合理的储备量，既不会过多的占用流动资金，又可以满足对客服务的需要。

1．客房配备标准

根据客房配备标准，详细规定各种类型及等级的客房用品配备及摆放的位置，将其以书面形式固定下来并附有图片，以供日常发放、检查及培训时使用，这也是控制客房用品的基础。

2．工作车配备标准

工作车配备的标准，一般是以一个班次的"耗用量"为基准，如以早班清洁员每天清洁客房的耗用量来配备各类物品。一般均会以12间或13间客房的耗用量为参照标准来配备各类物品。

3．楼层工作间储备标准

楼层工作间一般备有一周的客房用品储存量，客房用品消耗用量应列出明确的标准，并置于工作间明显的位置，以供申领物品时参照使用。

4．客房部库房储备标准

客房部库房通常会储备一个月的客房用品量。它既可供各楼层定期补充，又可满足楼层因耗量过大而产生的临时领料。目前有一些酒店为了加强对物品的管理，减少人员开支，通常只设总库房（一级库），各部门不另设库房（二级库）。总库房分早、中、晚班，以服务于使用部门直接领料。

三、客房备品的日常管理

客房用品控制工作中最容易发生问题的一个环节就是日常的管理，也是客房工作中最重要的一环。一般酒店客房部对客用品的日常控制会采取"三级控制"的方法。

1．第一级控制，楼层领班（主管）对服务员直接的控制

（1）通过"每日清洁工作表"来直接控制服务员的消耗量。楼层领班（主管）通过客房服务员的做房报告表，控制每个服务员领用的消耗品量，分析和比较各个服务员每房、每客的平均耗用量。服务员按规定的数量和品种为客房配备和添补用品，并在服务员工作

表上做好相应的记录。领班（主管）凭服务员工作表对服务员领用客用品的情况进行核实，目的是防止服务员偷懒或克扣客人用品占为己有。

（2）督导与检查。领班（主管）通过现场督导和指挥，减少客用品的损坏和浪费。领班（主管）督导服务员在引领客人进房时，必须按客房服务的规程介绍房间设备用品的性能和使用方法，避免不必要的损坏。同时，督导和检查服务员清洁房间的工作流程，杜绝员工的野蛮和违规操作。如少数员工在清洁整理房间中图省事，将一些客人未使用过的消耗品当垃圾一扫而光，或者乱扔客房用品等，领班（主管）应及时对其加强爱护客用品的教育，尽量减少人为的破坏和浪费。

2．第二级控制，建立客用品的领班（主管）责任制

各种客用品的使用主要是在楼层进行的，因此使用的好坏和定额标准的掌握，其关键在领班（主管）。建立楼层客用品的领班（主管）责任制，是非常必要的。

（1）楼层配备客用品管理人员，做到专人负责。楼层可设一名兼职的行政领班（主管）和一名专业领班（主管）。行政领班（主管）负责楼层物资用品的领发和保管，同时协助业务领班（主管）做好对服务员清洁、接待工作的管理。小型酒店则不设行政领班（主管），而由楼层领班（主管）直接兼管物资用品的保管和领发工作。

（2）建立楼层"固定资产管理"的档案。平时如资产增减或移动时，必须获得楼层主管或经理的批准，并由楼层主管在固定资产登记卡上进行更改，以加强领班（主管）的责任心。

（3）领班（主管）每天汇总本楼层消耗用品的数量，向大库房进行报告。领班（主管）每周日应根据楼层的存量和一周的消耗量开出领料单，交客房中心库房。每月月底配合客房中心人员对库房各类物品进行客用品的盘点。

3．第三级控制，客房部对客用品的控制

客房部对各楼层的用品进行控制时，一般可以从两个方面着手：一是通过客房中心库房的管理员（物品领发员），其主要是负责整个客房部的客用品领发、保管、统计和汇总工作；二是通过楼层主管，建立相应的规范和采取相应的控制措施，使客用品的消耗在满足业务经营活动需要的前提下，达到最低消耗的限度。

（1）中心库房对客用品的控制。设立客房部中心库房的酒店，可由中心库房的物品领发员或客房服务中心人员对每日客房楼层的客用品耗费的总量进行直接的控制，同时其也负责统计各楼层每日、每周和每月的客用品使用的总损耗量，并结合客房出租率及上月耗损情况，制作《每月客用品消耗分析对照表》。

（2）楼层主管对客用品的直接控制。楼层主管或客房部经理对客用品的控制主要通过加强对员工的思想教育和制定有关的管理制度来实现。客房备品的流失一大主要原因是由员工造成的，因此要对员工做好思想教育工作和加强管理，这是非常重要的。楼层领班或主管也要通过服务员每日清洁房间的数量，分析和比较每个服务员每间客房的平均耗用量，及时有效地控制其物品的消耗量。

（3）防止客人的偷拿行为。这就要求酒店实行访客登记制度，尽可能少设置出口通道，对多次性消耗用品，如茶杯、茶叶盒、烟灰缸等可印上酒店的标志；管理好工作车；将衣架固定起来等。

客房的备用品种类也很多，假设你是一名客房部主管，你将如何有效地进行管理呢？

任务四　了解宾客借用物品管理

酒店向客人提供所需的各种常用设备是酒店的一项宾客服务内容。它根据宾客的要求提供出借（免费使用）物品。通常客房部负责储备、出借及收回宾客借用的物品。

一、宾客借用物品的种类

各个酒店向宾客出借的物品种类都有所不同，一般可借给客人使用的物品包括：熨斗、烫衣板、吹风机、闹钟、转向插头、多功能充电器、儿童床及变压器。其他物品有：雨伞、电热垫、冰袋、剃刀、卷发钳、电动剃须刀、毛毯、羽绒被、不引起过敏的枕头、折叠床及玩桥牌的桌椅等。

二、确定宾客借用物品的数量

酒店客房出借给宾客使用的物品种类很多，通常取决于典型客户的需求及酒店的服务水平。而出借物品的库存量则取决于酒店的规模及预期的宾客需求量的大小。宾客借用具体物品的频度，一般也取决于酒店的类别、开房率水平、宾客当日到店与离店的模式及住店客人的类别。客房部经理有权确定酒店宾客借用物品的种类与数量。客房部经理也有责任为满足宾客的要求而备足物品，并做好借用物品的供应工作。

三、宾客借用物品的控制

1. 制定宾客借用物品程序

客房部经理要制定一套完整的宾客借用物品程序，以更好地跟踪出借的物品情况，以及确保借出物品能及时归还。程序的制定将根据酒店通常接待的客户的性质及酒店过去借用物品丢失或被窃的记录来完成。不论使用哪种方法去跟踪出借的物品，都必须在控制酒店损失及提供优良宾客服务这两个方面取得一种平衡。

2. 制定宾客借用品清单

客房部应储存一套完整无误的"宾客借用品清单"。清单上能有效反映出每项物品的名称、购买日期、货价、保修、制造商、供应商或售货商以及存放地点等信息。记录还应注明各项物品的数量和种类。当破旧物品不再使用预计报损或新购入物品投入使用时，该"宾客用品清单总表"应及时进行更新。

3．制定宾客借用物品记录

客房部还应建立一个"宾客借用物品记录簿"，同步记录内容而直接对宾客借用物品加以有效的监督。记录簿上应记载借出物品的客人房号、物品名称、种类、要求、借出和归还物品的时间等信息。同时还应注明预期客人结账离店日期，这也有助于借物的及时跟踪。客房部经理通过记录簿，可以推测何时要求借物的宾客人数最多，何时要求借用某项物品，以及不同物品借用时间的长短。如：转向插头、充电器这样的物品，通常在客人住店期内出借和使用。有些酒店也要求宾客借用物品时"签单"，即当员工把借用物品送至客房时，除在签单上记录物品的宾客姓名、房号、种类及物品送达的日期和时间，还要求员工让客人在借物单上签名确认。该记录簿还有助于客房部经理跟踪使用物品的地点，并确保所有物品得以及时归还。

4．借用品押金制度

有些酒店要求客人在借用物品时付"押金"，押金的金额大小视借出物品而定（酒店客房部已根据不同物品，提前制订了相应的借物价格）。在此情况下，员工将出借物送至客房时，应向客人说明：如果发生借用物品不能归还的情况，押金款将记入其住店房账中。

如为有效控制宾客借用的物品，在客房中心通知服务员给每一位借物品的客人送完物品后，客房中心员工可以再给客人打一个跟踪电话，确认客人是否已收到物品，并询问是否还有其他需要帮助的地方；当物品已送至宾客房内时，应提示客人在使用完后，可以拨打电话通知客房部人员去取回物品。多数情况下，凡借用给住店宾客的物品，一般都不应过夜不还（特殊情况除外）。

借用给宾客的物品，还应定期进行检查，保证物品在借用给宾客时，始终处于正常使用和安全的状态。物品出借当日也应先测试好物品，确保客人使用该物能达到预期的目的后，再给客人使用。对破旧、受损或破碎的物品，部门应根据具体情况进行报损或更新。

想一想
Think It

　　请你设想一下：假如你是客房部的一名管理者，你还会为住店的客人提供哪些借用的物品呢？

项目三　客房设备管理
Task Three Housekeeping Equipment Management

　　客房的设备、用品与工业企业是不相同的。一般工业企业的设备是直接用来创造物质产品的，而使用者仅仅限于企业自身的员工，管理方面比较容易。酒店客房的设备用品是具有消费性质的，也可以说，这些设备用品大多数是物质消费品，是供酒店客人消费的。酒店的客人均来自四面八方，酒店由于采用出租的形式，因而使用者也都具有广泛的社会性。在使用的过程中，客房的员工主要负责物品的加工整理、维修保养，使其不断恢复其使用的价值。而客人在消费过程中不断破坏和耗损使用的价值，从而造成了客房设备用品管理的复杂性。作为客房部管理者要对设备进行有效的管理，就应对本部门的设备情况有明确的了解，并正确掌握设备的调进、调出以及使用的状况。

任务一　了解客房设备的标准配备

　　在保证客房部正常运转的前提下，一般客房部都会根据自身的规模和清洁的要求，配备各类客房的设备。而对使用较少的、专业性较强的设备，一般情况下，客房部会采取"租用"的方式。客房部经理也可确定储备的机器与设备的种类和数量，同时也要保存一份较为完整的清单并列出客房部储存的一切机器与设备，由此可以更加便于对客房部设备的监督使用和控制管理。

想一想
Think It

　　客房设备的标准配置，对保证客房部正常运转，会起到什么作用呢？

任务二　熟悉客房设备资产管理

一、建立设备账卡

客房的设施设备在购进后，首先要给主要机器和设备建立一张库存卡（图7-3），所有备件和附件也要进行详细的登记。同时还要注明该设备、备件及附件的正确工作区域或储存区（图7-4）。

图 7-3　库存卡

图 7-4　物资存放

二、建立设备日志簿

在日常使用客房设备的过程中，要建立设备的日志簿。确立设备的正确使用程序，并要由专人负责设备的发放、归还的手续和管理。一般日志上都会注明设备发放的日期、名称、使用者、设备使用的地点以及使用完后归还的时间。领取设备者应在领取与归还时分别进行签名备案。

三、建立定期检查设备制度

客房部应每季度对使用的所有设备和实物库存品进行一次清点。清点时，首先应查看库存品卡片，清点所有的附件设备数量，核实所有物件的准确存放地点，对所有客房设备进行检验，了解客房设备的运行现状，最后将结果记在相应的"库存品卡"上。如发现设备有问题时，要仔细的进行记录，以便改善和解决，从而确保客房设备始终都能处于良好的状态。

四、设备专人管理，保证安全

客房部所有设备的存放，必须要建立专人负责的管理制度。在设备闲置时，不允许将客房部的设备带出酒店，应将其妥善存放。如客房设备借给其他部门使用时，需经过客房部经理的同意和批准，做好详细记录，并对借出的设备进行跟踪，以确保设备能顺利得以归还。

五、建立设备维修档案

在使用过程中客房设备也会发生维修或损坏等情况，管理者应在档案卡上做好相应的登记。一般记录的相关信息为：送修日期、什么问题、修理情况、更换的翻件、修理费用、维修者姓名以及该物品已停止使用的时间等内容。客房部经理还可根据这些记录确定设备存在的问题。根据这些记录，可以估算维修费用及机器与设备因维修而造成的停工期等情况。

议一议
Discuss It

请大家议一议：酒店客房物品繁多，因而在对其管理时难度很大，你觉得上述的管理方法可行吗？为什么？

任务三　了解客房设备的更新改造

客房部为减少盲目性的改造，应与工程设备部门一起制定固定资产的定额，设备的添置、折旧、大修和更新改造的计划，以及低值易耗品的摊销计划。一切设备无论是由于有形磨损还是无形磨损，客房部都应按之前制定好的计划进行更新改造。尤其是在对设备进行更新改造时，客房部要协助工程部对设备进行拆装，并尽快熟悉设备的性能以及使用和保养的方法。

多数的酒店都会对客房进行计划性的更新改造，同时也会对一些设备用品实行强制性的更新或淘汰，其目的是为了保证酒店的档次、规格和格调的一致；保持并扩大对客源市场的影响力。

一、常规性修整

这项工作一般每年至少进行一次，目的是保持客房的基本标准。其内容包括：墙面的清洗和粉刷、地毯和饰物的清洗、室内窗帘和床罩等布巾类的洗涤等。

二、部分进行更新

一般客房在使用达5年左右时，应该实行更新或改造计划。一般包括：更换墙纸，更换地毯、沙发布和靠垫等，装饰品的更新包括：床罩、床旗、窗帘、帷幔的更换等。

三、全面进行更新

一般在酒店运行达到10年左右时间时，应对酒店进行一次全面更新或改造。尤其要求对客房的陈设和格调等进行彻底、全面性的改造。其项目一般包括：桌椅、床头板的更新；桌子、橱柜的更新；床屉和床垫弹簧的更新；灯具、镜子和画框等装饰品的更新；墙纸或油漆的更新；地毯的更新；卫生间内设备（一般包括墙面和地面材料、灯具和水暖器件等）的更新。各酒店也应根据具体的经营情况来做好改造的时间计划，同时应警惕因延长工期而出现的补漏式的"跑马"工程和酒店规格水准的下降或不稳定因素的发生。

想一想
Think It

你觉得客房设备的更新和改造,最佳的期限应该是多长时间呢?

任务四 熟知客房设备配置发展趋势

客房是酒店最重要的有形出售商品之一,其全部的设施设备是构成其使用价值的重要组成部分。随着科学技术的不断发展及宾客要求的日益提高,酒店客房的设备出现了一些新的变化趋势,这些变化主要体现在"个性化、安全化、科技智能化和绿色环保化"等几个方面。

一、个性化趋势

现代化的酒店在客房的设备上应从宾客的需求角度出发,使客人在使用客房时,能够感到更加方便、更加舒适。比如,传统式床头控制板已被大多数酒店客房淘汰,取而代之的是"一钮控制"的方式。也就是说,客人晚上睡觉时只需按一下"总控钮"就可将室内所有需要关掉的电器、灯光关掉。又如,客房中的连体组合型家具不但使用起来不方便,而且还会使得酒店客房"千店一面";相应的分体式单件家具使客房凸显个性、独具特色,而且住宿时间稍长的宾客还可按自己的生活习惯和爱好布置"家居"。

二、安全化趋势

对于酒店来说,客房安全的重要性是不言而喻的,因此需要加大和完善安全设施来加以保障。比如,客房楼道中应安有监控系统;客房门上设置无钥匙门锁系统(电子门锁),客房将以客人的视网膜或指纹鉴定客人的身份;客房内走廊上方安装红外感应装置,服务员不用敲门,只需在工作间通过感应装置即可知道客人是否在房间,但却不会显示客人在房间中的行为。另外,床头柜和卫生间中也都会安装"SOS紧急呼叫"按钮,以备在紧急的情况下,酒店客房服务人员与保安人员能及时赶到,保障客人的住宿安全。这些设施大大地增强了客房的安全性能,同时也会使客人拥有更多的自由空间。

三、科技智能化趋势

科技智能化趋势淋漓尽致地体现了个性化的理念。宾客在科技智能化的客房中,可以体验到如下的美妙感觉,如:为客人提供无线上网、网上冲浪等互联网服务;客人所需的一切服务也可以通过客房中的电视或电脑按键来选择;客人可以坐在屏幕前与家人或商务伙伴进行可视会议或商务交谈;可以将窗户按自己的意愿转变为辽阔大海、美丽沙滩、绿色草原、雄伟的山峦美景;还可在虚拟的客房、娱乐中心里参加网球、高尔夫球的练习等任何自己喜爱的娱乐活动;房间内的声音、光线和温度都可根据客人的个人喜好来自动调节；还在卫生间内提供由电脑控制水温的带冲洗功能的恭桶等。

四、绿色环保化趋势

　　人类片面重视生产力的发展，对于自然环境保护方面则缺乏必要的关注，人类对大自然资源的过度开发与利用，现已严重破坏了生态的环境。当人类面临着生态环境恶化的挑战时，创建绿色酒店，开展绿色营销，保护生态环境，已成为当今酒店业的另一个使命。当今的酒店业发展渐趋成熟，并已进入到微利的阶段。各个酒店在倡导环保的同时，对酒店自身来说也是降低了成本。例如，酒店客房卫生间内的恭桶有些酒店采用回收的"中水"进行冲洗、客房内门厅走廊采用"人体感应"照明控制装置（即人离开房间自动断电）等均是秉承"节约、降耗"的环保理念的措施，还有的酒店客房选用"生态型"的家具（即用再生材料制造的家具）等。这些举措都体现了酒店对资源的保护和环境的关爱。

想一想
Think It

　　除上述的发展趋势外，你觉得客房设备配置的新趋势还有哪些呢？

项目四　客房质量管理
Task Four　Housekeeping Quality Control

任务一　了解客房对客服务质量管理

客房部为满足不同宾客的需求，给客人营造一个温馨的"家"的感觉，都会对住店期间的宾客提供较多的服务项目，服务的随机性也很强，所以在工作中的重点就是要加大和控制对客服务的质量。

一、相关服务标准的制定

1. 程序标准

服务程序标准是服务环节的时间顺序标准（如：客房清洁服务程序、开夜床服务程序、擦鞋服务程序等），即在服务操作上确定"先做什么、后做什么"。该标准是保证服务全面、准确及流畅的前提条件。

2. 设施、用品标准

服务设施、用品标准是指酒店为宾客所提供的设施和用品的质量、数量的标准。这项标准是在硬件方面控制服务质量的有效方法，将从"质量、数量、状态"三个方面去制定。如：在数量上，要求每间客房内配置茶水杯两个；状态上要求提供24h的冷热水服务。

3. 效率标准

一般对客服务的效率标准，是指如接到客人要求送物品到房间的电话后，应在3分钟之内将物品迅速、准确无误地送至客人房间内，体现出时间和效率的标准化。这项标准的制定，要视不同酒店的具体情况而定，且要有专业管理人员的参与及对员工的专业化培训，方可达到理想的效果。这个标准是保证客人能得到及时、快捷、有效服务的前提条件，也是客房服务质量的保证。

4. 技能标准

服务技能标准一般是对客房服务人员的服务操作水平所制定的标准，如：客房清洁和整理标准、铺床标准、开夜床标准等。服务员只有掌握熟练的服务技能，才能更好地为宾客提供优质的服务。

5. 状态标准

服务状态标准是对服务人员"言行举止、服务意识"所规定的标准。例如：遇见客人时，先微笑，然后礼貌地打个招呼；以友善热诚和礼貌的语气与客人说话；迅速回答客人的问题，并主动为客人找出答案；预知客人需要，并帮助解决问题。

6. 规格标准

服务规格标准是针对不同类型宾客所制定的不同规格标准，如在 VIP 房间放置鲜花、酒水、水果、糕点等，以便更好地提升对特殊客人的服务水准。

7. 质量检查和事故处理标准

服务质量检查和事故处理标准是对上述各项标准贯彻和执行情况的检查标准，也是衡量客房服务质量是否有效最直接的尺度和检查方法。此标准重点由两方面内容构成：一是对员工的奖励或惩罚标准；二是对宾客补偿及挽回不良影响的具体措施。

二、提高客房服务质量的途径

1. 提高服务员的服务技能

服务技能和操作规程是对提高客房服务质量和工作效率的重要保障。客房部服务员必须对服务技能熟练地掌握和运用。客房部可以通过岗前培训、强化训练、技能竞赛等多种形式或手段，来提高客房部服务员的服务技能水平。

2. 培养员工的服务意识

服务意识是员工应该具备的基本素质之一，也是提高服务质量的根本保证。而很多的酒店员工往往最欠缺的就是服务意识，从而导致服务质量下降，并遭到客人的投诉。就客房部而言，很多工作是有规律可循的，客房部的管理人员根据这些规律，制定服务程序、操作规程和质量标准来保证服务的质量。但也有一些问题是随不同情况而发生变化的，这就要求客房服务员必须要有相应的服务意识，只有这样才能将自身的服务工作做得更好。

3. 为客人提供个性化的服务

规范化的服务是保证客房服务质量的基本要求，但每位客人都是不同的，都有自己的个性与特点，要向客人提供优质的服务，就必须为其提供相应的个性化服务，才能使客人满意加惊喜。超值的个性化服务，也会为酒店培养一批忠诚的宾客。

三、做好部门间的沟通和协调

做好与酒店其他部门之间的合作与协调，是客房服务质量整体提升的重要保障。客房部与前厅部、工程部、餐饮部门、保安部等部门都有着密切的联系，客房部的工作需得到上述几个部门的支持和理解才能顺利完成。此外，客房部也必须要支持和理解上述部门的工作，加强与这些部门之间的信息沟通。如：客房部与前厅部之间，每天都要相互通报和核对客房的状况，从而保证客房房态的准确性和一致性。对前厅部来说，如果能更好地销售客房，并能准确、快速地为客人办理完住店手续和安排好客房，那就必须要准确地了解每一间客房当时的实际状况，否则就会出现房态差错。对客房部而言，保证对客提供优质的服务，合理的安排好客房部工作就显得尤为重要。

四、重视服务的细节化

任何一家酒店在其经营过程中，都会非常注重服务的细节。"时时、处处、事事"都要从客人的角度去考虑。如：有些酒店为更加方便客人，将卫生间改为"明厕"的设计，并在墙体上安装小型防水"音箱"，方便客人在使用卫生间时也可以通过透明的玻璃墙体看到和听到房间内的电视图像节目；也有的将浴室内淋浴喷头全部改为可以旋转的，并要求客房服务员在客人刚入住时，将喷头的出水方向朝着墙，以免客人打开出水龙头时被水激着，同时也免得水喷向浴缸的外侧。"细节决定成败，细节成就完美"，客房部的任何服务都必须关注在每个细节上，只有在各个细节上多下工夫，才能提升整体的服务水平。

五、征求和收集客人的意见

客人是客房服务的直接消费者，也是客房服务缺陷的发现者。因此，每位住店的客人对客房服务产品最有发言权。客房部要提高对客服务的质量，征求客人的意见是十分重要的途径之一。征求客人意见的方法和途径最常用的有以下几种。

1. 宾客意见反馈表

为了能及时地征求到客人对于客房部整体各项服务的意见，一般情况下，客房可以在房间内的写字台上或文件夹中设置《宾客意见反馈表》，同时也应落到实处，注意对其进行有效地反馈和管理。

在具体的操作中也要注意几方面：第一，表格设计简单、清晰、易填写。第二，注意保密。可将表格设计成由客人自己密封的折叠式信封状表格，而且自带胶水粘合的式样。第三，统一编号。在月底由部门专职人员进行收集和汇总，可作为考核客房服务员工作好坏的重要依据之一。

2. 直接向客人征求意见

客房部经理或主管也可以随时或定期的拜访一些住店的客人，了解客人在住店期间的各项需求，从而能及时、有效地发现客房服务中存在的问题，并进一步制定和修改有关计划加以改正。这样做，一方面可以加强部门与客人间的沟通和交流，也大大地增进了宾主双方的了解和信任；另一方面也能发现酒店或部门自身的不足，加以改进，从而有利于提高客人对客房服务的满意度。

3. 员工意见反馈

在酒店中对宾客需求和满意情况最为了解的，与宾客接触最多的、最直接的就是一线的员工。他们的信息来源最直接、快捷、丰富和可靠。国际酒店非常重视员工信息的反馈，信息可以通过现行的员工信息反馈系统（Employee Feedback System）来获得。一位基层的员工肯定比管理者更经常听到"枕头太高了，也不舒服"、"你们的毛巾不够柔软，用得很不舒服"等类似这样的信息。员工当中往往有许多的建议、信息或一些好的想法，如果能通过科学、有效的渠道加以收集和反馈，那么整体的服务和效益将会有更加显著的提升。

4. 专项调查

所谓的专项调查就是针对客人的一种专门性的调查。一般都会事先设计好一个调查表，并放置在客人容易看到的地方，如写字台、床头柜、餐桌等处。这种专项调查更具有一定的针对性，也能更多的获取宾客对某些服务需求的反馈。

议一议
Discuss It

客房服务质量的好坏，直接影响到酒店的整体服务水平。你觉得从员工的基本素质和服务意识下手，进行培训、监督和考核，这样做有必要吗？为什么？

任务二　熟悉客房清洁和保养质量管理

客房的清洁保养是客房部的主要任务之一，它的基本目标是：一是搞好清洁卫生，去除油垢、尘土、杀菌、消毒等；二是保证客房始终处于清新的环境；三是更换和添补客房用品，为客人提供一个干净、舒适、方便的"家"；四是维护保养延长客房设施设备的使用寿命；五是满足宾客对客房产品质量的要求，从而增加客房的利润。

酒店为了使清洁保养工作有据可依、有章可循，一般就会要求客房部根据清洁保养的区域范围、各种物品面层材料的质地、设备设施配置状况以及部门管理等特点，制定科学合理的清洁保养质量标准与规程，也为客房部的员工确立了工作目标，明确了努力的方向。

一、制定清洁保养标准

所谓的标准是对重复性事物和概念所做的统一规定，它以科学、技术和实践经验的综合为基础，经过有关方面协商一致，由主管机构批准，以特定的形式发布，作为共同遵守的准则和依据（GB/T39351—83定义）。

酒店要保证清洁保养的质量，那就必须要制定相应的标准，有了标准才能使清洁保养工作有一个明确的目标，监督、检查工作也就有了依据，同时这个标准也是评估员工表现的基础。

客房清洁保养的标准，主要有三个方面的内容：一是操作标准，主要用于对工作过程的控制，将服务环节根据时间顺序进行有序排列，既要求做到服务工作的有序性，又要求保证服务内容的完整性。二是功能性标准，也叫感官、生化标准，主要用于对工作结果的控制。客房清洁保养标准的设计还应该考虑合理性、适应性、针对性三个方面的因素。三是时效标准，主要用于对工作进程的控制，以保证客人得到快捷、有效的服务。

1．操作标准

标准是对工作成果的具体要求。应该对使用什么样的工具、需要多少时间、具体的操作方法、步骤，达到什么样的目标等进行说明，客房清洁保养的操作标准应该按照酒店的经营理念、方法以及市场需求为依据制定。

（1）操作标准　为确保清洁保养的质量，使清洁保养工作有条不紊地进行，酒店应根据客房的发展和宾客需求制定出一整套操作标准，并根据实际变化不断加以修订和完善。操作标准主要包括操作程序、方法、技巧、所用工具用品以及操作时间等，操作标准的制定应考虑到方便管理人员对工作进程的控制，杜绝安全事故，避免清洁器具、用品的浪费，降低劳动成本等因素。

（2）清洁次数　清洁次数是指服务员每天进行进房清扫整理的次数，是客房服务规格高低的重要标志之一。一般来说，清洁次数多，客房清洁卫生要求就会相应提高，同时客房服务规格也会提高，但成本费用和客人被打扰的几率也会相应提高。因此，在确定清洁次数时要充分结合酒店规模、客人接待档次、规格、成本费用标准等因素，大多数酒店采用二次清洁和一次清洁。但还应按照宾客的需要灵活掌握，在具体执行时只要客人有需求，就应当全力满足。

（3）成本控制　为严格控制客房成本，酒店应根据自身的档次、房价、客源等实际情况，制定出具体的费用标准，以获得最大化的经济收益。

（4）布局规格　布局规格是指客房及周边区域设备设施、用品的布置要求，总体布局要实用、安全、方便、美观，布局规格标准可用量化和直观的方法加以规定和说明，用品的品种、设备设施、规格及摆放位置、数量、摆放方式等，都必须有明确、统一的规定。

2．功能性标准

生化、感官标准也叫功能性标准，是指清洁保养工作要求达到的效果，是清洁保养必备的质量标准。它体现出酒店、客房的规格、档次，体现出酒店员工为宾客服务的水平，体现出对不同客人需求的满足程度。客房的清洁卫生质量标准，一般说来包括两个方面：一是生化标准，即防止生物、化学及放射性物质污染的标准，往往由专业卫生防疫人员来做定期或临时抽样测试与检验。通常是不能被人的感觉器官直接感知的，需要借助于专门的仪器设备和技术手段来测试和评价。生化标准的核心要求是客房内的微生物指标不得超过规定要求。生化标准是客房清洁卫生质量更深层次的衡量标准。二是感官标准，是指酒店员工和宾客通过视觉、触觉、嗅觉等感觉器官能直接感受到的标准。

3．时效标准

时效管理是酒店为宾客提供快捷服务从而提高收益的重要方法。客房服务应通过对时效性的重要地位的强化，制定出有效的衡量标准，以此来提高宾客入住的次数、周期，使酒店有针对性地在自己的标准住宿产品中添加更有效、更多的产品和服务，从而获得经济效益。

为保证客房清洁保养工作效率和合理的劳动消耗，客房部实行时效管理，把对客人进行清洁保养的服务时间、内容等进行规定，制定出有效的衡量标准，形成清洁保养工作的时效标准，提高服务操作的效率。如规定一个客房服务员平均每天清扫整理客房数量是12～14间，规定铺一张床、清扫一间卫生间的时间等。制定科学合理的时效标准，进一步加强了员工的责任心和进取心，使管理人员有效控制、监督、检查工作进程。制定清洁保养的时效标准时，一般都应重点考虑以下因素。

（1）人员素质　客房人员是否有良好的职业道德，有敬业爱岗的主人翁精神，是否经过系统的培训，具有良好的工作习惯和娴熟的工作技能等，是决定其工作效率的因素之一，对时效标准的制定也有一定的影响。

（2）质量标准　不同的房间规格有不同的要求，一般客房清洁保养要求的质量标准越高，相应清扫起来的时间也就越长，标准清扫的定额也相对减少。

（3）客房分布　如果客房分布较分散，需要跨楼层清扫，清扫定额应考虑路途消耗时间，如果客房分布相对集中，服务员在清扫过程中浪费时间就少，清扫定额就可适当增加，因此，时效标准的制定应考虑客房分布的影响。

（4）服务模式　不同酒店客房部在服务模式上有所区别，服务员所承担的任务、工作定额也就不同。如有的选用客房服务中心模式的酒店，楼层不设专职的对客服务员，服务工作是由楼层清洁保养人员兼做，制定时效标准时应结合其他工作所占用的时间，相对降低客房清扫定额。

（5）清洁器具　现代的先进清洁工具是做好清洁保养工作的保障，清洁器具配备的是否完好、齐全、先进以及自动化水平的程度等，都会直接影响劳动强调和速度，在很大程度上能够反映出工作效率和效果。

（6）工作环境　工作环境包括客房本身及周边工作区域的环境，新建客房与老式客房、客房面积的大小、家具配置的繁简、面层材料、装饰材料的种类、环境的好坏等都有所不同，这些因素都会对服务员清洁保养的工作量有一定的影响，在制定时效标准时也应一并考虑进去。

（7）客源情况　酒店客源成分复杂，国籍、民族、肤色、社会地位、身份、生活习惯等都不同程度地影响到酒店卫生状况，也会影响到清扫的时间和速度。

二、制定清洁保养规程

"规则"，一般指由群众共同制定和公认或由代表人统一制定并通过的，由群体里的所有成员一起遵守的条例和章程，是贯穿工作程序的要求、标准和规定。

规程是酒店进行制度化、规范化管理的基础，同时也是清洁保养质量控制的依据。规程的制定应符合"方便客人、方便操作、方便管理"的原则，要详细、具体、周全、可操作性强，主要有"客房日常清洁保养规程"和"周期性清洁保养规程"等。

1．客房日常清洁保养的规程

客房区域的日常清洁保养规程，主要包括：客房清扫的准备规程、客房清洁卫生操作规程、客房清扫的基本方法、客房夜床的整理清洁规程、客房及用品消毒的规程等方面的内容。

2．周期性清洁保养的规程

一般客房在日常清洁保养的规程基础上，都会制定合理的周期性清洁保养的规程。在日常工作的基础上做好周期性工作，可在一定程度上达到减少消耗、控制成本的效果。清洁保养规程的制定，有效地确保了客房整体清洁保养的质量。

三、有效控制清洁保养的质量

作为酒店客房部的各层次管理者，在日常清洁保养工作中，应不断强化和提高员工对卫生质量的意识以及对清洁保养质量标准的认识。按照清洁保养计划和程序，安排和指导员工正确使用各种清洁工具和设备，认真细致地完成各项清洁保养任务，从而确保酒店整体的清洁保养质量。

1．有效控制质量的工作基础

酒店清洁保养工作应具备的工作基础为：服务人员、清洁设备和清洁剂。管理者应当依据酒店规模、档次等实际情况，选择相对一定数量的、适用的清洁设备和安全有效的清洁剂等，为酒店清洁保养工作创造有利的必要的物质条件。

服务员是直接操纵并使用设备和清洁剂的，上岗前必须对他们进行专业化的岗位培训与指导，让员工树立起"卫生第一、规范操作"的服务意识，掌握清洁保养的各种专业知识和技能，使其能够熟练操作、正确使用各种清洁保养设备和工具，并养成良好的职业习惯等。要求客房服务人员及管理人员要从自身做起，注意个人卫生和着装，树立良好的自我形象。

2．严格酒店清洁保养质量的逐级检查与控制

落实客房清洁保养工作的重要保障包括"检查体系、检查制度、规范检查"三方面。达到酒店清洁保养质量的逐级检查与控制的前提是建立健全的清洁保养质量检查体系；明确清洁保养质量管理的组织机构及人员分工；确定全面质量管理负责人、督查人和实施者。

（1）建立酒店领导检查体系

各酒店高层次检查形式不相同，主要有大堂副理检查、总经理检查、联合检查、邀请店外专家同行检查等。

① 大堂副经理检查。一般代表总经理对客房等的清洁保养质量进行检查，尤其是贵宾房，以此了解客房清洁保养状况，及时发现、纠正问题，保证客房质量标准的落实和待客服务规格。

② 总经理检查。酒店总经理定期或不定期亲自对客房等进行抽查，通过实地检查，可以了解酒店客房状况、员工动态、工作表现、清洁效果、宾客意见、建议等，掌握第一手资料，对完善管理、控制清洁保养质量、合理使用人员、配备设备等起到积极作用。

③ 联合检查。酒店按照计划定期由总经理办公室或质检部召集有关部门对酒店进行检查。联合检查便于统一标准、统一思想，便于各部门之间的沟通和协调。

④ 邀请店外专家、同行检查。酒店管理专家或同行往往能够比较客观地看问题，发现酒店自身不易发现的问题。不少酒店作为制度，定期或不定期地邀请店外专家、同行明察暗访，帮助酒店把好质量关。如图7-5所示。

图7-5　客房卫生定期检查

（2）建立客房部内部逐级检查制度

客房内部的逐级检查制度是指对客房的清洁保养质量检查实行服务员自查、领班全面检查和管理人员抽查的三级检查制度。这是确保客房清洁保养质量保持高水准的有效方法。

① 服务员自查

每当客房服务员清理好一间客房，应对客房内的清洁卫生状况、客用物品的布置以及设备完好状况等做自我检查。通过自我检查，提高客房清洁保养的合格率，加强服务员的工作责任心，提高服务员服务质量意识，同时也可减轻领班查房的工作量。在制定客房清扫规程和清扫程序时应充分考虑，明确做出规定，以促进服务员养成自我检查的良好习惯。

② 领班全面检查

每当服务员清理好客房并自查完毕，将由楼层领班对其所负责区域内的所有客房进行全面的检查，达到和保证质量的合格。领班查房是客房清洁卫生质量控制的关键，是服务员自查完毕后的第一道关，往往也是最后一道关。领班负责 OK 房的报告，总台接到报告客房合格后才能将该客房向客人出租，因此楼层领班是客房产品质量控制的关键。

领班查房可以及时发现问题进行弥补，起指导帮助和督促评价的作用。所以领班必须由工作责任心强、细致、业务熟练的员工来担当，应专职负责楼层客房检查和协调工作，以加强领班的监督职能，防止检查流于形式。

按照常规，每位楼层领班每天检查房间的数量为 100%，也就是对其所负责的全部房间进行普查，并填写"楼层客房每日检查表"。但也有的酒店领班工作责任区域较大，全部普查工作量较重，一般对住客房或优秀员工所负责的房间卫生进行抽查，每天应检查 90%～95% 的房间。

领班查房时发现的问题，要及时解决并记录，对不合格的项目，需开具"做房返工单"，要求服务员重新清理直至检查合格；领班检查实际上就是一种在岗培训，对于业务未达到熟练程度的服务员，领班要有针对性的帮助和指导。

由于各酒店硬件设备设施条件不同，客房检查的标准和项目也因酒店而异，随着现代信息手段的发展，检查、记录的形式也在进行改革，检查表的内容也会更加合理、更加丰富。目前，有的酒店采用笔记本的形式进行检查，要求管理人员熟悉操作，掌握检查内容和标准，对检查出的问题及时做好记录，不符合质量标准的请服务员及时返工，以确保客房清洁保养的质量。

③ 管理人员抽查

这里主要指主管抽查和经理抽查。他们是客房清洁卫生保养质量的监督者和完成任务的指挥者，每天抽出一定时间到楼层巡视、督导检查辖区清洁保养质量是其主要职责之一。管理人员抽查客房的数量为领班查房数的 10%～15%。VIP 房是管理人员检查的重点，长住房、待租房、住客房和计划卫生的大清扫房都是抽查对象，同时检查维修房，促使维修物件尽快投入使用，降低成本。管理人员查房也是对领班、员工的一种监督和考查，可以掌握员工的工作状况，了解存在的问题和客人的意见，不断改进管理方法。管理人员还应定期协同其他相关部门管理人员对客房内的设施设备进行检查，确保客房正常运转。

3. 制定清洁保养质量检查标准和内容

酒店在制定清洁保养检查质量标准时，应注意和客房清洁保养质量标准保持一致。倘若制定检查的质量标准高于客房清洁保养的标准，每每检查的结果不符合要求，不仅会挫伤员工的工作积极性，还会影响管理人员的信誉度，让员工无所适从；倘若检查的质量标准低于客房清洁保养的标准，会影响或降低员工日常清洁保养质量标准，虚设的标准没有任何指导意义，检查也就流于形式，失去了应有的作用。

清洁保养质量检查的内容主要包括：客房清洁卫生保养质量、物品补充摆放情况、设备设施运行状况和客房的整体效果等。

4．采用科学的清洁保养质量检查程序和方法

（1）程序

质量检查程序应根据时间和客房位置、顺序进行检查，每个客房清洁保养质量检查的程序与客房清洁保养的操作程序、方法基本一致。多数酒店是按顺时针或逆时针方向从上到下循序检查。也就是顺着你的左边或右边绕客房一周，眼睛要从上到下、从左至右检查到每一个角落，按程序检查能提高检查速度，避免疏漏。

客房清洁操作程序的原则：从上到下、从里到外、环行清理、干湿分开、先卧室后卫生间、注意墙角。

（2）方法

在对客房进行检查时，可以通过"听、嗅、看、试、摸"五个步骤的方法进行。

①听。从门外到房间内，通过听客房有无异常的声响，来对设备设施进行检查、判断，听是否存在故障，噪声是否控制在合格范围内，一般室内噪声客房不超过40dB，走廊不高于45dB。

②嗅。通过嗅觉来判断客房内空气是否清新、是否有异味。

③看。在听、嗅的同时，要看客房是否达到清洁保养质量标准和客房的整体效果要求，物品是否配备补充齐全、是否符合摆放要求。

④试。检查客房设备设施是否正常完好，除查看以外，有的还需要一段时间的试用，特别是客房电器和卫生间内的洁具等。

⑤摸。检查客房清洁卫生质量好坏，最好的检查方法是用手摸，特别是有些地方不易看到，有些位置较高难以查看清楚，如衣柜、空调上方等。

要求做到：眼看到的地方无污迹。手摸到的地方无灰尘。设备用品无病毒。空气清新无异味。房间卫生达到"十无""六净"["十无"：四壁无灰尘、蜘蛛网；地面无杂物、纸屑、果皮；床单、被套、枕套表面无污迹和破损；卫生间清洁，无异味；金属把手无污锈；灯具无灰尘；家具无污渍、破损；茶具、水具无污痕；楼面整洁，无"六害"（指老鼠、蚊子、苍蝇、蟑螂、臭虫、蚂蚁的危害）；房间卫生无死角。"六净"：四壁净、地面净、家具净、床上净、卫生洁具净、物品净]。如图7-6所示。

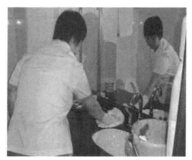

图7-6　客房清洁保养

5．强调原始的记录

原始的记录就是用文字进行记载、说明运营管理的过程。它具有直接、广泛、真实等特点，客房部大量的原始记录往往采用表单的形式来进行。原始记录是客房商品生产过程中发生的具体事实的最初记录，也是客房部进行经营管理的重要依据。因此，原始记录管理实际上就是表单管理工作，它对提高客房部管理水平和效益起着重要的作用。

表单管理。首先，制定和设计上要符合客房部运营的特点，能直接反映出各个岗位和环节中的工作状况，达到简单、适用、明了的目的。设计表单时既要注意实用性和针对性，又要注意科学性。其次，要求员工如实填写，管理者通过质量检查与原始记录比对，公平、公正检验员工工作态度和认真程度，为考核员工工作表现提供重要依据。最后，对所有的原始记录表单进行分类，按期限分别保管。通过对原始记录的归纳、分析，找出管理过程中的不足，便于及时纠正。总之，客房部在日常运行中离不开原始记录，可以采用格式化手段实现规范化管理。

想一想
Think It

想一想，客房部每天耗费大量人力、物力来进行客房清洁保养，还要进行不同层次的质量检查，你认为这样做有必要吗？为什么？

项目五　客房部人员管理
Task Five　Housekeeping Human Resource Management

　　客房部的人员配置及安排，是客房部编制定员的一个过程。虽然酒店人事部门统一负责酒店整体的人员编制，但人力资源管理不但是酒店人事部门的职责，也是各部门、各级管理者的职责。因此，客房部应针对自己部门的实际工作需要，科学、合理化的规划部门人员配备的情况。

任务一　确立服务模式及管理层次

一、客房服务模式

　　客房服务通常有两种模式，即客房服务中心和楼层服务台。前者注重用工效率和统一调控，后者突出面对面的专职对客服务，因而人员的配置数量有较大差别。例如，某酒店有客房 790 间，采用楼层服务台模式需要 207 名工作人员，而采用客房中心后人员可减至143 名。因此，各酒店要根据自身的条件和特点来做出选择。

二、管理层次

　　酒店的管理层次通常是由工作范围的大小来决定，范围广、规模大、分工细的酒店通常会设置部门经理、副经理、秘书或经理助理、各区主管和领班等层次，而服务员又可按工种和职能进行细分。

　　酒店服务模式的选择和管理层次的设置，不应以"人员少"为标准，而是要能完整地执行酒店总经理的管理思路和意图，以提高工作效率为宗旨，保证客房部业务的正常运转。同时，在保障员工身心健康的同时，更要利于管理和调动员工的积极性，最大限度地发挥其主观的能动性。

想一想
Think It

　　酒店服务模式的选择和管理层次的设置，考虑的因素很多，你觉得除上述内容外，还应考虑哪些方面的内容？

任务二　熟悉工作量与劳动定额

一、工作量

客房部员工是酒店员工的主体，正确预算客房部的劳动需求量是保证酒店正常营业且降低人事成本的基础。因此，经营者在确定了酒店的规模、档次和服务规格及服务模式和管理层次等要素之后，就必须对客房部的劳动需求量做出合理的预测，以便制定出客房部每个员工的工作定额与工作任务。

酒店客房部工作量一般可分为3个部分。一是固定工作量，即指只要酒店开业就会有，而且必须按时去完成的日常例行事务。如客房部管辖范围内的定期保养工作、公共区域的日常清洁保养、计划卫生、保证内部正常运转所需要的岗位值勤等。它能反映出一个酒店或部门工作的基本水准，体现出酒店决策者的经营管理思想。二是变动工作量，是指随着酒店业务量等因素的改变而变化的工作量，主要表现在随客房出租率的变化而改变的那部分工作量。三是间断性工作量，通常是指那些不需要每天进行操作，或者不是每天24h都需要连续操作，但又必须定期进行的工作量。

二、工作定额

在对工作量作出预测后，就要进一步确定工作定额。对于旅游酒店客房部，工作定额有两种表达形式：一是指时间定额，即完成单位工作所必须消耗的时间。二是指工作量的定额，即在单位时间内按标准完成的工作数量。

由于客房部的工作具有一定的复杂性，因此在具体确定工作定额时，必须考虑到一些影响因素，主要有以下几点。

1．酒店的等级及服务规格要求

不同级别的酒店其硬件设置也不尽相同，服务的规格也就会有差异，所以工作定额的制定必须与酒店的级别相适应。如果工作定额制定的较高，规格要求又向高级看齐，那么必然会造成员工的消极情绪和管理上的混乱。

2．员工素质水平

如员工的年龄、性别、性格、文化程度、专业训练水平等因素的差异，这些都将会影响工作定额的确定。

3．器具配备

现代化的工作器具既是文明操作的标志，又是质量和效率的保证，也就是说，工具越先进、越现代化，劳动工作定额就会越高。反之，定额就会降低，而以劳动力来弥补。

4．程序设计

工作程序设计是否合理，将直接影响工作效率，从而成为制定劳动定额必须考虑的因素。

5．环境因素

由于不同的酒店在建筑风格、布局、客人成分、社区条件、自然条件等方面千差万别，而这些因素同样会影响到员工的工作能力，因而坚决不能照搬或硬套工作定额。

你觉得客房部对工作量和劳动定额进行制定，这样做会对客房部整体管理工作起到积极的作用吗？为什么？

任务三　了解人员配备与定员计算

一、定员方法

客房部的员工构成十分复杂，各区域、各岗位的各类人员的工作性质和工作特点也各不相同，所以在确定定员时的具体方法也就不一样，但常用的方法主要有4种：一是比例定员法，即根据酒店的档次、规模定员；二是岗位定员法，指按酒店各岗位的工作特点、工作量、劳动效率、开工班次和出勤率来确定人员，适合客房部楼层台班服务员、公共区域的部分员工等；三是职责范围定员法，即根据酒店的组织机构、人员职责范围、业务分工和工作复杂程度定员，适合于主管以上人员定员；四是效率定员法，是指按工作量、劳动定额和出勤率来定员，它适合从事以操作为主的各工种定员。

二、计算程序

在具体的实用中，可依据工种及岗位性质，分别采用比例定员、岗位定员、职责范围定员、效率定员等不同的定员方法，也可以直接利用以下的公式最终确定部门人员的配备数量。

$$定员人数 = \frac{工作量\ (房间总数 \times 预测出租率)}{员工劳动效率 \times 出勤率}$$

例如：某酒店有600间客房，预测出租率为80%。白班清扫服务员工作定额为10间，晚班清扫服务员工作定额为40间，每周实行5天工作制（暂不考虑其他节假日），则客房部所需清扫服务员的人数可作如下计算：

$$白班清扫服务人员 = \frac{600 \times 80\%}{10 \times (5 \div 7)} = 67.23 \approx 68\ (人)$$

$$晚班清扫服务人员 = \frac{600 \times 80\%}{40 \times (5 \div 7)} = 16.80 \approx 17\ (人)$$

客房部所需清扫服务员 = 白班清扫服务员 + 晚班清扫服务员 = 68+17=85(人)

某酒店有300间客房，预测出租率为70%。白班清扫服务员工作定额为12间，晚班清扫服务员工作定额为30间，每周实行5天工作制（暂不考虑其他节假日），请你按照所学的计算方法，计算客房部所需清扫服务员的人数。

任务四　熟悉劳动力安排及劳动力成本控制

一、妥善安排劳动力

部门虽然在事先进行过仔细的斟酌和计算，但由于种种的原因，劳动力定额和实际需求之间通常也不会自然吻合，这就要求在实际工作安排中做好调节，使其具有"弹性"。

1. 了解客源市场动向，力求准确预测客情

客源情况是不断变化的，因而由客房部承担的那部分可变工作量也在不断地变动着，而掌握了客情的大致动向后就可以做好应对准备，以免到时措手不及。

客房部除了要做出年度及季度的人力安排外，更应做好近期的劳动力安排。这样，掌握客情预测资料就成为一个十分重要的工作。客情预测资料主要包括每周预测表、团队会议预订报告、每日开房率及客房收入报表、住客报表和预计离店客人报表。

2. 制订弹性工作计划，控制员工出勤率

客房管理者必须通过制定工作计划来调节日常工作的节奏。如：计划卫生的周期性工作和培训的穿插进行等，做到客人少时仍有事可做，工作忙时又有条不紊。

控制员工出勤率的方法有许多，除利用奖金差额来控制外，还可通过合理安排班次、休假等来减少缺勤数或避免窝工。对于一些特定工种，可灵活安排工作时间，采用差额计件制等各项行之有效的方法。

3. 根据劳动力市场的情况决定用工的性质和比例

如果劳动力较饱和，则制定编制时应偏紧，以免开房率较低时造成窝工而影响工作氛围；而在旺季开房率较高时，可征招临时工缓解矛盾。反之，则要将编制做得充分些，以免在开房率较高时造成工作质量的下降。

通常，为了控制正常编制，减少工资和福利开支，许多饭店愿意使用临时工来做一些程序比较简单、技能要求并不太高的工作。这对于增强人员编制的弹性、降低培训费用等较为有利。但这种编制弹性应限制在可控范围内，同时不能因此而放松对合同工的技能和观念的训练，以便掌握劳动力安排的主动权。

二、劳动力成本控制

关于客房部劳动力成本的控制，除按上述定员方法进行科学合理的定员外，还应注意

以下几点。

（1）根据酒店营业的淡、旺季，合理安排好合同工与临时工的比例。做到"忙时有人干，闲时无人余"。

（2）充分利用旅游职校的实习生。尽管这会给酒店人事工作带来一些麻烦，但只要酒店和学校合作得好，仍不失为一种节约劳动力成本的好方法。

（3）做好年出租率的预计工作。必须对酒店的年出租率情况有一个比较精确的预计，这是测定客房实际工作量的重要依据。

（4）做好有关的计划和研究工作。必须科学合理地制定工作程序，进行工作研究，以达到提高工作效率，节约劳动力成本的目的。

（5）遵循以岗定人的原则。在酒店的日常运转中，还应根据本酒店的星级、档次和客源构成等情况，考虑对某些岗位是否能合并或取消。

（6）必须符合酒店所规定的员工数。此方面应在酒店人均营业收入或成本的预算线以内来进行。

想一想
Think It

你若是一名客房部经理，将如何有效果的对客房劳动力进行合理安排、对劳动力成本如何进行更有效的控制呢？

任务五　了解客房部人员的选择、培训

酒店客房部在员工招聘时，一般都会根据业务经营岗位的要求，寻找合适的人选并对他们进行再次筛选。这一过程主要包括：通过恰当的媒体或信息网路等途径，公布需补缺的岗位。之后再对候选人员进行相应的面试，最后做出综合的评价，确定最终的合适人选。

客房部要想招聘到理想、适合的员工，就必须制定出一个用人的标准，并设计好客房部每个具体的工作岗位。作为客房部经理对人员方面还需了解现有员工的素质，以及社会环境中人力的供应情况等。

客房部员工的招工和招聘事宜，主要是由酒店的人力资源部负责，但作为用人的部门，应对应聘人员进行面试，把好通往各岗位的最后一道关。一般情况下，酒店人员招收一般分为3个主要步骤：确定招收人数、人事部和招聘小组面试、再进行笔试和体检。

总之，世界上不存在不好的岗位和员工，关键是要做到人员与岗位的相配。

一、客房部员工的确定

1. 热爱本职（服务）工作

在今天，"万般皆下品，唯有读书高"、"服务工作低人一等"的封建意识仍然残存。许多年轻人，包括旅游、酒店专业的大中专毕业生们都不愿意从事服务性的工作，怕别人

看不起。即使到了酒店，当了一名服务员，也都希望去前厅、餐厅等能"出头露面"的岗位，这样的人即使专业知识再多，但从其意识上已不适合到客房部工作。

事实上，客房部大部分工作是客房和公共区域清扫。这类岗位工作较单一，很少或基本不接触客人，并不需要具有较全面的专业素质的人承担，所以招聘时要避免条件定得太高，造成以后的高流动率。

2．诚实正派、自律性强、踏实认真

因劳动独立性强，大多数客房部的岗位是在无管理人员在场监督下工作运转的。尤其是楼层清扫员，大多数时候都是在客人外出后进房工作的。整天面对客人的物品和客房内的各种生活实用品，如果没有诚实的品质和较好的自律性，是经受不住物质考验的。同时，也需要他们在没有管理者和其他同事在场的情况下，照旧一丝不苟地执行操作规程和各项规章制度，踏踏实实地工作，而那些只会做表面文章、好出风头、虚荣心强的人绝不适合做客房工作。

3．具有开朗、稳定的性格和合作与奉献的精神

客房服务人员的工作一般都在幕后，内容相对枯燥单调，更需要性格上开朗稳定，甘于默默奉献，耐得住寂寞。另外，客房出租状况变动大，楼层员工经常会被指派到其他部门或岗位帮助工作，这就需要员工要有团结协作的精神，能为实现共同目标很好地与他人进行合作。

4．身体素质好，吃苦耐劳，动手能力强

客房部服务员从事的工作多为体力劳动，一般客房清扫员每天都要清扫12～14间客房。在经营旺季时，这一数字还要有所升高。因此，没有强壮的身体是吃不消的。当然身体好而缺乏吃苦耐劳精神也是不行的。

5．了解岗位的需求，乐于分担工作

选择客房服务员时，要将各岗位的职责范围、用人条件详细地列出，让应聘者仔细阅读，然后再作出抉择。要如实介绍任职环境和要求，不能夸大和美化，否则，应聘后会因能力不符而使双方都显得被动，也使员工感到上当受骗。

二、客房员工的培训

1．员工培训的种类及内容

酒店的培训不仅是应急之需，更是企业的长久之计。培训并不是员工进店以后才实行的，而是在招聘时就已经开始了。对员工的培训，不单是人力资源部门的事，也是各个经营部门的一项重要工作。客房部承担了本部员工的大多数培训任务，应本着系统、激励、有偿培训（为防止正常流动）、实用的指导思想制订出一套较完整和可行的培训程序及方案。如图7-7所示。

图7-7　员工培训

2．岗前培训

一般酒店对新招收的员工，在上岗前都应进行职业教育的培训，使他们认识到所从事酒店服务工作的社会意义，特别是让他们了解自己工作的职责、服务程序、服务标准以及从业人员应具备的条件和素质，接着让他们对酒店的概况有一个初步的了解。这一阶段，通常要花费一周或半个月的时间。

结束了上一阶段的培训工作后，在考试和总结提高的基础上，也可进入下一阶段的培训。第二阶段主要进行具体的部门工作和服务程序与操作程序的培训，可采用讲演与模拟训练的方法进行。其目的是使新职工掌握自己本职工作的技能技巧，以便上岗后能尽快独立完成自己所担负的工作，为宾客提供快速敏捷、热情周到的服务。培训一般需 10～15 天，内容如下。

(1) 日常工作中的礼节礼貌。

(2) 住宿登记手续及程序。

(3) 办理宾客退房结账的程序。

(4) 受理宾客代办服务的方法和程序。

(5) 常见的几种国际性礼节礼貌。

(6) 清理客房卫生的程序和卫生标准。

(7) 晚间开夜床服务的操作程序和要求。

(8) 各种清洁剂和用具的使用。

(9) 本店服务设施及娱乐设施的位置、营业时间及基本概况。

(10) 语言技巧与站、坐、行姿态训练。

(11) 服务工作中技能技巧的训练。

(12) 怎样处理宾客的遗失物品。

(13) 怎样处理宾客一般性投诉。

(14) 介绍并实际观察客房日用品的数量、用途、摆放标准及要求。

(15) 熟悉酒店整体环境等。

3．岗后培训

员工上岗后的培训是一项长期的工作，比上岗前的培训难度要更大一些。在培训中需根据不同年限、不同等级和不同水平的员工制定出不同的培训目标、程序及内容。培训形式主要有在职培训和脱产培训两种。

在职培训具有灵活性、选择性和针对性等特点，因此不受时间、地点及人数的限制。其主导思想是以岗位练兵和实际操作为主，通过实际操作，达到使其掌握和提高业务技术的能力。培训的具体方法可采用专题讲座、座谈讨论、岗位练兵、技术比赛和业余教育等方式进行。

脱产培训是以加强员工理论知识为主要目的，以教学为主的培训方法。脱产培训学习时间、精力、人员及内容都很集中，能使员工在思想和业务素质方面有很大提高。脱产培训最好按服务员的不同等级分别进行，通常是以工作年限为依据，或按业务分，可分为初、中、高三级培训。

4．员工培训方法

（1）讲授法　此方法是一种较为普遍和传统的培训方法，普遍地被采用，但在客房部一线部门培训中，就不应以此方法为主。

（2）角色扮演法　此方法比较适用于负责对客接待服务的员工。培训者将员工在工作中存在的有代表性的问题提出，让员工分别扮演有关人物，然后予以总结，指出问题。要让这种培训取得最佳效果的做法是角色互换，使员工能体会所扮演角色的感受与行为，从而缩小相互间的差距，改进自己原来的态度与行为。此方法趣味性很强，也使员工有发挥想象力、创造力的余地。

（3）音像教学法　一般对酒店基层的员工培训时，采用生动形象的录音、录像教学方法效果会很好，尤其是对员工进行基础教育，如礼貌礼仪、操作规范和外语培训时，表现得更为突出。购买的教学录音录像带因其语言、操作动作标准又可反复播放而颇受欢迎，自制的录像效果也很独特。有的酒店在操作培训结束时录下服务员的操作即时插放，也有的是把服务员平时做房的情形录制下来让大家评价。服务员对这种方法感兴趣，纠正错误、提高工作效率的劲头也增大。

（4）讨论法　可以由培训者提出一个讨论的话题，设定限制条件，引导员工讨论，适用于各层次各岗位的员工。如有的酒店在入职培训时组织学习更衣室制度，为了增强效果，让员工分组制定制度，然后在大会上各自介绍。对分歧较大的问题重新回组里讨论，再集中。几经反复各组方案基本一致，这时拿出原有制度，相差无几，员工也对此有了较好的记忆与理解。此方法运用得当，有利于开拓员工的思维能力，激发参与意识，活跃学习气氛，增强培训效果。

（5）情景培训法　可以由培训者提出一个在服务中具有代表性的问题，并假设几种解决方法，让员工讨论选择，并说明理由，最后由培训者做综合分析。如：访客到夜里１２点仍不肯离开房间怎么办？到午后２点客房仍挂"请勿打扰"牌怎么办？用此种方法培训比单纯让员工记忆现成的答案效果更好，还可以集思广益，对原来不够合理的规定进行修正。

（6）岗位见习　对于那些工作非常努力、表现突出并有一定管理潜力的员工，可以安排适当的管理岗位以考察和锻炼其能力。如安排一名有责任心又有经验的服务员做领班的助手，使他很容易地掌握领班应做的工作，一旦有机会就可以提拔当领班，能顺利承担工作。对各级员工都可采用此方法进行"热身"训练。

想一想
Think It

假设你是一名客房部经理，你应如何选择客房部的员工呢？你所选择的标准又是什么呢？

任务六　熟悉客房部员工工作评估与激励

一、员工评估

在酒店中，评估是鉴定员工的工作表现最直接、最有效的一种方法。一般情况下，酒店管理者都会根据员工过去一段时间中的工作表现和态度，了解员工在工作中的服务意识，考察其工作的成绩，从而有计划地培养接班人。客房部实行考评制度，不仅使职工本人了解自己的工作表现和工作成绩，而且也为职工的调职、提升、职工培训，甚至工资调整等提供了有效的依据。

员工的工作表现评估可分为试用期满小结和年底考核。在3～6个月的试用期结束时对员工做一次评价，看能否转为长期合同工。以后的评估每年进行一次，年终须做一次考核，主管必须同每位员工单独接触、交谈，表扬其优点，批评其缺点，指出不足，鼓励员工继续为酒店工作。通过这种方法，每年年终都可发现一批好的人才，通过评比和交谈也可加强领导与员工的联系，增进双方的相互了解。

1. 评估内容

评估的具体内容项目相当多，但归纳起来主要有3个方面。

（1）工作行为和工作态度　主要为对客人的服务态度，对管理者正确批评的迅速而妥善的反应，有无重大失误或安全事故等。

（2）被评估者的基本素质　员工的基本素质会在日常的工作中充分地表现出来，如服务员的服务质量、领班的指挥才能、组织能力等。

（3）被评估者完成的工作指标　即根据客房部制订的劳动定额和工作目标，对被评估者完成工作指标或特定的成绩标准程度进行考核，如每日平均清扫房间数等。

2. 评估的程序和方法

（1）观察与考核记录

这是作评估的基础，客房部各级管理人员应注意对下属的工作予以观察并听取其他人员的反应，做好考试核录。

员工的工作表现记录包括：迟到或早退记录、缺勤次数（包括病假和事假）、合作性、服从性、礼貌及忠诚、工作责任感、仪表、言谈举止、对酒店财物的态度、工作表现等。

（2）评估面谈

在完成书面评估后，由客房部经理或主管跟被评者见面，主管应根据考评表上所列的各项评估指标，就评语与评分逐条向被评估的员工解释与说明。被评估者可以在面谈时对他的评估意见提出不同的看法，并与评估者进行深入的讨论，面谈讨论后，仍不能取得一致意见时，可由人事部约见该员工，听取他的意见，并做适当的处理。

（3）填写考评表格

年度考核表一般是全酒店统一制定和印制，评估表一般由经理或考证主管填写。

评估的结果分为5个等级，即：A. 优秀；B. 很好；C. 好；D. 一般；E. 差。

上一级管理人员负责下一级员工的评估工作，领班的评估由部门经理或副经理执行，而一般员工的评估则由领班负责。最后，评估的结果将由总经理和部门经理共同签署。

除定期评估外，在酒店还需要对某些员工进行不定期的两种表现评估。其一是对表现优秀者提升时，上级领导须对其进行评估，做成报告的形式，上交总经理签署。升职的根据有以下因素：良好的表现、工作经验、领导才能、对人的态度以及智慧和才干等方面。其二是对屡犯错误者，可做紧急评估并根据最终的评估结果，及时给予相应的处分。

评估工作中很重要的一点是必须公平、合理、客观地反映一个人的工作表现，评估者一般最常用的人选是被评估者的直属主管人员。在"面谈评估"时，要充分准备且需选择好地点，鼓励相互对话，切勿"秋后算账"。

二、员工激励

任何机构的管理部门都有责任创造一种有利于其员工事业进步与个人发展的环境，这包括对员工开展培训、教育、指导、评价、惩戒、引导和领导等方面的工作。如果管理部门在这些基本职能方面疏于职守，员工们对机构的目标就可能采取被动、挑剔和无动于衷的态度。发生在员工中间的缺勤、低劳动生产率和高人员流动情况，反映了他们的这种情绪。

激励员工的士气是酒店经理们面临的主要挑战。目前，劳务市场发生的变化及员工流动导致的高额成本，要求酒店寻求一种有效的途径，将优秀的员工留住。那么实现这一目标的一种方法就是实行有效的激励机制。

"激励"一词可有许许多多的定义，可描述为刺激人对某项工作、项目或主题的兴趣的艺术，它是与被激励者保持专注、谨慎、关切的归属感相连的那些人类的需求。

激励的方式有两种：正激励和反激励。只要正确地使用两种方式，都能起到积极的效用。

1．正激励

正激励就是采用表扬、奖励、升迁以及情感、信任等积极手段去奖励和鼓励员工的工作热情的方法。客房部常用的正激励方式有以下几种。

（1）榜样激励

根据人们善于模仿比自己优秀或个人崇拜的偶像等心理特点，通过管理者的良好行为，激发出员工工作的积极性。

（2）制度激励

制度激励是依靠酒店和客房部制定的奖励制度来激励员工，从而达到调动员工劳动积极性的目的。客房部可以通过制定公布于众的标准，奖优罚劣，让每位员工都明确努力的方向而积极进取。

（3）情感激励

主要体现为以下几点。

① 信任。信任是对人的价值的一种肯定，是管理者对被管理者的奖励，是被管理者的高层次需求。客房部管理者必须做到"用人不疑"，运用授权的方法给予员工在处理问题时更多的灵活性，使员工不仅感到工作的自主权和控制权有了提高，同时，还使员工对自己的岗位更有信心，对领导者的信任度加强。

②关怀。管理者应从精神上、物质上关心员工，为员工排忧解难。

③ 支持。管理者应放手让员工展开自己的工作，并为其工作创造条件，尊重员工的创造精神。当员工出现工作失误时，管理者要勇于承担领导责任，帮助员工总结经验教训，继续前进。

2．反激励

反激励一般就是指运用批评、惩罚、处分等行为控制的手段，使每个员工都能恪尽职守的方法。在运用反激励的方式时，作为管理者应注意以下几点。

（1）注意准确性

反激励应以制度为准绳，以事实为依据。作为管理者绝不能主观和武断的对事对人，必须要注意反激励的时机。

（2）弄清目的

使工作表现不好的员工认识错误，改正错误，并能逐步受到表扬和奖励，是对员工进行批评和惩罚的最终目的。

（3）制定违规的处理程序

管理者还应制定一个员工违规的处理程序，以保证反激励的准确性和一致性。

① 给予口头警告的，一般是轻微违反客房部规定的管理条例，并督促其重新认真学习其所违反的有关条例，鞭策其在今后的工作中不要再次违犯。

②屡犯条例或严重违反者，应由部门的负责人给予书面警告。

③解除合同，一般情况下，凡是受到过 3 次书面警告者，都会被酒店予以开除。

总之，酒店所制定的一切规章制度和处罚条例，都应与思想政治工作相结合，遵循奖惩并举原则。

你觉得客房部在对员工管理时，是激励最有效呢？还是处罚最有效呢？为什么？

思考问答
Review Questions

1．简述客房安全的内容。

2．简述客用品选用的原则。

3．简述客房设备配置的新趋势。

4．简述客房区域的主要防火措施。

5．简述在客房部员工确定时需考虑的内容。

6. 简述对客房部员工评估的内容。

复习本模块课程内容，请将正确答案的选项填写在横线上。

1. 客房服务员在清洁房间时所使用的楼层通卡 / 钥匙，必须_____。

A. 插在门上　　B. 放在工作车里

C. 系在腰上　　D. 当取电卡使用

2. 下列物品中，不属于客房赠送给客人的是_____。

A. 香皂　　　　B. 毛巾　　　　C. 一次性拖鞋　　　　D. 牙具

3. 客房部及酒店员工培训的重点，是_____。

A. 入店教育　　B. 在职培训　　C. 岗前培训　　　　D. 发展培训

4. 根据人们善于模仿比自己优秀或个人崇拜的偶像等心理特点，通过管理者的良好行为，激发出员工工作的积极性，属于_____。

A. 情感激励　　B. 榜样激励　　C. 制度激励　　　　D. 形象渲染

5. 下列一般不应安装监控摄像设备的地方，是_____。

A. 酒店大堂区域　　　　　B. 客用电梯内外

C. 员工更衣室内　　　　　D. 客房楼道区域

6. 客房资产管理的方法，描述不正确的是_____。

A. 建立设备账卡　　　　　B. 专人 24h 进行管理

C. 建立设备日志簿　　　　D. 建立定期检查设备制度

7. 客房部内发生火灾浓烟滚滚时，员工和客人逃生应_____。

A. 迅速打开房门，乘坐电梯疏散撤离

B. 立刻打开窗户，进行通风和呼唤

C. 湿布遮住呼吸道，低腰顺前墙边疏散撤离

D. 呆在房间内，然后打电话进行求救

案例分析
Case Study

不假思索的后果

客房服务员小昝在清洁客房时，看到一位男士走出电梯，在走廊里与分别从 1607、1617 房间出来的两位客人打招呼，并跟随两位客人又一同进了电梯，服务员小昝看到此景后，自己内心认为后面的那位男士肯定是这两个房间客人的朋友或熟人。过了一会儿，这名男士又单独返回了楼层，对服务员小昝说："麻烦你帮我打开一下 1607、1617 两间房门，我们刚才下楼后忘带东西了，我拿点东西，谢谢。"服务员小昝一看，心里想："这位男士刚才和那两位宾客交谈又一起下的楼，肯定是认识，所以那两位客人就委托这位男士来拿

东西了。"于是，在未向客人索要任何证件的情况下为他开了门。大约过了十几分钟，男士拿着一大包东西走进电梯离开了楼层。晚上当 1607、1617 房间两位客人回来后，分别发现房内物品被盗。于是迅速向酒店报案。

酒店最后还是对客人的损失进行了相应的赔偿，同时也付出了信誉损失。

讨论：

1. 服务员小昝工作中出现了哪些失误？
2. 酒店服务员都应有保安员的职责，这种说法对吗？

分析：

现代的作案手段不断翻新，花样频出，犯罪嫌疑人在酒店作案时，也在研究酒店的漏洞，研究管理人员的心理，在对客开门服务中，只有按照服务规程操作，才能不给罪犯以可乘之机，将犯错几率降至最小甚至为零。

安全是每位宾客最基本的要求，客房是宾客出门在外的"家"，他们需要酒店对自身以及随身的财产安全加以保护。在对客开门服务中，服务员应细心揣摩客人需求，并加以判断，如果发生各种危险和不安全事故，服务员要以保护宾客安全为己任。客房安全贯穿接待服务始终，是一项有专业特点、复杂、持久的管理工作，具有十分重要的意义。

实训练习 Training Exercises

项目名称：熟悉客房常用的安全设施设备。

练习目的：使学生详细了解客房部常用的所有安全设施设备。

实训内容：通过了解，熟练掌握客房常用的安全设施设备的功能、特点以及操作方法等。

测试考核：抽取任何一项安全设施设备，让学生进行描述。

知识拓展 Knowledge Development

灭火器的种类和使用方法

干粉灭火器、泡沫灭火器、二氧化碳灭火器、推车式干粉灭火器

泡沫灭火器

适用范围

主要适用于扑救各种油类火灾、木材、纤维、橡胶等固体可燃物火灾。

① 右手握着压把，左手托着灭火器底部，轻轻地取下灭火器。

② 右手提着灭火器到现场。

③ 右手捂住喷嘴，左手抓筒底边缘。

④ 把灭火器颠倒过来呈垂直状态，用劲上下晃动几下，然后放开喷嘴。

⑤ 站在距离着火点八米的地方，右手抓筒耳，左手捂筒底边缘，离火源八米的地方喷射，并不断喷射，直至把火扑灭。

⑥ 灭火后把灭火器卧放在地上，喷咀朝下。

二氧化碳灭火器

适用范围

主要适用于各种易燃、可燃液体、可燃气体火灾还可扑救仪器仪表、图书档案、工艺器和低压电器设备等的初起火灾。

① 右手握着压把。

② 用右手提着灭火器到现场。

③ 除掉铅封。

④ 拔掉保险销。

⑤ 站在距火源二米的地方，左手拿着喇叭筒，右手用力压下压把。

⑥ 对着火焰部喷射，直至把火焰扑灭。

推车式干粉灭火器

适用范围

主要适用于扑救易燃液体、可燃气体和电器设备的初起火灾。本灭火器移动方便，操作简单，灭火效果好。

① 把干粉车拉或推到现场。

② 右手抓着喷粉枪，左手顺势展开喷粉胶管，直至平直，不能弯折或打圈。

③ 除掉铅封，拔出保险销。

④ 用手掌使劲按下供气阀门。

⑤ 左手把持喷雾喷枪管托，右手把持枪把握后用手前后摇动喷粉开关，对准火焰喷射，不断集聚左右摆动喷枪，把干粉笼罩住喷射区，直至把火扑灭为止。

附录 1
客房常用英语

一、常用单词

A

adapter　插座

adjoining room　相邻房

all-purpose cleaner　多功能清洁剂

arrival time　抵达时间

ashtray　烟缸

attendant　客房服务员

B

baby sitting service　照看婴儿服务

basin　洗脸盆

bath mat　脚巾

bath robe　浴袍

bath room　卫生间

bath tub　浴缸

bed board　床头板

bed pad　床褥 / 床架 / 床罩

bed side lamp　床头灯

bed-side table　床头柜

bell boy　行李员

tea　红茶

blanket　毛毯

brochure　小册子

bulb　灯泡

business center　商务中心

C

captain　领班

carpet　地毯

cashier　收银员

check-in　入住登记

check-out　结账离店

chemical fabrics　化纤服装

cleaning bucket　清洁桶

cloak room　衣帽间

Coat hangers　衣架

comb　梳子

commercial rate　商务房价

complain　投诉

connecting room　连通房

cotton cloth　棉布服装

coupon　票证

D

day use　非全天用房

domestic direct dial(DDD)　国内直拨电话

deluxe suite　豪华套房

departure time　离店时间

desk lamp　台灯

dining room　餐厅

do not disturb(DND)　请勿打扰

double room　双人房

double-double room　两张双人床的房间

double locked (DL)　双锁房
dry cleaning　干洗

E

electric shaver　电动剃须刀
eiderdown　鸭绒被
executive floor　行政（商务）楼层

F

fadeless　不退色的
FIT　散客
front desk　总台
front office　前厅部
full house　房间额满

G

group　团队

H

hair dryer　吹风机
handkerchief　手绢
house credit limit　赊账限额
house use　酒店内部用房

I

international direct dial(IDD) 国际直拨电话
iron　熨斗
iron board　熨衣板

J

jasmine tea　茉莉花茶
job description　工作说明书

L

lamp shade　灯罩
late check-out　逾时离店
laundry service　洗衣服务
laundry bag　洗衣袋
laundry list　洗衣单
lobby　大堂
log book　工作日记

long staying guest (LSG)　长住客
lounge　休息室

M

maid's cart　客房清扫工作车
make up room(MUR)　请速打扫房
mattress　床垫
message　留言
mop　拖把

N

no show　没有预先取消又无预期抵店的
订单

O

occupied (Occ)　住客房
out of order(OOO)　待维修房
over-booked　超额预订

P

package　包价服务
pick up service　接车服务
pillow case　枕套
plug　插头
presidential suite　总统间
pressing　熨烫

Q

quilt　被子

R

rack rate　客房牌价
razor　剃刀
rollaway bed　折叠床
room attendant　客房服务员
room change　换房
rooming list　团体分房名单
room status　房间状态
rotary floor scrubber　洗地机
rubber glovers　防护手套

S

service directory　服务指南

sewing kit　针线包

sheer curtain　纱窗帘

sheet　床单

shirt　衬衫

shoe polishing　擦鞋服务

shoe shine paper　擦鞋纸

shower curtain　淋浴帘

shower head　淋浴喷头

shrinkable　缩水的

silk fabrics　丝绸织品

single room　单人间

skipper　逃账者

skirts　裙子

sleep out　外宿客人

slippers　拖鞋

socks　袜子

socket　插座

soiled linen　脏布草

sprinkle　花洒

stain　污迹

stationery folder　文具夹

suit　西服

supervisor　主管

sweater　毛衣

switch　开关

T

tap　水龙头

tariff　房价单

tea table　茶

tie　领带

towel rail　毛巾架

transformer　变压器

triple room　三人房

twin room　两张单人床的双人房

U

underpants　内裤

unshrinkable　不缩水的

V

vacant dirty　未清扫之空房

vacuum　吸尘器

very important person(VIP)　贵宾

W

wake-up call　叫醒电话

wall lamp　壁灯

wet vacuum　吸水机

woolen fabrics　毛料织品

二、客房部日常接待用语

1. Welcome to our floor！
   欢迎光临我们楼层！

2. May I clean your room now or I'll come again later?
   我现在打扫您的房间呢还是呆会儿再来打扫？

3. We have hair dryers on loan.
   我们有吹风机可供出租。

4. Are you going to extend your stay?
   请问您要续住吗？

5. Are you going to check out today?
   请问您今天离店吗？

6. Have a pleasant stay.

祝您住店愉快。

7. I'm sorry to disturb you.

很抱歉打扰您了。

8. This way，please.

请这边走。

9. Our hotel is a four-star hotel.

我们酒店是四星级酒店。

10. Our hotel overlooks a fine lake.

我们酒店毗邻一个美丽的湖泊。

11. What kinds of amusement do you offer?

你们提供哪些娱乐设施？

12. Our hotel has a nightclub，Finnish sauna, a swimming pool，tennis courts，billiards，etc.

我们酒店有夜总会、芬兰浴、游泳池、网球场、台球，等等。

13. The rooms are spacious，airy, and they command very nice view.

客房特别宽大，空气新鲜，窗口风景优美。

14. After you, Sir.

您先走，先生。

15. Here is your baggage, please check and see if it is the right one.

这是您的行李，请检查一下是否有误。

16. The extension number is just the same as your room number.

房间的分机号码与房号刚好相同。

17. Can you tell me the way to the restaurant?

能告诉我到餐厅怎么走吗？

18. Where can I send a fax?

请问在哪儿发传真？

19. Wait a while，I'll check for you.

请稍等，我给您看一下。

20. You can do some shopping in Beijing Road. That's the most famous commercial street in Guangzhou.

您可以在北京路逛逛商店。北京路是广州最著名的商业街。

21. Is it your first trip to China，Sir?

您是第一次来中国吗？

22. Are you here for a holiday or on business?

您是来这儿度假，还是商务活动？

23. I'd like to be woken up tomorrow morning.

明天早上请叫醒一下。

24. You can arrange a waken-up call with the operator.

请您与总机联系，安排叫醒服务。

25. What fitness facilities do you have here?

你们这儿有哪些健身设施？

26. Sorry，you'll have to pay extra for express service.

对不起，快洗服务要另外收费。

27. Sorry for the inconvenience.

抱歉，给您添麻烦了。

三、酒店各部门、各岗位名称英汉对照

董事总经理	Managing Director
总经理	General Manager
副总经理	Deputy GeneralManager
驻店经理	Resident Manager
总经理行政助理	Executive Assistant Manager
总经理秘书	Executive Secretary
总经理室	Executive Office
机要秘书	Secretary
接待文员	Clerk
人力资源开发部	Human Resources Division
人事部	Personnel Department
培训部	Training Department
督导部	Quality Inspection Department
计财部	Finance and Accounting Division
财务部	Accounting Department
成本部	Cost-control Department
采购部	Purchasing Department.
电脑部	E. D. P.
市场营销部	Sales and Marketing Division
销售部	Sales Department
公关部	Relation Department
预订部	Reservation Department
客房部	Rooms Division
前厅部	Front Office Department

管家部	Housekeeping Department
餐厅部	Food and Beverage Department
康乐部	Recreation and Entertainment Department
工程部	Engineering Department
保安部	Security Department
行政部	Rear-Service Department
商场部	Shopping Area
人力资源开发总监	Director Human Resources
人事部经理	Personnel Manager
培训部经理	Training Manager
督导部经理	Quality Inspector
人事主任	Personnel Officer
培训主任	Training Officer
财务总监	Financial Controller
财务部经理	Chief Accountant
成本部经理	Cost Controller
采购部经理	Purchasing
采购部主管	Purchasing Officer
电脑部经理	EDP Manager
总出纳	Chief Cashier
市场营销总监	Director of Sales and Marketing
销售部经理	Director of Sales
宴会销售经理	Banquet Sales Manager
销售经理	Sales Manager
宴会销售主任	Banquet Sales Officer
销售主任	Sales Officer
客务总监	Rooms Division Director
前厅部经理	Front Officer Manager
前厅部副经理	Asst. Front Officer Manager
大堂副理	Assistant Manager
礼宾主管	Chief Concierge
客务主任	Guest Relation Officer
接待主管	Chief Receptions
接待员	Receptions

车队主管	Chief Driver
出租车订车员	Taxi Service Clerk
行政管家	Executive Housekeeper
行政副管家	Assistant Executive Housekeeper
办公室文员	Order Taker
客房高级主管	Senior Supervisor
楼层主管	Floor Supervisor
楼层领班	Floor Captain
客房服务员	Room Attendant
洗衣房经理	Laundry Manager
餐饮总监	F & B Director
餐饮部经理	F & B Manager
西餐厅经理	Western Restaurant Manager
中餐厅经理	Chinese Restaurant Manager
咖啡厅经理	Coffee Shop Manager
餐饮部秘书	F & B Secretary
领班	Captain
迎宾员	Hostess
服务员	Waiter / Waitress
传菜员	Buss Boy / Buss Gird
行政总厨	Executive Chef
中厨师长	Souse Chef(Chinese Kitchen)
西厨师长	Souse Chef(Western Kitchen)
西饼主管	Chief Baker
工程总监	Chief Engineer
工程部经理	Engineering Manager
值班工程师	Duty Engineer
保安部经理	Security Manager
保安部副经理	Asst: Security Manager
保安部主任	Security Officer
保安员	Security Guard
商场部经理	Shop Manager
商场营业员	Shop Assistant

附录 2
服务质量评定检查表
（规范性附录）

1 计分说明

1.1 各星级饭店规定得分率：一星级 90%、二星级 90%、三星级 92%、四星级 95%、五星级 95%。

1.2 评分规定：服务质量的评定除综合得分率达到规定外，在服务人员的仪容仪表、前厅服务、客房服务、餐厅（酒吧）服务、会议康乐服务等五个部分也应达到相应得分率，如其中任何一个部位达不到申请星级的规定得分率，就不能获得所申请的星级。

1.3 评分时，按照项目标准，完全达到者为优，略有不足者为良，明显不足者为中，严重不足者为差。

2 评分标准

项目	项目标准	检查分数	实际得分			
			优	良	中	差
一、服务人员仪容仪表						
1. 服装						
服装完好整洁程度	完整，挺括，清洁	10	10	9	8	5
服装与饭店格调协调程度	与饭店档次、特色、服务工种协商	8	8	7.2	6.4	4
不同岗位着装区别	按部门、按工种、按级别区分	5	5	4.5	4	2.5
着装统一程度	外套、内衣、裤（裙）、袜、鞋、领带（领花）、工号牌统一	10	10	9	8	5
着装效果	以上 4 项平均得分 95% 以上为优、85% 以上为良、70%（含）以上为中、70% 以下为差	10	10	9	8	5
2. 服务人员礼貌程度	端庄大方、礼貌周到、规范标准、主动热情	40	40	36	32	20
3. 服务人员纪律性	无扎堆聊天、擅离岗位等现象	20	20	18	16	10
4. 服务人员的外语水平（是否符合必备条件）	按本标准规定能流利使用，说得清，听得懂	15	15	13.5	12	7.5
5. 总印象	以上 4 项平均得分 95% 以上为优、85% 以上为良、70%（含）以上为中、70% 以下为差	10	10	9	8	5
二、前厅服务质量（态度、效率）						
1. 门卫服务	态度好、礼节好、礼节周到、勤快主动	5	5	4.5	4	2.5
2. 行李服务	态度好、效率高、安全	20	20	18	16	10
3. 接待服务	态度好、效率高、周到	20	20	18	16	10

项目	项目标准	检查分数	实际得分			
			优	良	中	差
4. 预订服务	态度好、效率高、准确无差错、有保证	10	10	9	8	5
5. 问讯服务	态度好、效率高、准确无差错	10	10	9	8	5
6. 结账服务	态度好、效率高、准确无差错	15	15	13.5	12	7.5
7. 外币兑换服务	态度好、效率高、准确无差错	5	5	4.5	4	2.5
8. 票务服务	态度好、效率高、准确无差错	5	5	4.5	4	2.5
9. 观光服务	态度好、效率高、准确无差错	5	5	4.5	4	2.5
10. 委托代办服务	态度好、周到、方便、业务水平高	5	5	4.5	4	2.5
11. 电话总机服务	接话快、态度好、业务熟、准确无差错	15	15	135	120	75
12. 留言服务	态度好、准确无差错、效率高	5	5	4.5	4	2.5
13. 大堂副理	态度好、效率高、协调应变能力强	5	5	4.5	4	2.5
14. 出租车服务	态度好、效率高、安全	5	5	4.5	4	2.5
15. 贵重物品保存服务	态度好、准确无差错、安全措施好	6	6	5.4	4.8	3
16. 前厅温度	23℃～2.5℃	10	10	9	8	5
17. 背景音乐质量	音质好、音量柔和适度	10	10	9	8	5
18. 为残疾人提供的服务	态度好、效率高、周到	4	4	3.6	3.2	2
19. 其他服务（每项4分）		4	4	3.6	3.2	2
20. 前厅服务效果	以上20项平均得分95%以上为优、85%以上为良、70%以上为中、70%以下为差	20	20	18	16	10
三、客房服务质量（态度、效率、周到）						
1. 客房服务中心	态度好、效率高、服务周到	30	30	27	24	15
2. 整理客房服务	整洁、效率高、用品齐全	15	15	13.5	12	75
3. 电话服务	接话快、态度好、业务熟、准确无差错	20	20	18	16	10
4. 洗衣服务	态度好、手续清楚、质量好	10	10	9	8	5
5. 客房送餐服务	准确、效率高、安全	20	20	18	160	10
6. 会客服务	态度好、效率高、安全	10	10	9	8	5
7. 闭路电视节目质量	图像清晰、音质好	5	5	4.5	4	2.5
8. 音响质量、效果	音质好、调节有效	5	5	4.5	4	2.5
9. 叫醒服务	态度好、准确无差错	2	2	1.8	1.6	1
10. 开夜床服务	有此项服务即得1分	2	1	1.8	1.6	1
11. 擦鞋服务	有此项服务即得5分	5	5	4.5	4	2.5
12. 饮用水和冰块供应	有保证、及时、卫生	10	10	9	8	5
13. 为残疾人提供的服务	态度好、效率高、周到	2	2	1.8	1.6	1
14. 其他服务（每项4分）		4	4	3.6	3.2	2
15. 客房服务效果	以上14项平均得分95%以上为优、85%以上为良、70%（含）以上为中、70%以下为差	10	10	9	8	5
四、餐厅（酒吧）服务质量（态度、效率、周到、规格）						
1. 餐厅经理（语言能力、推荐食品能力，组织协调效果，管理监督效果）	语言能力好、推荐食品能力强、管理监督效果好	30	30	27	24	15

项目	项目标准	检查分数	实际得分			
			优	良	中	差
2. 餐厅领班（语言能力、组织协调能力）	能运用外语、熟悉业务、组织协调效果好	20	20	18	16	10
3. 餐厅服务员（服务态度，纪律性，语言能力，服务能力）	态度好、纪律性强、能运用外语、服务效果好	30	30	27	24	15
4. 餐厅温度	22℃～24℃	5	5	4.5	4	2.5
5. 餐厅背景音乐效果	音质好、音量适度	5	5	4.5	4	2.5
6. 餐食和饮料质量	根据客人反映打分、出现问题酌情扣分	40	40	36	32	20
7. 菜式美观程度	色、形、器俱佳	20	20	18	16	10
8. 食品卫生	符合卫生法和地方规定的打满分、凡食品变质、变味、有异味的酌情扣分	40	40	36	32	20
9. 零点服务效果	态度好、效率高、服务周到、规范化	40	40	36	32	20
10. 团队服务效果	态度好、效率高、服务周到、规范化	20	20	18	16	10
11. 宴会服务效果	态度好、效率高、服务周到、规范化	10	10	9	8	5
12. 自助餐服务效果	态度好、效率高、服务周到、规范化	10	10	9	8	5
13. 酒吧服务效果	态度好、效率高、服务周到、规范化	20	20	18	16	10
14. 总印象	摆台水平、服务规范化、服务技巧好、服务效率高	20	20	18	16	10
五、其他服务（态度、效率、周到、安全）						
（一）康乐服务						
1. 健身房	态度好、服务周到、有教练、安全	5	5	4.5	4	2.5
2. 游泳池	态度好、服务周到、有安全措施及救生员	10	10	9	8	5
3. 按摩	态度好、服务周到、安全	20	20	18	16	10
4. 桑拿浴	态度好、服务周到、安全	10	10	9	8	5
5. 蒸气浴	态度好、服务周到、安全	10	10	9	8	5
6. 保龄球	态度好、服务周到、安全	20	20	18	16	10
7. 桌球	态度好、服务周到	5	5	4.5	4	2.5
8. 网球场	态度好、服务周到、有教练	5	5	4.5	4	2.5
9. 高尔夫练习场	态度好、服务周到、有教练	5	5	4.5	4	2.5
10. 棋牌室	态度好、服务周到	10	10	9	8	5
11. 日光浴	态度好、服务周到	10	10	9	8	5
12. 游戏室	态度好、服务周到	10	10	9	8	5
13. 其他娱乐项目服务（每项10分）	态度好、服务周到	10	10	9	8	5
（二）理发美容	态度好、服务周到、质量好、安全	30	30	27	24	15
（三）商务服务	态度好、效率高、方便、周到、准确无差错	40	40	36	32	20
（四）邮政电信服务	态度好、效率高、方便、周到、准确无差错	20	20	18	16	10
（五）婴儿看护室及儿童娱乐室服务	态度好、服务周到	10	10	9	8	5
（六）商品服务						
1. 服务员						

项目	项目标准	检查分数	实际得分			
			优	良	中	差
语言水平	能流利运用外语、并且说得清楚、听得懂	10	10	9	8	5
纪律性	无扎堆聊天、擅离岗位等现象	15	15	13.5	12	7.5
态度	礼节礼貌好、耐心、服务周到	30	30	27	24	15
效率	快捷、准确无差错	10	10	9	8	5
服务技巧	推销展示技巧性强、商品包装好、结账无差错	5	5	4.5	4	2.5
服务效果	以上 5 项平均得分 95% 以上为优、85% 以上为良、70%（含）以上为中、70% 以下为差	10	10	9	8	5
2. 旅游必须用品齐全程度	旅游生活必备品齐全	10	10	9	8	5
3. 工艺品和旅游纪念品齐全程度	工艺品、旅游纪念品齐全、突出当地特色	10	10	9	8	5
4. 商品摆放水平	商品展示性强，突出重点，美观丰富，价签美观	15	15	13.5	12	7.5
5. 商品服务效果	以上 4 项平均得分 95% 以上为优、85% 以上为良、70%（含）以上为中、70% 以下为差	10	10	9	8	5
（七）书店	态度好、效率高、准确	10	10	9	8	5
（八）鲜花店	态度好、效率高、品种丰富	10	10	9	8	5
（九）歌舞厅服务	态度好、效率高、安全	20	20	18	16	10
（十）会议服务	态度好、效率高、规范化	30	30	27	24	15
（十一）其他服务（每项 10 分）		10	10	9	8	5
六、饭店安全						
饭店安全印象	设安全部、有安全措施，保安人员经过专业培训，近两年没有发生安全事故	40	40	36	32	20
七、饭店声誉						
1. 在国内有关评比活动中	在国内有关评比活动中获得好评，一次 2 分，最多 10 分					
2. 在国际有关评比活动中	在国际有关评比活动中获得名次，一次 5 分，最多 15 分					
3. 国家领导人和外国元首	国家领导人和外国元首多次下榻，3 次以上得 5 分					
八、饭店综合服务效果						
综合服务效果	平均得分 95% 以上为优、85% 以上为良、70%（含）以上为中、70% 以下为差	50	50	45	40	25
总计						
总得分率						

附录 3
星级评定
客房质量检查评分表

客房		地方标准					国家级标准				
		总分	各项分值				总分	各项分值			
（一）走廊通道											
1. 地面	平整、无破损、无卷边、无变形；无污迹、无异味、干净、光亮	5	5	4.5	4	2.5	10	10	9	8	5
2. 墙面	平整、无破损、无开裂、无脱落；无污迹、无蛛网	5	5	4.5	4	2.5	2	2	1.8	1.6	1
3. 天花	无破损、无裂痕、无脱落；无灰尘、无水迹、无蛛网	8	8	7.2	6.4	4	2	2	1.8	1.6	1
4. 灯具	完好、有效；无灰尘、无污迹	2	2	1.8	1.6	1	2	2	1.8	1.6	1
5. 擦鞋机	完整、无破损；无灰尘、无污迹	2	2	1.8	1.6	1	1	1	0.9	0.8	0.5
6. 烟灰缸	完整、无破损；无灰尘、无污迹	5	5	4.5	4	2.5	2	2	1.8	1.6	1
7. 服务台	整齐、无损坏；无灰尘、无污迹	5	5	4.5	4	2.5	2	2	1.6	1	
8. 其他（每项1分）		1	1	0.9	0.8	0.5	1	1	0.9	0.8	0.5
（二）客房											
1. 地面	平整、无破损、无卷边、无变形；无污迹、无异味、干净、光亮	30	30	27	24	15	30	30	27	24	15
2. 门	完好、有效；无灰尘、无污迹										
铃		1	1	0.9	0.8	0.5	1	1	0.9	0.8	0.5
锁		1	1	0.9	0.8	0.5	1	1	0.9	0.8	0.5
门镜		1	1	0.9	0.8	0.5	1	1	0.9	0.8	0.5
门牌		1	1	0.9	0.8	0.5	1	1	0.9	0.8	0.5
安全链		1	1	0.9	0.8	0.5	1	1	0.9	0.8	0.5
把手		1	1	0.9	0.8	0.5	1	1	0.9	0.8	0.5
3. 窗户及窗帘	平整、无破损、无脱落；无污迹	5	5	4.5	4	2.5	2	2	1.8	1.6	1
4. 墙面	平整、无破损、无开裂、无脱落；无污迹、无灰尘、无蛛网	4	4	3.6	3.2	2	4	4	3.6	3.2	2
5. 天花	平整、无破损、无开裂、无脱落；无污迹、无灰尘、无蛛网	4	4	3.6	3.2	2	1	1	0.9	0.8	0.5
6. 灯具	完好、有效；无灰尘、无污迹	5	5	4.5	4	2.5	5	5	4.5	4	2.5
7. 家具、布草	稳固、完好、无变形、无破损、无脱漆；无灰尘、无污迹										
床头护墙板		1	1	0.9	0.8	0.5	1	1	0.9	0.8	0.5

客房		地方标准					国家级标准				
		总分	各项分值				总分	各项分值			
		10	10	9	8	5	10	10	9	8	5
床上用品		10	10	9	8	5	10	10	9	8	5
浴衣		1	1	0.9	0.8	0.5	1	1	0.9	0.8	0.5
衣橱		1	1	0.9	0.8	0.5	1	1	0.9	0.8	0.5
衣架		1	1	0.9	0.8	0.5	1	1	0.9	0.8	0.5
写字台		2	2	1.8	1.6	1	2	2	1.8	1.6	1
梳妆台		2	2	1.8	1.6	1	2	2	1.8	1.6	1
半身镜		1	1	0.9	0.8	0.5	1	1	0.9	0.8	0.5
全身镜		1	1	0.9	0.8	0.5	1	1	0.9	0.8	0.5
椅子、沙发		2	2	1.8	1.6	1	2	2	1.8	1.6	1
茶几		1	1	0.9	0.8	0.5	1	1	0.9	0.8	0.5
行李柜		2	2	1.8	1.6	1	2	2	1.8	1.6	1
饮具		5	5	4.5	4	2.5	5	5	4.5	4	2.5
酒具		5	5	4.5	4	2.5	5	5	4.5	4	2.5
烟具		1	1	0.9	0.8	0.5	1	1	0.9	0.8	0.5
抽屉		2	2	1.8	1.6	1	2	2	1.8	1.6	1
垃圾筒		2	2	1.8	1.6	1	1	1	0.9	0.8	0.5
擦鞋工具		1	1	0.9	0.8	0.5	1	1	0.9	0.8	0.5
洗衣袋		1	1	0.9	0.8	0.5	1	1	0.9	0.8	0.5
其他（每项1分）		1	1	0.9	0.8	0.5	1	1	0.9	0.8	0.5
8. 艺术品	有品位、完整、无褪色、无脱落；无灰尘、无污迹	1	1	0.9	0.8	0.5	1	1	0.9	0.8	0.5
9. 文具夹	规范、完整、无划痕；无灰尘、无污迹	3	3	2.7	2.4	1.5	3	3	2.7	2.4	1.5
10. 客房内印刷品	规范、完好、字迹图案清晰、无皱折、无涂抹；无灰尘、无污迹										
酒单		1	1	0.9	0.8	0.5	1	1	0.9	0.8	0.5
菜单		1	1	0.9	0.8	0.5	1	1	0.9	0.8	0.5
闭路电视节目单		1	1	0.9	0.8	0.5	1	1	0.9	0.8	0.5
安全出口指示图		1	1	0.9	0.8	0.5	1	1	0.9	0.8	0.5
"请勿打扰"和"请整理房间"门牌		4	4	3.6	3.2	2	1	1	0.9	0.8	0.5
服务指南		4	4	3.6	3.2	2	1	1	0.9	0.8	0.5
价目表		4	4	3.6	3.2	2	1	1	0.9	0.8	0.5
11. 电话	完好、无损、有效、安全；无灰尘、无污迹	5	5	4.5	4	2.5	2	2	1.8	1.6	1
12. 电视	完好、无损、有效、安全；无灰尘、无污迹	5	5	4.5	4	2.5	1	1	0.9	0.8	0.5
13. 床头（控制）柜	完好、无损、有效、安全；无灰尘、无污迹	5	5	4.5	4	2.5	1	1	0.9	0.8	0.5

客房		地方标准					国家级标准				
		总分	各项分值				总分	各项分值			
14. 冰箱	完好、无损、有效、安全；无灰尘、无污迹	5	5	4.5	4	2.5	2	2	1.8	1.6	1
15. 空调回风口	完好、无损、有效、安全；无灰尘、无污迹	2	2	1.8	1.6	1	3	3	2.7	2.4	1.5
16. 电源插座	完好、无损、有效、安全；无灰尘、无污迹	1	1	0.9	0.8	0.5	1	1	0.9	0.8	0.5
17. 烟感报警器	完好、无损、有效；无灰尘、无污迹	5	5	4.5	4	2.5	1	1	0.9	0.8	0.5
18. 喷淋装置	完好、无损、有效；无灰尘、无污迹	5	5	4.5	4	2.5	1	1	0.9	0.8	0.5
19. 保险箱	完好、无损、有效；无灰尘、无污迹	5	5	4.5	4	2.5	1	1	0.9	0.8	0.5
20. 其他（每项1分）		1	1	0.9	0.8	0.5	1	1	0.9	0.8	0.5
（三）卫生间											
1. 门（锁）	安全、有效、无破损；无灰尘、无污迹	2	2	1.8	1.6	1	1	1	0.9	0.8	0.5
2. 墙面	平整、无破损、无脱落、无变色；无灰尘、无污迹	2	2	1.8	1.6	1	2	2	1.8	1.6	1
3. 天花	无破损、无脱落；无灰尘、无污迹	2	2	1.8	1.6	1	2	2	1.8	1.6	1
4. 地面	平坦、无破损；无灰尘、无污迹	4	4	3.6	3.2	2	2	2	1.8	1.6	1
5. 灯具	完好、有效；无灰尘、无污迹	2	2	1.8	1.6	1	1	1	0.9	0.8	0.5
6. 洗脸台面	完好、无磨损；无灰尘、无污迹	4	4	3.6	3.2	2	1	1	0.9	0.8	0.5
7. 镜	完好、明亮、无磨损；无灰尘、无污迹	2	2	1.8	1.6	1	1	1	0.9	0.8	0.5
8. 排风器	完好、有效、噪声低；无灰尘、无污迹	2	2	1.8	1.6	1	1	1	0.9	0.8	0.5
9. 面盆	完好、无堵塞；洁净	10	10	9	8	5	2	2	1.8	1.6	1
10. 恭桶	完好、无堵塞、噪声低；无污迹	15	15	13.5	12	7.5	4	4	3.6	3.2	2
11. 浴缸	完好、无堵塞、无滴漏；无污迹	15	15	13.5	12	7.5	4	4	3.6	3.2	2
12. 淋浴喷头	完好、通畅、无滴漏；无污迹	5	5	4.5	4	2.5	4	4	3.6	3.2	2
13. 水质清洁程度	清澈、无沙质、水温稳定						5	5	4.5	4	2.5
14. 空气清新程度	清新、无异味						2	2	1.8	1.6	1
15. 电话副机	完好、方便取用、有效；无灰尘、无污迹	2	2	1.8	1.6	1	3	3	2.7	2.4	1.5
16. 浴帘及浴帘杆	完好、无脱落；无灰尘、无污迹	1	1	0.9	0.8	0.5	5	5	4.5	4	2.5
17. 皂盒	完好；无灰尘、无污迹	1	1	0.9	0.8	0.5	1	1	0.9	0.8	0.5
18. 手纸托架	完好、方便取用、有效；无灰尘、无污迹	2	2	1.8	1.6	1	1	1	0.9	0.8	0.5
19. 巾架	完好、有效；无灰尘、无污迹	1	1	0.9	0.8	0.5	1	1	0.9	0.8	0.5
20. 晾衣绳	完好、有效、无灰尘、无污迹	1	1	0.9	0.8	0.5	2	2	1.8	1.6	1
21. 纸筐	完好、无灰尘、无污迹	1	1	0.9	0.8	0.5	1	1	0.9	0.8	0.5
22. 电源插座	安全、有效、无破损；无灰尘、无污迹	1	1	0.9	0.8	0.5	1	1	0.9	0.8	0.5
23. 卫生袋	正规、完好；无灰尘、无污迹	1	1	0.9	0.8	0.5	1	1	0.9	0.8	0.5
24. 擦手纸托架	完好；无灰尘、无污迹	1	1	0.9	0.8	0.5	1	1	0.9	0.8	0.5
25. 客用品	规范、完好；无灰尘、无污迹	1	1	0.9	0.8	0.5	1	1	0.9	0.8	0.5
毛巾		2	2	1.8	1.6	1	4	4	3.6	3.2	2

客房		地方标准					国家级标准				
		总分	各项分值				总分	各项分值			
浴巾		2	2	1.8	1.6	1	4	4	3.6	3.2	2
面巾		2	2	1.8	1.6	1	4	4	3.6	3.2	2
踏脚巾		2	2	1.8	1.6	1	4	4	3.6	3.2	2
防滑垫		2	2	1.8	1.6	1	1	1	0.9	0.8	0.5
擦手纸							1	1	0.9	0.8	0.5
香皂							1	1	0.9	0.8	0.5
浴液							1	1	0.9	0.8	0.5
洗发液							1	1	0.9	0.8	0.5
皂盒		1	1	0.9	0.8	0.5	1	1	0.9	0.8	0.5
牙具（口杯）		2	2	1.8	1.6	1	1	1	0.9	0.8	0.5
其他（每项1分）		1	1	0.9	0.8	0.5	1	1	0.9	0.8	0.5
26. 吹风机	安全、完好、有效；无灰尘、无污迹	2	2	1.8	1.6	1	2	2	1.8	1.6	1
27. 体重秤	完好、有效；无灰尘、无污迹	1	1	0.9	0.8	0.5	1	1	0.9	0.8	0.5
28. 其他（每项1分）		1	1	0.9	0.8	0.5	1	1	0.9	0.8	0.5

（四）餐厅酒吧（如有多个餐厅和酒吧，则全部检查，综合评分）

参考文献
References

[1] 叶秀霜，沈忠红．客房运行与管理．杭州：浙江大学出版社，2009.

[2] 叶红．客房实训．北京：北京大学出版社，2007.

[3] 汝勇健．客房管理实务．北京：旅游教育出版社，2010.

[4] 陈文生．酒店经营管理案例精选．北京：旅游教育出版社，2007.

[5] 陈润丽．客房部运营管理．北京：电子工业出版社，2009.

[6] 陈修岭．客房服务新编教程．北京：中国物资出版社，2009.

[7] 滕宝红，李建华．酒店客房服务员技能手册．北京：人民邮电出版社，2009.

[8] www.veryeast.cn．

[9] www.baidu.com．

[10] www.sohu.com．

[11] www.9d8d.com．